華志文化

H 華志文化

君子學
後全球化時代的希望工程

周慶華
◎著

本書率先發微，所搏成的君子學理論規模宏闊，很足夠大家據為實踐見效。

書內容簡介

　　西方人迷狂興作資本主義和殖民征服所輾轉發展出來的政治／經濟／社會／科技等全球化風潮，已經導致舉世倫常失序及其能趨疲（entropy，熵）危機深重，必須有蘊自中國傳統氣化觀型文化的君子德業復振來對治化解，冀以能回歸特能綰結人情／諧和自然的仁政／大同社會企求而將時序向後推進。這由本書率先發微，所摶成的君子學理論規模宏闊，很足夠大家據為實踐見效。也因此，整套學問無疑可以稱得上是最迫切也最可觀的後全球化時代的希望工程。

作者簡介

　　周慶華，文學博士，大學教職退休。著有《語言文化學》、《走訪哲學後花園》、《中國符號學》、《死亡學》、《靈異學》、《後宗教學》、《文化治療》、《反全球化的新語境》、《身體權力學》、《生態災難與靈療》、《文學理論》、《語文符號學》、《文學經理學》、《跟君子有約：在全球化風險中找出路》和《靈異語言知多少》等七十多種。

後全球化思潮叢書企畫

　　西方人所主導全球化的人口、金融、資訊科技和商品等流動現象的全球化風潮，在歷經幾個世紀的衝撞後已經快到強弩末端了。而當今許多綠能經濟的倡議，以及諸如中國、印度、巴西和非洲等的崛起，不啻在預告全球化必須走向下一步「後全球化」了。只不過綠能經濟所強調的再利用和開發新能源等觀念和作為，僅是轉成綠色資本主義還是老套，並非真有助於終結能趨疲（entropy，熵）的危殆；而第三世界的崛起，儼然一切以重構文明或再造文明的新意識在主導經濟和科技的運作，但情況卻無法這麼樂觀，因為西方強權所帶動的全球化就要耗用完地球的資源，第三世界崛起除了拾人唾餘，還得分攤環境汙染和生態失衡等後果，根本沒有什麼遠景可以期待。因此，所謂後全球化的後，它的意義就得越過這一新經濟和西方強權轉弱的假象而從逆反全球化來確立。

　　逆反全球化，在當今已有遍布於世界各地的原始主義、社會改良主義、民族主義、原教旨主義和馬克思主義等在策畫行動，但實際上它們被操作時僅是消極抵抗或不附和而未能極力批判，到頭來都成了全球化的組構成分而欲後無由。畢竟全球化背後的資本主義邏輯和軍事或文化殖民的征服等因由，才是當中的關鍵，反全球化就是要以它為對象；而如今所見的相關作為卻都是以另起類似的因由在籌謀對策，自然罕有成效可說。因此，只有徹底逆反全球化，才是大家能夠繼續在地球上存活的唯一保證。

　　基於這個前提，後全球化必須有周密且強而見力的思維來領航，以便人類知所從新安頓生命和永續經營地球等，開創性自是此中最大的期待。以致這裏就有了後全球化思潮叢書的企畫構想，凡是直接思索後全球化當如何的，或者可以跟後全球化需求相涉相發

的，或者看似有距離實是在引領新一波思潮的專著，都竭誠歡迎。

　　在直接思索後全球化當如何的和可以跟後全球化需求相涉相發的專著部分，乃依需訂題；而在看似有距離實是在引領新一波思潮的專著，則可取例如下：新符號學、新敘事學、新語言學、新詮釋學、新宗教學、新倫理學、新形上學、新儒學、新道學、新佛學、新仙學、新神學、新靈學、新文學學、新藝術學、新美學、新科學哲學、新知識學、新政治學、新經濟學、新資訊學、新電影學、新趨勢學、新人學、新物學、新心學、新宇宙學、新生命科學、新老人學、新環境生態學等。

編輯部

序：期待一個君子世紀的來臨

　　舉凡資本主義猖獗和殖民征服危害等所造成倫常失序，以及連帶引發資源短缺、環境汙染、生態失衡、溫室效應、臭氧層破洞和核武恐怖等能趨疲（entropy，熵）危機，都伴隨著一幅虛矯的全球化圖景在大家眼前冒現，並且不斷地把世界推向毀滅的邊緣，而這全是西方人緣於一神信仰及其原罪意識而摶成深化創造觀型文化所造成的。它背後那一挑戰自然／媲美上帝的瘋狂信念，多少世紀以來就那樣肆無忌憚的藉著行動橫掃寰宇，而我們非西方社會中人卻得受拖累跟他們一起承擔各種大自然反撲的災厄後果。

　　顯然這個世界是無從靠西式文化百般變身而復元了（它晚近一些綠色經濟策略的改變或風險地緣政治的重整，都是在「以水濟水，以火救火」，根本無助於上述災厄的化解），而得仰賴原就不會危害地球以綰結人情／諧和自然為特長面世的中國傳統氣化觀型文化和以自證涅槃／解脫痛苦為色調應世的印度佛教緣起觀型文化等來濟渡。當中又以中國傳統氣化觀型文化所體現於君子作務重理最足夠從新馴化險惡退墮的人心，而可望藉由它秩序化社會以及讓地球得以休養生息。

　　這一君子作務，經由孔子率先予以賦義建制而規模大備後，再有本書試為轉移典範／增衍配件且條陳出一套堅實有效的君子學理論，諒必可以運用來逆反全球化而成為後全球化時代的希望工程。也就是說，西方人緣於自我文化盲點所興作帶動的政治／經濟／社會／科技等全球化風潮，正在快速泯滅人性且把大家帶向一個不可再生能量即將到達臨界點而使地球陷入一片死寂的險境，再不仰賴特能永續經營地球的君子作務來力挽頹勢，那離全面性崩毀的日期就不遠了。

　　換個角度看，君子學作為後全球化時代的希望工程是期待在末端顯能竟功，如果拉回所切身關連著的現實環境看它又如何先行展現效力，那麼這又立即顯示裏面確有缺此君子作務調停不得的前端需求。理由是：人間社會乃稟靈特異人士據某些理念前提而規模的共同營生體制，並試為予以區別士農工商級次，各安其位，社會因此而能順利運作。倘若當中有一些環節出問題（如不肖者佔位濫權使壞或相關措施都亂了套），那麼它就會危及社會的穩定安全度；或者如果有外力強為介入擾亂（如西方人狂悖興作奇詭異行四處屢和），那麼它不即將造成全體毀敗覆滅的下場也難。在這種情況下，唯一可以藉為救渡的，除了君子作務再也沒有其他更見效率的對策。因此，整套君子學理論所能因應的就不僅是那遠地可見的世界危厄待解，連現前大家隨時會遭遇的不安處境都無法不靠它來給出最多針砭的祕方。

　　由此可見，君子學理論新為構設的重要性已不言可喻。而在實質上，這套理論涵蓋「從道→氣化觀→縮諧式倫理→雅緻身分→君子作務的夢想旅程」及其「君子作務所規模出的有己身修為→上契安人德業→總歸於施行仁政等進趨形態」，然後結穴於當今全球化危機中必要的推行，整體義理綿密廣攝，方便於推行。大家曷興乎來共襄盛舉，安頓自己也一併救助世界。

　　此外，本書取名《君子學：後全球化時代的希望工程》，所完構的多層次理義，多有鎔裁重組我前書《跟君子有約：在全球化風險中找出路》的論點及其序例而後更恣肆推衍，為的是足夠看出君子學所能彰顯的宏闊規模。至於附錄〈神仙教全護型生態觀〉一篇，則是給君子從有關作務中退下來可學作神仙預留空間，那一樣能益世煥光，大家不妨酌為參考取鏡。

周慶華

目 次

第一章　君子作為方法

第一節　方法界義

方法，如果不依理論的可任意設說而從實踐的結果角度來看，它已具有本體論和認識論上的意涵，而為可分辨的一種學問的標記（出了這個範圍，它要違常從新賦義或重立準據，也可以放行，只是得另起論域）。

一般所謂本體論中的「本體」，是指終極的存在，也就是表示事物內部根本屬性、質的規定性和本源，而跟依感覺所呈現形式為我們所認識的「現象」相對（Walter M. Brugger 編著，1989：63；王岳川，1994：7）。而就人來說，能夠有效的迎接因應世上的事物，自然在範限上就可以將它當作人的一種本質；這種本質，體現為經驗面是有所顯示解決或處理問題（偶爾還會兼及器物利用）的程序或手段的（張家銘，1987：115；何秀煌，1988a：25；林品章，2008：14～17）。因此，方法在不顯嚴格或強力自覺的後設性上，它就是人的生活方式（所有的應世策略都帶有方法性）；以致方法也得在這個層次上認可它的本體性意涵，從此跟大家所熟知的認識性意涵有所區隔。

此外，方法的本體性會從「直覺反應」的體現中轉為具認識價值的「後設察覺」異能，這是人的理智所獨顯的（其他動物就沒有這種後設思辨能力）。由於方法有從本體論過渡到認識論的轉趨深化現象，所以它的可談性也就隨著升高，終而得以此一面向來定調（這並不否定方法原有較素樸的本體論意涵，卻會更重視方法昇華後較複雜的認識論意涵）。

也因為方法已從本體論上的意涵演變到認識論上的意涵，當中

所見觀念的轉折本身自有相關因素在促成，致使還能藉機再發揮讓它更強後設性格的邊際效益。所謂「讓它更強後設性格」，是指方法既然升進到了認識論的層次，那麼它的被擇用就得有更多的察覺在裏面，才能足夠成立方法論的知識。而這在我個人所發掘的，約略有權力欲望的發用、意識形態的介入、文化理想的支持和科際整合的趨向等幾大變項在制約著方法的產出及其實踐流程（而不可能有一般人所想當然耳的中性客觀義）（周慶華，2004a；2007a；2011a）。

　　上述這一識見，已經不是坊間所流行僅知談論方法的取捨、整理和運用資料等功用卻又不辨方法如何可能的著作（Anselam Strauss 等，2001；Allen Rubin 等，2003；Earl Babbie 等，2004；周文欽，2002；席汝楫，2003；葉乃嘉，2006）所能相比。它的可作為此後一切方法論的準的，應當無可置疑。而這在本脈絡，自是要以它為取義依據。也就是說，君子是中國傳統氣化觀型文化所准設的人格型範，現在也以他作為上述方法論中的方法，正可藉以當作今人所不能而造成倫常失序及其能趨疲（entropy，熵）危機的救助途徑；而他一旦隨著論述啟動了，背後自然少不了有我如上所列各機制在起作用。此中只有相互主觀性可以期許（但願有相似經驗或相同背景的人來認同），而不會妄想能夘上什麼絕對客觀性。

第二節　君子作為方法後的開展方向

　　在心理學上有所謂「防衛機制」（簡稱機制），特指人在應付挫折時為防止或減低焦慮所使用的各種調適方式（Joseph Rosner，1988：80～82）。而它轉用在其他學術上，則代表一種驅動力，由相關的生理或心理或社會或文化機能所制約（周慶華，2000a：7～8）。前面所羅列權力欲望的發用／意識形態的介入／文化理想的支持／

科際整合的趨向等變項，就是全收攝在一個簡稱的機制名下，而聯合或各自擇取方法對象去運作。

　　當中權力欲望的發用是最終極的驅力形式，它跟其他時刻人要藉權力的追逐來確保自己生活無虞的情況是一致的（John Biggs 等，2000：51～54）。換句話說，權力欲望除了是人在社會中求生存所不得不然的以外，它還可以有許多的附加價值，包括導致物質需求和精神需求的滿足（前者如獲得財富和地位等；後者如獲得尊嚴和名譽等）以及帶給某些性格特殊者一種心理補償（如有自卑感的人，擁有權力會使他孳生優越感；又如缺乏安全感的人，擁有權力等於獲得一副安慰劑）等（Steven Lukes，2006；Sharon Zukin，2010；劉軍寧，1992；周慶華，2005）；而最重要的是它體現為亟想對別人產生一種影響或支配力量，從而極大化個別人在世所能晉升謀取利益／樹立權威／行使教化等一體成形的無上境地（周慶華，2012a；2017；2020a）。也因此，方法的擇用本身就不可能有什麼客觀性或必然性；它完全隨權力欲望的易動而轉移向度（我作為一個論述者，自然也毋須諱言這一點）。

　　至於意識形態的介入、文化理想的支持和科際整合的趨向等，則可以單獨或一起跟權力欲望合力出擊而顯現一種特別可觀的典範性方法運作形式。此中意識形態，是指一套思想體系或觀念體系，用意在解釋世界並改造世界（Jean Servier，1989；David McLellan，1991；Andrew Vincent，1999）。凡是能夠展現出來具特徵性的方法擇用，無不徵候著一種或多種意識形態；而這又都以權力欲望為終極的保證（意識形態關係具特徵性方法擇用的內容；權力欲望乃促使該內容實現的最終決定者）（周慶華，2004a：291～298）。至如文化理想的支持和科際整合的趨向兩項則屬附加性的，它們是為可為接受和常保新穎而特別計慮的（暗中仍由權力欲望在終極上起作

用）。也就是說，一種（套）精密方法的擇用成功，可以在某些層面上更新文化的視野，而使得文化的創發力被激勵成為可能（周慶華，2004b：54～55）；同時單一方法的擇用不足以新穎他人耳目時，也得改採跨域多重的方法擇用策略（而這已經是現代社會盛行的風氣），以便展演特能創新未來和遂行權力欲望等雙重處度（周慶華，2007a：28～30）。

這是選取君子作為一種方法的起點（本脈絡就以上面所說各機制為最優位前提）。接著所要論及有關的開展方向，則由更大範圍的認識論來保障。首先，君子由爵位義轉成德行義後始有作為方法的可能。原來君子為大君（天子）或國君（諸侯）的子嗣，他們都可以當大夫（官僚）且有一人為儲君，以致君子就成了爵位的通稱。後來爵位旁落，士人躋升為大夫，也稱君子。如《論語》所載子游語「昔者偃也聞諸夫子曰『君子學道則愛人，小人學道則易使也。』」（邢昺，1982：154）子游（當時為武城邑宰）以君子自比，很明顯這一君子不是指大君或國君子嗣。至於後人所以會專稱有道德的人為君子，理由大概是跟古代的大君或國君子嗣從小得受教有關。古人以木簡書寫，板冊昂貴繁重，民間不容易購買庋藏，只有官家能大量擁有，而大君或國君子嗣近便閱讀，於是多變成知書達禮的人。雖然經過環境變遷，爵位不保，但德行常在。後世稱人為君子，就是沿襲德行一義（周慶華，2000b：181～182）。正因為君子從爵位義一轉而有了德行義，使得他倏地新增一項可被世人借鏡的特性，所以藉為成事方法的操作也就「正當其時」或「無所不可」。

其次，由爵位義轉成德行義的君子始有作為方法的可能（不然純屬爵位的君子就看不出來有多少價值可教人仿效而也自成方法論的一環），這裏面的一個關鍵點是孔子從新給予賦義建制，讓他成了人文生態（可擴及自然生態）的核心標竿，因而大有可以引為縮結

人情（營造美好人際關係和理想政治體制等）兼及諧和自然（陸續
遇著外在生態危機時能自動衍為救助化解的良方）等高價介質。而
這不妨先將此人文生態的光譜畫出以見一斑：

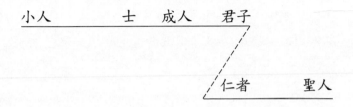

很明顯光譜的兩端為君子和小人所分佔（小人原指黎民百姓，因無
緣讀書而不及在上位那些大人有德；後來社會體制改變，小人不再
盡是文盲，布衣卿相的所在多有，但小人舊詞還在，於是一變而為
無德者的專稱）（周慶華，2000b：183）；而光譜的中間則有士（知
識分子）和成人（專長格備者）呈一向君子端靠近的態勢〔士倘若
短於向君子端進益，難保不會墮入小人一流而遭忌。這也就是孔子
常告誡子夏「**女為君子儒，無為小人儒**」（邢昺，1982：53）的旨意
所在〕。此外，在君子端延伸出去還加入仁者和聖人，他們以更高級
別的身分在示意著人格的終極歸趨（周慶華，2000b：183～201）。
如此人文生態乃以德業光譜為軸線相貫穿（互動時則成網狀），為一
既是任何現實社會所得殷切需求，且又可據以推衍於後全球化時代
冀能永續經營地球和圖得人間長治久安等，雙雙稱勝，淘美可感！

　　再次，君子從孔子予以賦義建制後所成就人文生態的核心標竿，
乃以內質義外飾禮孫信（文質彬彬）自持而後上契推己及人（仁者）
和博施濟眾（聖人）等高華德範為典要。這些都已具義於《論語》
一書而有我們據為倡論的空間：

子曰：「君子義以為質，禮以行之，孫以出之，信以成之。君子哉！」（邢昺，1982：139）

子貢曰：「如有博施於民而能濟眾，何如？可謂仁乎？」子曰：「何事於仁，必也聖乎！堯舜其猶病諸！夫仁者，己欲立而立人，己欲達而達人。能近取譬，可謂仁之方也已。」（邢昺，1982：55）

子曰：「君子而不仁者有矣夫，未有小人而仁者也！」（邢昺，1982：124）

子曰：「聖人，吾不得而見之矣！得見君子者，斯可矣。」（邢昺，1982：63）

依上述四則文字所示，君子和小人對列以及仁者和聖人為君子進益對象等理義至明〔按：仁聖德範仍為孔子所賦義建制；而君子的文飾和質具此一文質彬彬條件，則另有孔子的提點在先「質勝文則野，文勝質則史。文質彬彬，然後君子」（邢昺，1982：54），這在持論者來說旨意無不釐然可辨〕。此一可以演實的德業光譜，在解決人倫異化問題上就莫不能以它為依據，而在啟動相關推衍論述上也莫不能以它為實地參照。二者混義後，則依便可在哲學立說／道德實踐／文藝涵養／連結兩界眾生態等方面發揮作用（詳後）。

第三節　君子作為哲學立說的方法

哲學，已知有理論建構和後設思辨二義可以依循運用（Bertrand

Russell，1984；Wilhelm Windelband，1998；Martyn Oliver，2005）。前者（指理論建構），為哲學的初階形式，涵蓋概念設定／命題建立／命題演繹等成分；後者（指後設思辨），為哲學的進階形式，體現於後設思辨存有／後設思辨存有物的獲知過程／後設思辨存有物獲知過程的推論法則／後設思辨存有物可能的價值等層次（又分別有形上學／認識論／邏輯學／價值學等統攝性稱呼）（周慶華，2004a；2007b；2011b）。二者的關係，約可圖示如下：

圖中所加細箭頭，表示理論建構當依此次序進行才有效率；至於後設思辨僅採居後對列而不標細目，則是為了省便。這都可以藉為彰顯君子作為方法的方法性，畢竟從君子被准設後所見一路搬演情況，已足夠給予提升到此一高度來看待。

　　如在理論建構方面，所涵蓋眾成分中，概念表徵事物乃立說的起點，相關設定可包括既有概念（好比小人／君子／仁者／聖人等）和新增概念（好比郁郁乎文／鄙野／修養／培訓／應然義／實然利／仁愛／博愛／人智／神智／質能轉換式配備／歷史演繹／雅緻身分／行動系統夢想／碎義逃難等）；命題繼為結合二概念而成，要建立則能無限衍生（好比「君子可以作為哲學立說的取徑／君子可以作為道德實踐的進趨／君子可以作為文藝涵養的基底／君子可以作

為連結兩界眾生態的憑藉」等）；引繫二命題以上為演繹殿後，但為別他從顯高價角度將所建立命題用來推演尋繹今人所不能而造成倫常失序及其能趨疲危機的救助途徑。

又如在後設思辨方面，此處目的是為了檢視上述相關概念如何可能／命題建立的形上學、認識論和邏輯學基礎何在／命題演繹的價值估定憑啥等（分別為後設思辨存有／後設思辨存有物的獲知過程及其推論法則／後設思辨存有物可能的價值等的替換詞）。這是君子作為方法的最終決戰場（可透顯比同樣可作為方法的他者優著），也是整套君子學或顯或隱的通貫性作為。

總括來說，君子所以能作為哲學立說的方法，主要是他的存續可以構成一種能被辨認汲引的知識，並且有所關連於其他課題的設說展演。姑且就以君子的存有特性為例，他經過如我個人一番進階的後設思辨後，已可斷定是中國傳統氣化觀型文化的必要惦念處且得予以恆久性標榜。換句話說，中國傳統社會特別寄望於君子德行，基本上有一個內在的理路：就是大家普遍持守氣化觀這種世界觀，相信宇宙萬物乃陰陽精氣相感而化生（有別於其他如創造說／緣起說等）：

> 陽之精氣曰神，陰之精氣曰靈；神靈者，品物之本也。（戴德，
> 1988：508～509）

> 二氣感應以相與……天地感而萬物化生。（孔穎達，1982a：
> 82）

> 道生一，一生二，二生三，三生萬物。萬物負陰而抱陽，沖
> 氣以為和。（王弼，1978：26～27）

> 夫混然未判，則天地一氣，萬物一形。分而為天地，散而為
> 萬物。此蓋離合之殊異，形氣之虛實。（張湛，1978：9）

> 無極而太極。太極動而生陽；動極而靜，靜而生陰……二氣
> 交感，化生萬物。萬物生生，而變化無窮焉。（周敦頤，1978：
> 4～14）

這不論是否再推及陰陽二氣的源頭（如道／混沌／無極等），都在體
證或說明氣化這個道理。正由於氣化積聚團夥或量產的關係，人一
誕生就虯結在一起，必須分親疏遠近才方便於經營有秩序且獲保障
的生活，於是以血緣為依據的家族就一個個的形成了。而從親親系
統抽出部分人來組構更大國家的尊尊系統，也是相應的取得了和諧
政治的效果。所以中國歷來只有對絕對性聖王仁君的迫切需求，而
沒有被設想成採取其他形態來過活和延續種族生命等。由此可見，
君子德行就是在氣化觀底下為達縮結人情／諧和自然目的而設計受
到重視且期許向聖王仁君途徑去轉益多姿的。因此，君子德行的成
形，可說是以家族作為社會結構基本單位的氣化觀型文化所輾轉准
設或塑造最合理的生活模式（孔子的從新賦義建制，則是有見於此
而更事精密化或切近化的準則提點）；除非我們有辦法更換腦袋（改
變世界觀）和全然絕去家族紐帶，否則都不可能走入今人所崇尚的
西方的世界或過西式的民主生活（已移居海外的華人，實際上還是
跟族人羣聚，很難成功打入當地社會；而現在有部分華人集居的地
區，勉為實施民主制度，也僅是邯鄲學步，怎麼看都有欠序律動不
起來）（周慶華，2016a：44）。所謂君子「他的存續可以構成一種能
被辨認及引的知識，並且有所關連於其他課題的設說展演」，就見義

於上述這一論說規模中，任何繼起者要再有所部署建樹，諒必都難以避開而另闢他途。

第四節　君子作為道德實踐的方法

　　君子作為方法所關連命題演繹的價值估定，除了前舉「君子可以作為哲學立說的取徑」屬冒領的性質以外（它將貫串於所約制各項命題的建立及其演繹的內部），最能顯現切己性的就是「君子可以作為道德實踐的進趨」。換句話說，在價值排序上，君子作為道德實踐的方法因有經驗基礎無慮可以優先給予肯定。

　　這則有個人道德實踐和公共道德實踐兩個向度能夠使力。在個人道德實踐向度部分，大體上君子作為人間社會有德者的代稱，他的性徵是由美盛的文采所撐起的。這文采不是指他善於述作，而是指他經過義禮孫（遜）信等品德的內著外煥後所顯現的高度修飾現象。而這可以成為孔子所讚許「周監於二代，郁郁乎文哉！吾從周」（邢昺，1982：28）一事的換喻。也就是說，作為一個君子，他必須在整體上備具「郁郁乎文」的特性，才能有所區別於鄙野小人；而這一區別，集聚為國體政務，自然就像周代那樣精於取鑑夏商二代了。正因為修養使得質樸的人足以脫胎換骨，以及進一步的人文化成社會能夠緣此漸次締造，致使君子自有「仰不愧於天，俯不怍於人」（孫奭，1982：233）的尊嚴或光榮感隨行，而以他作為個人道德實踐的方法也儼然已有著內在自我勉為敦促且又有所向外召喚共進的雙重驅力（也就是他會自動發出願力而有益於人文化成社會的營建，並且一併籲請有志者從此跟仍深陷在嗜欲好利和卑賤猥瑣境地的小人劃分疆界），不啻可以給大家型範而為反向體證所資。

　　在公共道德實踐向度部分，這是人文化成社會的具象化，它所

得體現於外在場域的，則不出政治清明／經濟公義／社會和諧等幾大景況。原來緣於氣化觀的內蘊潛固，使得傳統上相仿對個人有格物／致知／誠意／正心／修身／齊家／治國／平天下此一連動成德要求（孔穎達等，1982b：983），以及組成社會後勢必不免要引出「大道之行也，天下為公。選賢與能，講信修睦。故人不獨親其親，不獨子其子，使老有所終，壯有所用，幼有所長，矜寡孤獨廢疾者皆有所養。男有分，女有歸。貨惡其棄於地也，不必藏於己；力惡其不出於身也，不必為己。是故謀閉而不興，盜竊亂賊而不作，故外戶而不閉，是謂大同」（孔穎達等，1982b：413）這種理想政體設計。而由這項理路的推演，君子德行如果能夠寄望成功，那麼大家普遍內化後整體社會必定也會受牽動而出現大幅度的變革（也就是一個理想大同社會的實現）。遺憾的是，在中土國度卻從未見過有普遍內化的跡象，導致許多不明究裏的人誤以為它已經過時了（其實那是還在深為期待實踐狀態）。縱是如此，君子此一高尚美好的人格型範還在，只要大家從新體認努力去涵養充實，那一淳善社會也是有望成真的。再說君子和小人分居光譜兩端所可見的，在歷來治亂相循上也不過是向君子端昇華和向小人端陷落的差別，它總有一個高標的典範在指引出路，而不致喪失了我們人生存活的意義和價值。比較值得耽念的是，在面對迥然有別的外來文化衝擊時，我們如何據以為挺住民族的命脈而再度讓它昂揚重現光華。

　　後者是說，從近代國人屢次遭受西方文化大舉入侵後，已經洩氣的棄我從他，在政治、經濟、社會和科技等層面紛紛尾隨別人渡日，殊不知那正是全然向小人端危墮的活法（詳見第三章），永遠也參不透君子為何物而無從高華。理由就在：西方人有造物主的信仰，所摶成的創造觀型文化既肯定上帝造物的權威又想媲美上帝而不斷走上盲目逞能創新的道路。它在現實生活方面，誤認平等受造意識

就能以個人為社會結構基本單位且專事民主制度的營造；而在文化發展方面，也大意透過挑戰自然去窮究事物而極力昌皇科學實務。這表面上是在締造塵世的上帝國，實際上卻是政治分贓敗德和殺伐掠奪殘酷的發端！顯然民主和科學的介入摻和已無從保證也無法促成理想大同社會的實現，那裏面蘊蓄變本加厲的小人行徑只會深化能趨疲危機而讓人更加憂愁沒有明天！因此，從新恢宏自我所屬以綰結人情／諧和自然為特長的氣化觀型文化，相關君子的美德生活就能成為一個爭勝點，終而對治且超克了西方創造觀型文化所見挑戰自然／媲美上帝此一失策作為的末路（周慶華，2020b：31～36）。於是此刻重拾君子德性及其作務信念而以轉傳統為開新的倫理範限行世，這在將君子作為公共道德實踐（併及個人道德實踐）的方法上也就再切要的當不過了。

第五節　君子作為文藝涵養的方法

倘若說以君子作為哲學立說的方法是因為看中他可構成一種能被有效「辨認汲引」的知識，而以君子作為道德實踐的方法則是因為看中他可構成一種方便體證「倫理範限」的知識，那麼在這兩大範疇間還有可從容黏附增價的以君子作為文藝涵養的方法也得適時叫喚出場，它將以另外可構成一種無礙迎受「極致美感」的知識被倚重。

文藝是文學和藝術的合稱，它的賞鑑性原可單獨領會，而有論者所謂「無關心」（不關心道德／政治等）美感的產生（Immanuel kant，1986）；但在此地已必要連結到君子的人格型範來看待，以致它在相關方法論說上就得有多一點的轉折。也就是說，文藝自以具有賞鑑功能為首要任務（其次才是它所傳達意義輾轉關涉到政治、經濟、

社會和科技一類的議題），而君子卻得在德行上實演優質特徵，彼此
並不搭調；現在要將二者牽合在一起而完成上述可操作的方法質地，
這就必須從君子的精神感召面向來著眼（而暫不涉及具體事證部
分），姑且以文藝涵養少不得要有君子精神內蘊為最佳狀態，終而顯
示君子是可以作為文藝涵養基底的此一殊異性。換句話說，只要文
藝本身能帶有君子精神成分的，都可以引為例證而許它也從君子處
找到了涵養的良方。

　　通常文藝的賞鑑特徵是由技巧及其整體風格在蘊蓄的，如今輪
到它所表達成功了的某些情意也要有相同感受，那它就是一種連類
或併集稱名的，理當跟正宗的「它的描寫技巧好高明」或「它想展
現的諧擬特徵很吸引人」一類美感讚譽有所區分。而這則有「起步
諧美」和「進趨高華」兩方面，可以係聯來促使君子作為文藝涵養
方法一事的希成典範。

　　在起步諧美方面，君子所相應演出中國傳統氣化觀型文化特重
綰結人情／諧和自然的優著倫常志業，在作為文藝涵養方法的過程
中就首要形現於正副顯（先後顯現）內感外應的抒情美上。當中內
感外應，乃緣於在氣化觀底下人只能全力關注現實（別無如上帝般
的高高在上對象可負責）所合該表現的，它跟預設另一個超越界而
有可敘事以馳騁想像力空間的情況迥異（後者特指西方創造觀型文
化的創作表現），所能秀出的成果無不以立顯「為情造文（藝）」特
色為最大宗（周慶華，2011b；2016b；2019）。這時文藝的內涵，就
不妨考慮將君子有關綰結人情部分的心思及其行動事件給予妥為安
排，所顯出溫慰人心一面的抒情美必有可喜可感處。此外，沿內感
外應所無疑會擴及對周遭環境的吸納處置一環（略有差次於因應社
會關係網絡），也莫不可把君子有關諧和自然部分的心思及其行動情
節加以適當摻和，所顯出觸動恤物一面的抒情美也必有可賀可賞處。

這是君子藉為文藝涵養方法所可能的起步姿態（不遑舉例），它的諧美格調在通向極致美感道路上已安設好了一定的開拔式位階。

在進趨高華方面，既然起步諧美都開拔了，那更得晉身以完結極致美感表現的進趨高華一理當然也在期待行列了。這是說君子上契為仁者和聖人時，所體現的德業乃分屬自為崇高象徵和自為更崇高象徵，而文藝涵養將它攬入生效所趨入的，無異就是那難可取代的極致美感境界了。所謂「巍巍乎，唯天為大，唯堯則之」（邢昺，1982：72）、「親親而仁民，仁民而愛物」（孫奭，1982：244）和「致中和，天地位焉，萬物育焉」（孔穎達等，1982b：879）等，都在徵候進趨中的君子所能，文藝涵養予以借鏡，想必不會缺乏可編撰的事件情節（仍不遑舉例）。至於連帶得提升的創作技巧及其風格塑造以為彰顯雙美，那就要假以時日看個人功夫造化了。

第六節　君子作為連結兩界眾生態的方法

所期許的「君子作為哲學立說的方法／君子作為道德實踐的方法／君子作為文藝涵養的方法」等，已盡括了現實所見認取／規範／賞鑑等三大知識範疇，本當略無餘地可設說了。但又不然！這裏還有一個跨界課題得同時加以安置，以便顯示君子作為方法在此一次第談論的特性別知所旁衍完勝。

這總提是「君子作為連結兩界眾生態的方法」，細按則是要以君子作為「連結現實界眾生態」和「連結靈界眾生態」的憑藉，成串把今人所釀致倫常失序及其能趨疲危機的殘慘局面一舉揪出而試著予以對治。所倡議「連結現實界眾生態」是過場（非先說不可），而「連結靈界眾生態」乃是終場（重點所在）。因為這已跨進到神秘領域（周慶華，2006；2020a），不再是現實學問所能統攝，所以就這

麼的獨立出來給予一番論列。

　　當今生態崩毀是跟能趨疲危機軋在一起的；而能趨疲危機又是倫常失序所直接催化的。起因就在西方創造觀型文化於近幾世紀獨大，將它所漸次深化的原罪觀念引來猖狂興作資本主義及其殖民征服，把地球搞得一片烏煙瘴氣，至今仍未緩和那裏頭所透出不斷嚴重的資源短缺、臭氧層破洞、溫室效應、酸雨危害、熱帶雨林減少、土地沙漠化、野生動物瀕臨絕種、海洋汙染、有害廢棄物遍布和軍備競賽等總括為能趨疲危機。而這已無從仰賴西方社會內部所提任何轉進式計策來「以水濟水，以火救火」，必須將原不會造成地球負擔的他方文化召喚回來以為濟渡，庶幾可望化解舉世日漸沈淪的命運（周慶華，2011c；2012a；2020b）。當中氣化觀型文化所體現於君子仁聖作務一環，最足以藉為使人文生態秩序化和避免自然生態繼續陷落（合而倫常不再失序）；而由此方法連結現實界眾生態發端再跨域連結靈界眾生態，自當可促成兩界良性循環理想的實現和可激勵靈界懲戒機制的合理化伸展等（前者，靈界和現實界處在「循環互進」的情境中，如今現實界救助倫常失序及其能趨疲危機有成了，勢必會一併帶動靈界慎思永續經營地球的對策，終而可以道地的共存共榮；後者，靈界在相當程度上籠罩或支配著現實界，以致當現實界在所不能自制時，激化靈界啟動加碼懲戒的機制也就屬「恰到好處」）。這一試煉已超出大家的經驗範圍，後效如何還得看天意；但倘若不透過這樣的倡議來促動激生，事情恐怕會更混沌莫辨，所以說了總是有勘實翻白的機會。

　　君子作為方法一題，解會不可能侷限在上面所列四項（即使所舉已涵蓋學問各領域，但論及各領域還可細分的就都未曾計議），只因立論慣例僅能取犖犖大者開談，其餘就留給繼起者去舉一反三了。至於此處仍嫌有欠細繹慢理的地方（如中西文化對碰的詳情和兩界

互制偏倚的實況等，都來不及說透），那就等後面各章節觸及時再伺機予以補充；即使不然，也會另出一對照說法，以見前後依舊有理路相嵌的一貫性。

第二章　君子成學的歷史顯影

第一節　方法的實踐處就成學

　　君子作為方法的可談性，依前章所述乃因該方法也必要從本體論的意涵過渡到認識論的意涵後才能被這般肯認；從此它在展現轉趨深化或較為複雜以有效解決問題的過程中，也就同樣具有價值上可供認取或規範或賞鑑的知識特性。

　　縱是如此，方法的知識特性一旦成立後，它在人身上所顯現的後設察覺異能又會自縮為一種新的本體形象；以致認識論上的方法和本體論上的方法又不得不相涉或辯證起來。如圖所示：

$$方法_0 \quad \rightleftharpoons \quad 方法_1$$

$$（本體論）\qquad\qquad （認識論）$$

這意味著彼此可以透過雙向箭頭來彰顯相互不離不棄或無從截斷的關係。也由於認識論上的方法已經後設化了，它的繼續繁為衍變勢必無法阻擋，導致每有一種新的方法察覺，就會有一種新的生活方式形現。因此，在理路上方法就從單一（原有）的本體義散化為眾多（增殖）的知識義，然後再成就眾多新的本體義，彼此開始可以有著觀念上的轉折。如圖所示：

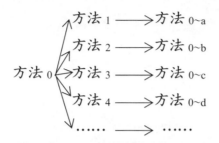

這種轉折，所要保障的是一種具高格價值的方法論知識（周慶華，2007a：24～25）。而為了再發揮讓它更強後設性格，則一併將此中的終極前提拈出（包括權力欲望的發用此一最終極的驅力形式及其相搭配的意識形態的介入／文化理想的支持／科際整合的趨向等變項）（詳見第一章第二節），使得整體觀照終於也有一定的方法論規模而能夠被學問所准式。如圖所示：

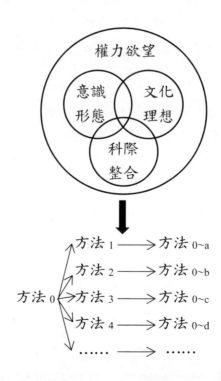

在這個方法論架構底下，再進一步推及「君子可以作為哲學立說的取徑／君子可以作為道德實踐的進趨／君子可以作為文藝涵養的基底／君子可以作為連結兩界眾生態的憑藉」等（也已可成一新本體性的方法）（詳見第一章第三節），使得君子不啻可以自成一種學問對象。這種對像是從「方法的實踐處就成學」此一可遵守的規約而來的（周慶華，2004a；2007a；2011a），因為試為方法的就有成學態勢，而已為方法的則所成學可塑，君子於此兩面性都能顯露他的「應數本事」。於是繼「君子作為方法」的掘發後，無妨再進而談論相關君子成學的課題。

第二節　成學的學概念限定

君子成學是從君子可作為方法處起義的，它所受理論管控一事應該要有嚴格規範才能放行。而這在可被檢驗（受理論管控）的前提下，有關君子成學的「學」概念限定就得優先處理：它既是自我成說的礎石，又是引人體證的基點，無論如何也不能含糊帶過。

如果說方法所代表的是它給可為方法的對象一個學問准式，那麼學概念的限定就是要將這種准式予以具象化，讓君子能夠在知識空間無障礙的穿梭（否則只要有點受挫，就會影響整體論說的效應）；二者固然有一體成形的需求性，但仍以學本身的最終凸顯為切要。而這則有幾個進程式的限定可以考慮：

首先是按一般的規範，學依它特有的名詞性得框限為學問或學科或理論知識，為的是足以自我謹勒和可供他人檢驗等。此外，學還可以就它日常慣行的動詞性仍許給學習或仿效或推廣的意涵，而以附隨的方式（非單獨存在）把君子成為學問後當作學習的對象，這樣相關學的形式特徵就算是一語定案了。

其次是在學的名詞性此一核心義確立後（動詞性的附隨義就讓它內著而不表了），跟著要限定它的內涵是一種「有建制的知識」。這種有建制的知識，乃為一切學科成立必有的範限，也就是得備列統括（所說理適用性廣）、組織（系統性強）和合理（前提高度可性）等要素（范錡，1987：13），才有通行天下而不被任意棄置的可能。雖然如此，它卻不合自比有些論者所說可為普遍接受的知識：「**稱一個研究範圍為一門『學科』，就是說它並非只是依賴教條而立，它的權威並非源自一人或一派，而是基於普遍接受的方法和真理。**」（香港嶺南學院翻譯系編，1996：2）所謂可為普遍接受的知識，嚴格的說也只具有相互主觀性（可獲得有相似經驗或相同背景的人的認同），而不可能具有絕對客觀性（沈國鈞，1987：93；陳秉璋，1990：241～246；周慶華，2002a：27～28）。因此，這裏也就不矯造類似的宣稱來自我混亂。還有此一界說勢必要以「權宜而不為典要」的標誌面世而難以避免語意上的弔詭（也就是「權宜而不為典要」的本身不就是一種典要呢）以及既然不為典要「那別人就不一定要聽信，而我個人也不一定要強說」等究竟要如何圓說的問題，則以「正視他人的主見，並不必以去除自己的主見為代價；彼此以追求精采為目標，卻毋須隨人在原地踏步」這一我個人所設定過的準則（周慶華，2004c：43～45）來因應，而將所能製造差異的論說與否的檢證及其理智認同或情感迎受的權利留給讀者。

再次是學另得有一帶後設性的隱式限定，來給上述那些對象性的顯式限定作催化劑或終極的保障。這是我作為一個持學者理應不可或缺的心理表白：也就是在本脈絡不是要複述既有同類型的論說，而是試圖展現一種新形態的學問（這才有勉力建構的必要；不然就會淪落拾人牙慧或重炒冷飯而待人譏誚的下場）。把這點確立且予以技術性的懸置後（此理已明今後就不必再重提了），所得再添綴的是

這套君子學成形所必須備有的條件。以當代一些話語或言說
（discourse）理論為準的（Terry Eagleton，1987；Diane Macdonell，
1990；Sonja K. Foss 等，1996），我所要建構的這套君子學也是一種
話語（一種主張或準則）；而這種話語已經為我所信仰，也成了我所
屬意的意識形態，它終將無法脫離我內在的權力欲望範圍。即使如
此，在我的構想中，也不能僅止於塑造一種話語而已，當中還得有
文化理想作為必要的支撐（否則世上未必要多我這一種話語）（參見
第一章第二節）。換句話說，在無所不可建構中，我有所選擇而建構
了這一種話語，自當別有一點理想意識在：必要導到對整個世界的
局部推移變遷或改造修飾上來發揮作用。這縱然會面臨後現代解構
思想的強力挑戰（Christopher Norris，1995；Paul de Man，1998；
Jacques Derrida，2004），也毋須退縮。因為解構思想所要解構的體
制／真理／秩序等東西，並不是大家所十分樂意見到的；更何況解
構思想的不徹底性（也就是解構別人時也蘊涵了自我解構，以致解
構的效力就很有限）而使得解構思想本身又成了體制／真理／秩序
等這些東西呢（朱耀偉，1994：60；周慶華，2002b：17）！

　　所謂君子學的成形，就是依上述從新界定及其必要邏輯推演而
可能的；而它在成形過程中又受到權力欲望和文化理想意識等條件
的制約。倘若其他同類型的論述缺乏這樣的自覺，那麼此地所說的
又可以用來對諍或訾議，使得一種話語兼具有自我定位和批判他人
等雙重功能。

第三節　君子成學的內在緣起

　　君子成學乃有我這個論說者外在的使它緣起（也就是受我個人
的權力欲望和文化理想意識等因素的驅動而給予促成），此外當還有

一屬內在的理路始元，掌握了才能免除鑿空立論的弊病。而這就種
種跡象來看，孔子的從新賦義建制而使君子自爵位義轉成德行義，
此乃君子成學的歷史起點（至於更優位或更深層次由中國傳統氣化
觀型文化所准設部分，那就可以當它是隱性的始元而毋庸再贅述了）
（詳見第一章第二節）。

具體情況，則是君子的立義初定（主論），並有衍論（補述），
以及符合此立義的案例陳列（引證）：

子曰：「君子義以為質，禮以行之，孫以出之，信以成之。君
子哉！」（邢昺，1982：139）

子曰：「君子之於天下也，無適也，無莫也，義之與比。」（邢
昺，1982：37）

子曰：「質勝文則野，文勝質則史；文質彬彬，然後君子。」
（邢昺，1982：54）

子謂子產：「有君子之道四焉：其行己也恭；其事上也敬；其
養民也惠；其使民也義。」（邢昺，1982：44）

南宮适問於孔子曰：「羿善射，奡盪舟，俱不得其死然。禹稷
躬稼而有天下。」夫子不答。南宮适出，子曰：「君子哉若人，
尚德哉若人！」（邢昺，1982：123）

子曰：「……君子哉蘧伯玉！邦有道，則仕；邦無道，則可卷
而懷之。」（邢昺，1982：138）

上述第一則是立義；第二、三則是衍論；第四、五、六則是引證（周慶華，2020b：183～184），合起來自成一種理則而可供人察考（這也可以條理出一般邏輯學書所常示範的三段論式：人只要具備義禮孫信等條件就是君子；子產／南宮适／蘧伯玉都能具備義禮孫信等條件；所以子產／南宮适／蘧伯玉都是君子）。這種理則，自蘊有內在的邏輯結構而明顯合於「組織」一義的要求。此外，關於「合理」和「統括」二義，則分別由內質義外飾禮孫信所撐起的君子德行乃屬高格型範（無可替代）和該君子德行規約不慮能被任一社會所准式等來保障。

　　前者（指內質義外飾禮孫信所撐起的君子德行乃屬高格型範），已有孔子不憚煩指出的小人作為對比（社會不可能儘歡迎小人鄙野行徑而還可以正常運作）以驗效能；後者（指該君子德行規約不慮能被任一社會所准式），也能設想任何家庭、學校、商界、政壇、甚至戰場等缺少君子坐鎮將會多麼恐怖！就以互動最緊張危急的戰場為例，史書記載了一次特殊的戰役：

　　（宋）襄公與楚成王戰於弘。楚人未濟，目夷曰：「彼眾我寡，及其未濟擊之。」公不聽。已濟未陳，又曰：「可擊。」公曰：「待其已陳。」陳成，宋人擊之。宋師大敗，襄公傷股。國人皆怨公。公曰：「君子不困人於阨，不鼓不成列。」子魚曰：「兵以勝為功，何常言與！必如公言，即奴事之耳，又何戰為？」（司馬遷，1979：1626）

在傳末史家有段評論「襄公既敗於弘，而君子或以為多，傷中國闕禮義，褒之也，宋襄之有禮讓也。」（司馬遷，1979：1633）這所稱

許宋襄公可作為重禮義的典範，無非就是起因於戰爭的重點在利益衝突而不是要顯示自己人格的卑劣；因此在不乘人危殆的正義原則下交戰而敗陣了，那是實力不如人，毋須反過來自我怨怪不使用詭詐手段。相對的，東晉時代所發生的淝水爭戰，勝利的一方就比前者多了不太光明磊落的計謀。那時前秦苻堅率八十七萬步騎大舉南侵，東晉宰相謝安派遣它的弟弟謝石和姪兒謝玄等率八萬精兵迎戰。謝玄叫使者前去要求秦兵稍稍後退，讓晉兵渡過淝水決一勝負。苻堅答應了，但晉兵卻趁對方後退紛亂時刻，撥出八千人急攻秦軍，又設埋伏在秦軍陣後大喊：「秦兵打敗了！」秦軍於是潰決，死傷無數，僅存部分殘眾北竄而去。這在相當程度上是東吳聯蜀抗魏所進行赤壁決戰的翻版，贏的一方美其名為「以寡擊眾」，事實上是詐術用盡，遠非宋襄公仁德有禮讓的作風可以相比（周慶華，2016a：53～54）。試想所有「非不得已」的戰役如果都像謝氏一家人那樣搬演，那結局贏方所享受到的勝利果實會是甜美的（而沒有一絲愧歉心理從中攪混餿掉）嗎？

更有甚者，西方長期以來所主導各類戰爭發展出的偽神聖思維，後果尤為慘絕（全然無與君子德行）！通常以武力作為權力媒介，在大多時候還會透過武器或其他強制手段（如集體施暴和制度性壓迫等）來衍生效應而造成難以估計的殺傷力：

> 我們分布全球，掌控了地球大部分能量和產能，還開始向內太空（海洋深處）和外太空伸出觸角。我們的陰暗行為，比起其他動物也有獨特的地方，包括滅族、凌虐取樂、嗑藥以及大規模地消滅其他物種。（Jared Diamond，2000：14）

這所提到人獨具的各種非善行，就是上述情況的概括說明。換句話

說，武力原也可以是威嚇性的（未必要具體施展），但當它一經淪為
鬥狠或屠殺的工具後，就無法免除仇恨相向的暴力色彩。而這一暴
力色彩，在大規模的毀滅性戰爭中最為明顯，也最容易引起譴責的
聲浪。即使戰爭也有如論者所說的因基於自衛、自保和保鄉等多樣
緣由而被合理化（Len Doyal 等，2000：80～81），但最後倘若沒有
非武力／非暴力的手段介入排解或其他意外的變項（如天災、癘疫
和神祕力等）來和緩沖淡，那麼一戰還一戰的惡性循環必定無從避
免。尤其在西方，戰爭常被賦予異化的美學意涵（如歪曲認為它可
將人的天資和能力激發到極致，以及能為那些冒險犯難而征服敵人
的英雄戴上不朽的皇冠等），馴致世間有很多衝突或許可採取和平方
式來化解的最後都訴諸武力鬥爭。這曾被論者歸結為有戰爭浪漫主
義和戰爭現實主義的理論在背後支持著（Louis P. Pojman，1997：154
～166）。但不論如何，戰爭的集體性仇視對抗及其後效難料等困擾，
都不是給予合法或合理地位就可以善了。這是說戰爭幾乎全為強者
對弱者所發動的侵略；而弱者為了抵禦外侮，當然也要跟著強化武
裝，以致人為的災禍和死亡的威脅等就永無止息！還有戰爭假使不
能禁止，那麼它的連帶效應就是一些類暴力的征服行動（如對他國
的政治控制、經濟剝削和文化殖民之類）也會被法制化。就像現今
的國際組織如聯合國，表面上都在說要維護世界和平，實際上卻是
強國利用它來為自己謀利：所訂種種具有懲罰性條款（如經濟制裁
和武器禁運之類），也都是為了排除自己在遂行操縱他國過程中所會
遭遇的阻力，而沒有能力反對的弱國就得被迫接受它的適法性。當
今世界許多地方存有饑荒和各種疾病流行，都是由這些有形無形的
戰爭所引起的；而因戰爭需要所發明的摧毀性武器以及滲透和分化
等戰略戰術，更使得人類隨時處在個體死亡和集體大滅絕的恐懼中。
顯然武力的權力媒介向度是一種非正常的影響或支配姿態，它的高

度侵略性本質永遠無法取得像其他權力媒介（如智識、才藝、異稟和能力之類）那樣的正當性。而這乃是自居上帝選民優勢的西方人才會演出的戲碼，它的必要被譴責已經不是單一武力對他者的侵擾，而是整體創造觀型文化無理迫近肆虐所造成舉世慘悽的日漸全毀惡果（周慶華，2016a：54～56）。

近代人類社會所以像上述這樣被西方人不斷地踩躪糟蹋而即將銷蝕崩潰於一旦，就是少了君子德行從中調節以及指引出路的結果（很難想像如果整個世界都君子化了還會有這類暴力破壞劇情的上演）。由此可見，君子德行規約能被任一社會所准式，自是事實上可加以深為證驗的（其他如家庭、學校、商界和政壇等未舉例說明的，也當能類推得知），不必想成那是在打高空或恐流於烏托邦幻境！也因此，孔子的賦義建制所塑造攸關君子德行這項本體真理，也已成了一種理論知識，大可據以為推廣。

第四節　相關緣起後的各個階段顯影

所謂內在的理路始元，這自是由我個人所掀揭判定的（容許他人前來對諍取代），在沒有更見效益的論說出來以前，它不啻具有指標性而可以作為相關立論的準則依據。同樣的，順著上述再行推衍，當會發現這一度緣起後還另有接續的闡述或紹繼，仍須略加條陳以便後面暢論無礙（雖然這也是我一貫的知見加被）。

這不防從一個關係君子成學的知識向度談起（它在分辨歷史上各個階段顯影功效方面有一定的作用力）。先前提過知識有現實常見的認取／規範／賞鑑等三大範疇（也就是可認取的知識／受規範的知識／被賞鑑的知識），並容許超現實的神祕經驗跟它局部相涉（詳見第一章第六節）。這樣仍然以該三大範疇為準的，它們的必要交集

就顯現於彼此都可以在特定條件下相互轉換〔也就是可認取的知識轉成被賞鑑的知識或受規範的知識，如許多科學見解屬於可認取的知識被人移情當成審美對象形現賞鑑的知識（沈致遠，2004）或曠觀轉為從新對宇宙多元理解而條出規範的知識（Sean Carroll，2017）；而被賞鑑的知識或受規範的知識，也在經人一番解析或理論框限後輾轉成了可認取的知識（George E. Moore，1984；Immanuel Kant，1986）〕。這麼一來，相關的談論就得特別留意此中的理論轉折，以免不小心滑溜去而難以善後。

換個角度看，可認取的知識，在命名上另有論理真理的稱呼（指名和實相符，無礙大家加以檢證該名的真假）；而受規範的知識和被賞鑑的知識二者，在命名上則另有本體真理的稱呼（都是指實和名相符，只要該實設定後能被理解認同了，也無礙大家加以檢證該實的真假）（周慶華，2007b：56～57）。相似的，它們也在檢證一理上相通且能對調換位，而使得彼此以交集的關係存在。因此，這就跟前者構成了一個並列圖而可以相互照看且在指稱上無妨換詞為說：

前節末尾說到「孔子的賦義建制所塑造攸關君子德行這項本體真理，也已成了一種理論知識，大可據以為推廣」，大體上就是依便行事。也就是說，君子成學乃起因於一項規範性的本體真理，它也自成一種理論知識；如今還有希望得力於理論知識的穩定性而向另一項認

取性的論理真理、甚至相鄰賞鑑性的本體真理過渡。而這從前章的討論中，已經相當程度的證驗了；此後更可以用來衡量其他後出的君子論說，看它們有否實質的進益。

關於這部分，依我個人察考的結果，實在不能不致以深深的遺憾，因為原先所見的開闊性（也就是相關的君子論說已大有規模了）不斷地遭遇窄縮到快要不辨價位了！為了證明這點（詳見第五節），有需要先來瞧瞧歷史上各個階段的君子論說是何面貌。

首先是時人闡述。時人以孔子的弟子有若和曾參為例（二人被認為有師樣或能傳師道），他們有能力闡述卻又不甚了了君子布義。如：

> 有子曰：「其為人也孝弟，而好犯上者鮮矣。不好犯上，而好作亂者，未之有也。君子務本，本立而道生。孝弟也者，其為仁之本與！」（邢昺，1982：5）

> 曾子曰：「可以託六尺之孤，可以寄百里之命，臨大節而不可奪也。君子人與？君子人也。」（邢昺，1982：71）

前者以孝弟為行仁的本初自是在理，但君子一開端就要從這裏用心，不免會略去孔子當初所設定內質義外飾禮孫信此一文質彬彬的君子型範歷程，恐怕將要先失根基而無能再行上契為仁者了。可見這是有若的一廂情願，跟孔子苦心孤詣的賦義建制頗不相侔。後者但以忠為君子滿全的德行，那就更窄化君子一理的可展衍性〔曾參所說的僅夠忠的條件而已，不但未及仁道，當也缺乏君子德行，想轉升還差一間。這從孔子評令尹子文三仕三罷一節可知（邢昺，1982：44）〕，終究有違孔子倡論張說的精義。

其次是後人紹繼。後人紹繼自以孔子後學孟荀為代表，他們知所遠祧，卻也多失察君子精義而輕易相混於仁聖格局。如：

> 孟子曰：「君子所以異於人者，以其存心也。君子以仁存心，以禮存心。仁者愛人，有禮者敬人。愛人者人常愛之，敬人者人常敬之……」（孫奭，1982：153～154）

> （荀子曰）君子者，天地之參也，萬物之摠也，民之父母也。無君子，則天地不理，禮義無統，上無君師，下無父子，夫是之謂至亂。（王先謙，1978：104）

依孔子的賦義建制，君子型範比仁者型範低一級次（仁者得推己及人，君子但以文質彬彬自持）。雖然君子也得上契仁者為切要，但上契後已成仁者，就不合再以君子稱呼，彼此的分際甚為明顯。然而，這個分際在孟子的說法中卻被消去了。所謂「君子以仁存心」，就跟他在別處說的「君子亦仁而已矣，何必同」（孫奭，1982：213）相似，都一逕以君子為仁者，這樣就沒有必要再行標榜君子型範（直接以仁者立論就好）。而此般的混淆更顯現在荀子的論說裏：原來君子和聖人差距兩個等次，這到了荀子那裏突然被抹平了。他所說的「君子者，天地之參也，萬物之摠也，民之父母也」已是聖人格局，名詞尚在但意義卻全由他自己從新立法了。此外，另見於更後出的〈大學〉、〈中庸〉、《易繫辭傳》、漢儒述作和宋明儒發微等，頓失領屬的君子精義也跟上面所述情況一樣，都被收攝到仁聖的範域；而有所衍論的又幾乎完全不理會君子德行的所從來（好像那是自然存在似的）。如：

（〈大學〉）湯之〈盤銘〉曰：「苟日新，日日新，又日新。」
〈康誥〉曰：「作新民。」……是故君子無所不用其極。（孔
穎達等，1982b：984）

（〈中庸〉）大哉聖人之道，洋洋乎！發育萬物，峻極於天，
優優大哉……故君子尊德性而道問學，致廣大而盡精微，極
高明而道中庸。（孔穎達等，1982b：897）

（〈易繫辭傳〉）君子見機而作，不俟終日……君子知微知彰，
知柔知剛，萬夫之望。（孔穎達等，1982a：171）

（董仲舒語）先王因人之氣，而分其變以為四選。是故三公
之位，聖人之選也；三卿之位，君子之選也；三大夫之位，
善人之選也；三士之位，正直之選也。（董仲舒，1988：589）

或問：「君子言則成文，動則成德，何以也？」（揚雄）曰：
「以其弸中而彪外也……」「……君子不械……是以君子全
其德……」（揚雄，1978：37～38）

（劉劭語）夫聖賢之所美，莫美乎聰明。聰明之所貴，莫貴
乎知人……唯博識君子，裁覽其義焉。（劉劭，1978：1～2）

（程顥語）蠱之象，君子以振民育德。君子事唯有此二者，
餘無他焉。二者，為己為人之道也。（朱熹編，1986：55）

（周敦頤語）君子乾乾不息於誠。然必懲忿窒欲，遷善改過，

而後至。乾之用其善是，損益之大莫過，聖人之旨深哉！（周敦頤，1978：186）

（王陽明語）若論聖人大中至正之道，徹上徹下只是一貫，更有甚上一截下一截……故君子之道鮮矣。仁智豈可不謂之道，但見得偏了，便有弊病。（黎明文化公司編輯部編，1988：28）

這不是把君子仁者化、聖人化、甚至神人化（分別為〈大學〉、〈中庸〉、《易繫辭傳》所述），就是不明所指（董仲舒所述）或缺乏理則（揚雄所述）或沒了德行加被（劉劭所述）或隨意派入仁者聖人範域（程顥所拈出的「君子以振民育德」，已是仁者事業；而周敦頤限義的「君子乾乾不息於誠」，又指向聖人所能；至於王陽明的明列「君子之道」，更是無論仁聖都一起包裹了）。以進德修業來說，孔子所模塑的君子是個關鍵。只有一個人先成為君子，以義（合宜）作為權衡事物的準則／注重禮儀／對人謙遜／講究信用等，在人際關係網絡中他才能進一步知所推己及人和博施濟眾；否則常人不見此類德行而寄望他們越級成為仁者聖人（甚至那隨後所增衍知廣識多強能的神人），就形同是緣木求魚而杳不可得！因此，從孔子以後凡是有感於進德修業的迫切需求卻又奢為言說的，就都類此而大失細審明眼！

　　再次是今人重構（合闡述和紹繼為一體）。今人有興趣君子議題的，已略能察覺前人闡述和紹繼等情況，但在試圖縮結二者而出一新闡述／紹繼姿態的過程中卻又益顯碎義逃難，終究難以自彰高明。理由就在：今人的重構式論說所要勉為顧全文獻而展現暢適詮解風格的（跟前人少有組織性或系統性的機遇性論式截然有別），看似在

仿外來學術規模上大有斬獲，實則仍然罅隙未彌，很難以典要相看待。當中有把君子收編於士此一知識階層而示人的（余英時，1984；文崇一，1989；沈清松編，1993），已不察所說顯見叢脞〔孔子也曾提過士，但該士僅是一社會人的類型（有別於農工商那些類型），他能自我修為變成君子，但不能一開始就逕混於已有德行著身的君子，畢竟他僅具君子部分德行，想轉成君子還有待鍛造（邢昺，1982：118）〕；而能將君子區別於士的，縱使也知曉君子是孔子所設定為能踐行道德的理想人物，卻不免誤信君子跟成人／仁者等同（柯雄文，2017），理序大為喪失〔成人／仁者在德業光譜中各有位置而不宜混淆（詳見第一章第二節）〕，馴致該接續所作耙梳就盡溺在一堆材料裏，而轉不出一條可以有效對諍當今外來學術盲點的理路。至於某些標榜「君子之道」而設題立說（如取舊詞君子懷德／君子之德風／君子成人之美／君子周而不比／君子坦蕩蕩／君子中庸／君子有禮／君子不器／君子知恥等以為節標）卻又僅止於泛解漫談（余秋雨，2015），既不見統整功力，也無能藉為勘治現今西學氾濫噬人弊病的，那就更不足論了（周慶華，2020b：185～197）。

第五節　前後差距的條陳及其批判

　　君子成學在孔子時代所見那一內在相當謹敕的理論知識，不意經過歷史上各個階段演變後萎頓渙散到快要全失它的學術性格，凡有所言說顯影既不見甚強的組織一義（特指君子成學時原具的邏輯結構而不計今人所論那一自我繁複），又未睹有在意統括和合理二義，毋乃大為缺憾！這對此刻再後出的人來說，理當是要更引為戒惕的，因為那裏頭已經暗藏了一項特為棘手的難題等著大家來正視解決。

　　這是說原君子議論被各期歷史拋捨後，所留給此刻再後出的人是一個空白難填的影響焦慮困境，上焉者會想擺脫習氣而從新跨越去接軌早先既有的設說；下焉者則乾脆相應不理而逕為找尋容易事項出論。後者有意避開該空白不填，就毋須岔出給予訾議什麼了（也許那是緣於他們見識少而追趕不及，訾議也無濟於事）；前者雖然志在隔代承續，起了一點昌皇的功能，但由於僅是接軌而未能切中要義且無所盡情發揮（或不知怎麼發揮），以致空白填了卻很不牢靠（猶如沒有完成此事）。倘若說影響焦慮是為了突破舊規或再造新奇（Harold Bloom，1990；Robert Escarpit，1990；Hal Foster 主編，1998），那麼上述兩組人基本上都還陷在困境中而不見實質性的心理消解（周慶華，2020b：195）。

　　當中避開空白不填的，名副其實是在碎義逃難（不理解君子理論大可作用於現實社會）；而志在隔代承續卻將空白填得不牢靠的，按理也沒有脫離碎難的行列。原因是談論君子課題不宜只著意條理它的來龍去脈為已足（何況那內裏尚摻和著有未能切中要義的疑慮），還得有所對應當前環境而冀以相關蘊義啟迪世人才算圓滿（否則就不知道該談論有什麼意義）；如今把後面這一項加以擱置或強為排除，造成大家感知或轉悟無門，這般少去有價值的牽合，也是一種碎義逃難。因此，順著本脈絡必要立顯選題優著性的潛在思慮，自然也要將此一部分帶出來檢視，並比照著予以理義上的揪舉空缺（周慶華，2020b：195～196）。

　　大致上，前人談論君子縱然因無端衍說而多見空疏，但還不到有某一特殊時代背景需求於談論再啟新猷以為克服困境的問題階段，所以看著似無大礙就可以放它過去了。現今卻緣於外來文化凌駕致使國人忘本攀附而又找不著他途來自我安身立命，在此歧路亡羊的當口凡是知道重理早期道德智慧的人，本應要有比較銳利的眼

光覷出隱憂所在而給予必要的諫諍。然而，情況卻不如想像：時人的整體論列反而恰似在指向自我弱化的虛擬樣態（既無力撐起道德使命的大纛，又不知如何對治時代的失格），只能說那是益顯累代所積存而於今仍欠補足的碎義逃難，一項人間所不可或缺的朗朗君子理論又在國人的貽誤中憑空消失（周慶華，2020b：197）。

　　照理所有可能的詮釋歧出是由各自先備經驗（包括意識形態／道德信念／審美能力等）不同所促成的，沒有可以相互非難的空間；但在提升知見而備有方法意識（包括類推／差異消弭／他者啟示等）的前提下，該詮釋歧出就有可能得到化解，從而保障了一種理論的無礙流通（周慶華，2009：48～49）。同樣的，孔子所創設的君子理論，也緣於有我暗中發用的方法意識而著實的加以掌握，在相較於他人紛然雜陳的詮釋歧出狀態自信能夠擁有一定的相互主觀性。於是敘完上述這段君子理論蒙受有意無意肢解棄守的不堪歷史後，凜於一份不可避免的文化理想，勢必要再奮力一擊而將該理論重振於世，希望它能發揮挽救舉世沈痾的作用（周慶華，2020b：197～198）。

　　正由於君子理論衍變至今更見碎義逃難（不是不能詳察君子設說的重要性，就是無力將君子設說引來化解今人生存的困境），以致試為補白在對比他務上就有相當的迫切性。這是中國傳統氣化觀型文化能否復振於世的新挑戰：一旦成功了，不僅自我文化傳統可以得到實質上的延續，並且還能夠藉以救助人類擺脫日益惡化的險巇環境，因而底定此一仍為世界現存大文化必要從新昌皇的意義和價值（詳見第三章）。

第三章　現今社會對君子學的潛在需求

第一節　君子德行的普遍化需求

前面說過，孔子所賦義建制的君子理論自有內在的邏輯結構（雖然論說本身是分散的），而它的前提在經由氣化觀從中保證後所推出義禮孫信該一人格型範也深具高度合理性，無異能多方應驗不殆（詳見第二章第三節）。這所可獲得的結論是，現實社會對君子德行有著普遍化的需求。

這普遍化的需求，在最淺顯的層次可以讓人設想到：在我們日常生活中誰發揮了安定社會的力量，答案一定是君子，而不可能是小人；而在我們歷史傳統上誰保證了清明政治的實現，答案也必然是由君子晉身的仁者或聖人，而不會是暴君或昏君以及貪官汙吏。這也就是《論語》典籍所呈現的，上頭儘有孔子貶斥過的斗筲小人和不君不臣（邢昺，1982：117～118），但可感的絕對是經他讚美的現時君子和先代仁聖。想必後者的存在，已經把後人亟欲高潔的心靈提振了又提振，從而一概知所進德修業的方向（周慶華，2020b：13）。而這自有標高的典範在夙昔：

> 子曰：「大哉，堯之為君也！巍巍乎，唯天為大，唯堯則之！蕩蕩乎，民無能名焉！巍巍乎，其有成功也！煥乎，其有文章！」（邢昺，1982：72）

> 子曰：「巍巍乎，舜禹之有天下也，而不與焉！」（邢昺，1982：72）

子曰：「無為而治者，其舜也與！夫何為哉，恭己正南面而已
矣！」（邢昺，1982：137）

子曰：「禹，吾無間然矣！菲飲食，而致孝乎鬼神；惡衣服，
而致美乎黻冕；卑宮室，而盡力乎溝洫。禹，吾無間然矣！」
（邢昺，1982：73～74）

堯舜禹是典型君子更升一級在政治上有特佳作為紀錄的人。雖然他
們在「博施濟眾」或「修己以安百姓」的聖人事業方面還有待努力
（邢昺，1982：51、131），但就以德感召化民一點來說確實已足夠
為從政者的表率（周慶華，2020b：167），也是君子入仕所可顯能的
等高成就所在。

再往深一點層次看，君子德行的可貴及其非經修養便難可輕易
倖至的特性，也使得現實社會要對他有著不尋常的崇尚，才能顯示
大家都知所進益而在等高線上活動（否則行處不是嫌德操往下墮落
就是停滯不前）。而這則不妨透過幾個例子來反思人無從缺乏君子德
行而還可以崇高人生：

子華使於齊，冉子為其母請粟。子曰：「與之釜。」請益，曰：
「與之庾。」冉子與之粟五秉。子曰：「赤之適齊也，乘肥馬，
衣輕裘，吾聞之也：君子周急不繼富。」原思為之宰，與之
粟九百，辭。子曰：「毋！以與爾鄰里鄉黨乎！」（邢昺，1982：
51）

子入太廟，每事問。或曰：「孰謂鄹人之子知禮乎？入太廟，
每事問。」子聞之曰：「是禮也！」（邢昺，1982：28）

蘧伯玉使人於孔子，孔子與之坐而問焉。曰：「夫子何為？」
對曰：「夫子欲寡其過而未能也。」使者出。子曰：「使乎！
使乎！」（邢昺，1982：128）

子貢問政。子曰：「足食，足兵，民信之矣。」子貢曰：「必
不得已而去，於斯三者何先？」曰：「去兵。」子貢曰：「必
不得已而去，於斯二者何先？」曰：「去食。自古皆有死，民
無信不立。」（邢昺，1982：107）

第一則徵候著周急不濟富乃屬合義的行為，而稍有私心就會淪落非
義的下場（像冉求所做的那樣）；第二則徵候著到太廟參與祭拜遇見
儀節不懂而勤問正是重禮的表現，否則難免會失態遭人物議；第三
則徵候著使者代主人對答寡過自持，這一態度已臻謙遜上境而實該
深受褒揚；第四則徵候著讓民眾信賴遠比足食足兵重要，而據此可
反觀信理於人不可須臾脫離的一斑！試想這些義禮孫信等行為的施
處，又豈在一時一地？恐怕終身都要如此堅守才能完滿作為一個人
的在世存有！換句話說，從人身上減去義禮孫信這些德行，他還算
是一個人嗎？不論就那一觀點，應該還沒有理由能夠給正面肯定（周
慶華，2020b：42～43）。這是人文化成世界必要優先寄望的一個節
點：它對君子德行所顯現出來的普遍需求態勢，正是人間社會有可
期待的十足美善境界在等著；錯失了，一切就得回到小人充斥儘是
野蠻殘酷相搏的恐怖境地！

第二節　縮結為君子學後更見適用性廣

配合君子德行而發布的相關論說，已經自成一套對象性君子學的理論知識，它所內具的統括、組織和合理等可感成分也有如前兩章所述。當中統括一義無妨再給予一番衍論，以見有專屬後設性君子學的另一層次理論知識，從而體現它在現實中的更見適用性廣。

一般所說的理論，是由「一組通則結合成的系統；這些通則彼此相連，並且表示變項間的關係」（呂亞力，1991：18）。而這種連結的方式，就是所謂的解釋。正如一位論者所說的「所謂一個現象的理論，就是一套對此現象的解釋；只有解釋才配得上用『理論』這名詞」（George C. Homans，1987：18）。例子如：

> 一種鼓勵對個人的價值越高，那他採取行動取得此一鼓勵的可能越大。
> 在某一假設情況下，征服者威廉認為蘇格蘭的征服沒有多大的價值。
> 所以他不會採取行動來征服蘇格蘭。（George C. Homans，1987：35）

這以行為心理學的一個命題「如果做某件事的反應得到鼓勵，那麼做這件事的次數會增加」（Kay Deaux 等，1990：14～15）來反向解釋歷史上不掠奪他國土地的事件（一反舊有說法「威廉從來不襲掠蘇格蘭，因為他沒有想獲得蘇格蘭貴族們土地的欲念」），構成了一個有效的演繹論證，就是最基本或最單純的一種理論形態。所謂君子學的理論知識要成立，自然也得奠基在這類解釋系統上面。

我們看孔子在給君子賦義建制時，所定下的理論架構：首先在原對象性上，整體人文生態得以君子為核心始有用世連結的可能。也因此，孔子在不同時刻所隨機提點的諸如「君子周而不比，小人

比而不周」、「君子懷德，小人懷土」、「君子懷刑，小人懷惠」、「君子喻於義，小人喻於利」、「君子坦蕩蕩，小人長戚戚」、「君子和而不同，小人同而不和」、「君子泰而不驕，小人驕而不泰」、「君子上達，小人下達」、「君子固窮，小人窮斯濫矣」和「君子求諸己，小人求諸人」等（邢昺，1982：18、37、65、119、128、137、140），也就相應的取得了一種實際上的解釋效果（雖然表面上並未見一定的解釋形式）。換句話說，孔子的說詞裏已著實的解釋了君子存在的價值位階（所舉周而不比／懷德／懷刑／喻於義／坦蕩蕩／和而不同／泰而不驕／上達／固窮／求諸己等，都是君子德行內具後必有的外發表現），那是人文生態最為適當性或最見諧美性的保證。整個正向的解釋系統可以調理如下：

> 一種鼓勵對個人的價值越高，那他採取行動取得此一鼓勵的可能越大。
> 在可以促成周而不比／懷德／懷刑／喻於義／坦蕩蕩／和而不同／泰而不驕／上達／固窮／求諸己等正面心理效應的情況下，君子德行具有高度的價值。
> 所以大家要盡力來追求涵養君子德行。

反過來，流墮為小人的，就會盡見比而不周／懷土／懷惠／喻於利／長戚戚／同而不和／驕而不泰／下達／窮斯濫矣／求諸人等負面心理效應而危及人文生態適當或諧美的運作，這合該是要全力防堵戒絕的。

其次在相繼後設性上，我們可以再為該人文生態添加內隱的成分而形成一段涵蓋「從道→氣化觀→縮諧式倫理→雅緻身分→君子作務的夢想旅程」及其「君子作務所規模出的有己身修為→上契安

人德業→總歸於施行仁政等進趨形態」，然後結穴於當今全球化危機中必要的推行，包括「君子的行動系統夢想可落實為對治外來體制的干擾」和「反西式科學／民主／資本主義／殖民征服等行動以回歸仁政／大同社會的企求而推進到後全球化時代」等終極任務，以成就君子學在世存有的特大價值。

上述這一再後設君子學，都可以別為構設相關正向的解釋系統（詳見後續各章節），在此暫且先擱置，只舉所嵌的君子作務一節略窺當中的理論性徵。這在孔子原論說裏是這樣表示的：

> 子路問君子。子曰：「修己以敬。」曰：「如斯而已乎？」曰：「修己以安人。」曰：「如斯而已乎？」曰：「修己以安百姓。修己以安百姓，堯舜其猶病諸！」（邢昺，1982：131）

從「修己以安人」到「修己以安百姓」，統匯為仁聖德業，而可以孟子所述的仁政來總攝（具體作法約有省刑罰／薄稅斂／推恩／與民同享逸樂／使先覺覺後覺／取於民有則等）（孫奭，1982：14、22～23、29～36、176、90～91）。這自能從二度後設角度再為它條理出一個進階累進正向的解釋系統：

> 一種鼓勵對個人的價值越高，那他採取行動取得此一鼓勵的可能越大。
> 在可以成就仁政此一作務最終蘄嚮的情況下，君子德行具有更高的價值。
> 所以大家更要盡力來追求涵養君子德行。

因為連同前面正向的解釋系統都是建立在一個普遍性的前提上（即

使該前提的普遍性也是在相互主觀的條件下成立），以致縮結為總君子學後所鋪展各種論見定然也不乏它們可廣及的適用性。

第三節　在當今社會轉成潛在需求的命運

從總君子學的規模來看，它深蘊的邏輯結構表示內在理路明劃；而前提可信度高則為了取得他人信仰；至於理論框架適用性廣乃更顯露所說理有一定價值。這放在古代自不必言宣而可以「行之久遠」的（雖然歷來都還嫌踐行有虧），但時序推進到現代卻因外來文化強為凌駕壓抑而日漸晦暗「退藏於密」了。

所謂退藏於密，意味著君子學在自我國度不可能全然棄捨它，只是遺憾被迫轉成潛在需求而已。這潛在需求，一方面顯現為君子學不得已要在現實社會中低調的斂形；另一方面則顯現為外來文化在此地劫掠改造並未能解決我們自己的出路問題終究還得求助於君子學。後面這部分始終隱隱存在著，形同君子學一直處於潛在需求中，只是命運相當不堪罷了。

此項無妨從一個事實說起：就是原來君子成學最迫切是要實現仁聖治理而護住尊尊等級系統的完整性，以回應氣化成人有質差得分辨善後的觀念；跟西方人在同為受造者意識下試圖保障大家等值參與性不成衍變成權力制衡的民主作法，可說是相差十萬八千里！而科學是西方人一併藉為仰體上帝造人美意所發展出來的，它在優選觀支持下兼供應資本主義和殖民主義所需的資源，從而體現原罪意識必有塵世急迫感的理念：一來圓了西方人自我尋求救贖的美夢；二來又順便取得宰制支配他人的好處。而這豈是沒有一神信仰且不務跨域無限征服逞威的國人所能想像體驗的（周慶華，2016a：29～30）？正因為國人無緣體驗西方文化的蘊義而又不肯放棄那無效的

追隨，導致自我原有嚴整闊朗的顏面從近世以來徹底的沈闇下去。

　　殊不知這般委屈求全向西方靠攏所得付出的代價，就是國人不再了解自己所屬文化傳統是怎樣緜延輝煌了幾千年，以及中間還締造了漢唐盛世和融化過蒙滿異族統治等；只由於暫時被人家的船堅炮利轟開了大門，感受到一股從未有過的強勢文化衝擊，就打心底拜服而不分青紅皂白的妥協於對方，試想大家終究成了什麼人！從清末洋務運動的「師夷之長技以制夷」或「中學為體，西學為用」，到五四新文化運動的迎接德先生（Democracy）和賽先生（Science）而全盤西化，以及晚近海峽兩岸隨順全球化浪潮而攀附西方資本主義的驥尾等，不過是短短一個多世紀中國傳統氣化觀型文化就從世界除名，而大家卻還烙印著黃種人的印記，在西方人看來依舊是「次等民族」。請問這樣長此以往，國人還能拿什麼來炫人自豪（周慶華，2016a：24）？可見大家不在意自己所深陷這種尷尬的處境，仍一逕瞎捧西方人的科學民主成就而亦步亦趨緊隨在後以討得影附的榮光，風骨固然不論了，更嚴重的是這條路走下去連安身立命都沒得討較！

　　前面說過西方人「在現實生活方面，誤認平等受造意識就能以個人為社會結構基本單位且專事民主制度的營造；而在文化發展方面，也大意透過挑戰自然去窮究事物而極力昌皇科學實務。這表面上是在締造塵世的上帝國，實際上卻是政治分贓敗德和殺伐掠奪殘酷的發端」（詳見第一章第四節），國人顯然都不曾好好的正視過。比如有關民主逞能部分，它縱然是西方人經過漫長的試煉而帶終結性的歷史選擇；而它的無可批評，也僅是像 Winston Churchill 所曾維護的「等到所有的政治制度都實驗過了，才能說民主是最壞的一種政治制度」那樣（Jared Diamond，2006：596 引），並非本身是最後的真理。更何況它在所潛蘊人人有機會分一杯羹而又不想讓異己

者常享好處的情況下，定會發生美國某一脫口秀藝人所諷諭的「（民主制度下的）政客就像尿布，必須經常更換」那般（Eric Grzymkowski，2015：332），始終都在玩「你上我下」相互扯爛汙的遊戲，而使社會永無寧日！此外，它在不上道時，還會引起如 Winston Churchill 所發「民主只是大多數白癡來排擠天才的合法程序」這樣的慨嘆（焦桐主編，2009：10 引）。還有晚近更因普遍強讓民粹附在民主後面威脅攻擊菁英或建制派當了「晚宴中的爛醉者」（水島治郎，2018：244），令人厭惡痛心到要哀悼「民主已死」，種種「反民主」、「反對選舉」和「別讓法西斯復辟」等呼聲溢目盈耳（Joshua Kurlantzick，2015；John B. Judis，2017；Jason Brennan，2018；David Van Reybrouck，2019；David Runciman，2019），大有世界末日的景況，如何也由不得人思及一己將要在政治環境中覓得什麼樣的寄身！

又比如有關科學創新部分，大家的迷信也僅因它有所助益現實物質生活的改善，卻看不到裏頭隱藏了兩個大問題：一個是科學技術的成就預設了西方民族或種族的優越感，將科學技術視為是進步主義的象徵，並且合該成為一普遍性和必然性的世界潮流；一個是科學技術現代化帶來了能源枯竭、生態破壞、環境汙染、溫室效應、臭氧層破洞和核武恐怖等後遺症。前者不但無法驗證，還有誤導的嫌疑（證諸許多第三世界國家受鼓舞實施科技現代化的終局，幾乎要瀕臨崩潰破產的邊緣，可以確定這點）（陳秉璋等，1988：29～43；黃漢耀譯著，1991：2～13）；而後者則一旦惡果造成了，全世界的人從此就沒有一個能夠逃過能趨疲法則的制約及其不可再生能量即將到達飽和臨界點而讓地球陷於一片死寂危機的威脅，更別說在這個過程中所連帶興作的資本主義和殖民征服激起大家為了爭奪資源以維持自我存在優勢，早已磨刀霍霍的雙向殺戮，所有毀滅性的武

器一再被研發出示，而使得全體人類不斷地籠罩在極度駭懼的氣氛裏（周慶華，2020b：35～36）！

正緣於國人沒有認真正視過西式民主科學所釀致衍生的弊端禍害，以致就自我卡進前面所說的「從近代國人屢次遭受西方文化大舉入侵後，已經洩氣的棄我從他，在政治、經濟、社會和科技等層面紛紛尾隨別人渡日，殊不知那正是全然向小人端危墮的活法，永遠也參不透君子為何物而無從高華」和「顯然民主和科學的介入摻和已無從保證也無法促成理想大同社會的實現，那裏面蘊蓄變本加厲的小人行徑只會深化能趨疲危機而讓人更加憂愁沒有明天」（詳見第一章第四節）這道無間系絡而不得脫身！這時要把被迫潛隱的君子學召喚出來，就只欠一個幡然悔悟和決心而已。

第四節　對外來道德觀力敵以期勝出

召喚君子學，只為了一個非關心理的究極目的：挽救倫常失序及其能趨疲危機（以確保大家還能安然存活於世上）。而這所可追溯敗德惡果的根源，則在西方創造觀型文化那一系的妄想盲動；它的始作俑破壞倫常已牽連至廣而短期內難有回復秩序的一天。但如果任由它猖狂發展下去而不思化解良方，那麼大家就勢必得眼睜睜看著自己在濁惡洪流中罹頹消蝕餘生。也因此最能穩當持世或修補殘缺的君子學，在此刻不啻就有了極佳復振的理由。

約略上，古來可見西方的創造觀型文化、印度佛教開啟的緣起觀型文化和中國傳統的氣化觀型文化等三大體系〔三大體系分別緣於對上帝（造物主）、佛（涅槃寂靜境界）和道（自然氣化的過程或理則）的終極信仰而制式化，彼此難可融通，也無從究本窮源（該終極信仰的差異，准用當代科普書所說的，那也許是在一場「創造

力大爆炸」或「思想大爆炸」後各自形成的）（周慶華，2007b：177
～185）〕，在各自生發的時代基本上都相安無事；但當西式那一系得
著便利或找到途徑（仿效上帝對萬物的宰制）獨大且不斷向外推擴
後，其他兩系就面臨強遭壓縮退卻的命運，如今不是自我屈就仍在
尋隙苟活（特指緣起觀型文化要藉西方科技捷徑和資本主義勢頭等
去圖謀倖存），就是老早便抑制自己而隨西方的一切在起舞搬弄（特
指氣化觀型文化從近代被西方船堅炮利轟開大門後全面妥協淪落的
情況），結果是養壯了創造觀型文化單系的氣燄，讓它肆無忌憚的橫
掃全世界而釀成史無前例的生態大浩劫（這在西方人未必會意識到
是自我文化出了問題所造成的，但對於那浩劫實情則無疑是人人也
都能事後察覺）（Jared Diamond，2006；Ian Burton 等，2010；Naomi
Oreskes 等，2016；Stephen D. King，2018）。

　　大家知道，原先發軔於古希臘時代的科學和民主，一個興趣在
天文學、物理學、數學和邏輯學等知識的建構，而將相關事物的存
在後設追認到眾神中造物神的決斷（Plato，1989：94～95；Aristotle，
1999：9、16、452）；一個致力於城邦公民自治體制的塑造（公共官
員透過直接選舉、抽籤和輪流等多種方式產生）（David Van
Reybrouck，2019：84～95），彼此都僅限於內部的構作試驗，並未
擴及他方社會，只能算是創造觀型文化的雛型。後來基督教竄起，
逐漸把科學和民主收攝於單一神的啟示作用，從此科學研究和技術
運用及其器物發明等一轉變成是為了媲美上帝的能耐（兼榮耀上帝
在先）；而民主體制的充實發展也被連帶推上了深凜平等受造和原罪
意識必要權力分享制衡的旅程。當中又因宗教改革促成資本主義和
殖民主義的興起，一場窮耗地球有限資源和支配荼毒他方社會的整
體生態災難於是連緜不絕，終而流露了定式創造觀型文化猙獰或實
欠美妙的面目（周慶華，2020b：198～199）。此一面目可先透顯於

一個簡圖（周慶華，2012a：141）：

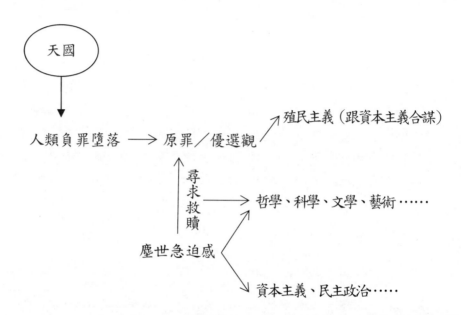

然後則可從中覷見該生態災難所以連緜不絕的全球化過程。這已經
有很多人在掀揭批判（Thomas L. Friedman，2000；David Held 等，
2005；George Ritzer，2006；André Fourçans，2007；Pankaj Ghemawat，
2009；Tony Schirato 等，2009；Stephen D. King，2018），但都未能
細審它深層的動因。也就是掀揭批判全球化的人莫不知曉全球化不
是到了晚近才開始，它從十九世紀以來漸行發生的跨國貿易和資金
勞工的流動、甚至幾度的金融危機時期就出現了。這是無可懷疑的
事；但當真要說有全球化的事實，則還可以遠推到十六世紀宗教改
革後一併興起的殖民主義和資本主義。基督教新教徒憑著他們「因
信稱義」的信念，脫離舊教會的束縛，由於社會地位低落（而非上
層的既得利益者），必須以快速致富的方式來改善處境，所以造就了
資本主義的勃興；爾後為了更能取得存在的優勢，併同地到世界各

地掠奪資源和建立根據地而促使殖民主義的隆盛（當今的美國和加拿大，就是被新教徒征服後建立的國家），而全球化也就從此時陸續展開，迄今都不見平息當中藉別人資源來實現自己致富美夢的狂悖氣燄。而新教徒所以會走到這個地步（舊教徒後來也紛紛受到刺激而跟著張揚起來），關鍵就在他們所信守的原罪觀念。換句話說，原罪教條的訂定（香港聖經公會，1996：168），勢必會影響到新教徒贖罪的恐懼（駭怕回不了天國）而恆久的不安於世（John Bowker，1994；矢內原忠雄，1992；林天民，1994）。而緣於贖罪的必要性，一種深沈的塵世急迫感也悄悄的孳生，終於演變成要在現世累積財富兼及創造發明（包括哲學、科學、文學、藝術和制度／器物等等的建樹翻新）來榮耀上帝並藉以獲得救贖（Max Weber，1988；Reinhold Niebuhr，1992；Alvin J. Schmidt，2006）；尤其在資本主義和殖民主義矯為成形後，更見這種過度的煩憂〔相對的，同樣源自希伯來宗教的猶太教和伊斯蘭教，在它們流行的地區，由於沒有強烈的原罪觀念或甚至沒有絲毫原罪觀念（袁定安，1996；馬鄰翼，1996），以致就不時興基督教徒所崇尚的民主制度、科學至上和資本主義／殖民主義等行徑，相關的成就自然沒那麼耀眼〕。因此，它所體現的創造觀這一世界觀，就正好支持了它要以創造來回應上帝造人而人負罪被貶謫到塵世後尋求救贖的必經途徑。但可嘆的是，非西方社會中人原不是這種信仰，卻在人家一番傾銷後迎合了上去，導致世界日漸一體化在窮為耗用地球有限資源。就因為西方創造觀型文化這一總為戡天役物式道德觀所實踐處無不連帶鼓動大家一起窮耗地球有限資源而引發能源枯竭、生態破壞、環境汙染、溫室效應、臭氧層破洞和核武恐怖等後遺症，所以必須力敵強為逆反全球化而重過簡樸的生活，才有可能扭轉失序的倫常及其能趨疲危機。

　　既然要逆反全球化，那麼全球化就不能看著它延續，而必須讓

時序推進到後全球化時代。這在當今已有發生於世界某些角落的原始主義、社會改良主義、民族主義、原教旨主義和馬克思主義等在策畫行動（汪信硯，2010），但實際上它們被操作時僅是消極抵抗或不附和而未能極力批判，到頭來都成了全球化的組構成分而欲後無由。畢竟全球化背後的資本主義邏輯和軍事或文化殖民的征服等因由，才是當中的關鍵，逆反全球化就是要以它為對象；而如今所見的相關作為卻都是以另起類似的因由在籌謀對策，自然罕有成效可說。因此，只有徹底逆反全球化，才是大家能夠繼續在地球上安穩存活的唯一保證。很明顯所謂「讓時序推進到後全球化時代」，乃是從現今漸漸廣見的逆反全球化思潮加碼（也就是知道轉批判西方人遺禍地球的根本原因而敦促他們調整信念）後所期待實現的。縱然還不到時候，但在實質上只要相關的有力理念啟動了，遲早就會看見迴響。

基於這個前提，後全球化的「後」思維就得有東西來填補逆反全球化所會出現的思想空缺。而這在我們必要凸顯主體的立場，一定是先由自己採取行動來回應。因此，情況緊急，所能想及最方便致效的新變途徑，則無處是在復振深化可以衍為舉世滔滔暴亂安全閥的君子作務。這以具義禮孫信此一高格的節操面世，而後能夠上契為施展推己及人和博施濟眾的仁政（該博施濟眾乃指將現有資源予以最高效率的運用，而迥異於西方人一味戕天役物以便享福的功利作為），全然可以體現一個但務縮結人情／諧和自然的節欲式氣化觀型文化形態，在轉化緩和西方那一強顯挑戰自然／媲美上帝縱欲式創造觀型文化的蹙迫壓力和迷狂興作上特別有可預見的效率。也因此，即使當今海峽兩岸都棄守己身所屬自有優越性的文化傳統，看似就要跟隨他人流墮到底了；但只要這文化因素還在，再加上自我意識的普遍覺醒，總有一天會看到它從新昌皇，並且滴水穿石般

的渡化了這個世界（周慶華，2020b：5～8）。此刻節標後半所說的「以期勝出」，也就從君子學於起點可維護自我文化尊嚴而終點能救助整體世界沈倫這一強甚功能的隨後彰顯中有望成真了。

第五節　君子學強為復振是此中希望所繫

　　所謂「強甚功能」，這自是依對比結果而論斷的。在相對西方創造觀型文化上，東方的氣化觀型文化和緣起觀型文化肇因於對精氣化生萬物和合性的信念和緣起引發痛苦煩惱的認知，分別以縮諧倫常自然和尋求解脫為務，從未也不可能卯上戡天役物及其殖民馴化異教徒的行程。然而，這一切本安於所處的局面，卻在創造觀型文化左衝右突踐踏中頓失自我的領屬，轉而尾隨撿拾對方的唾餘，一起誤蹈能趨疲即將到達臨界點的末路！而論及轉折點（使君子學翻回具強甚功能），也就從此地開始。

　　且看底下這個事實：在創造觀型文化中人興作資本主義而帶動舉世人口、金融、資訊科技和商品等流動的全球化熱潮裏，科學研究、技術運用和器物發明等成了該資本主義（及其殖民征服）的幫兇自無疑問，而民主政治的選舉受制於企業財團（需要它們的財力支援）或唯恐經濟不成長（那將會導致政權旁落）更為資本主義加添羽翼，這所造成倫常失序及其能趨疲危機，已是人類最大的夢魘（即使是信奉創造觀型文化支裔的社會主義國家，也都挺不住裁切資本主義的初衷而齊力反向相迎，徒然深化該夢魘）。這時無法仰賴創造觀型文化另出對策以化解危機〔那只會是「以水濟水，以火救火」；當今為資本主義找解方的，不論是想要以實際也是耗能的綠經濟代替，還是別作反緊縮的新富餘打算的，都不免於此一深化災難模式（Juliet B. Schor，2010；Mark Blyth，2014；John Plender，2017；

Robert B. Reich，2017；Uʟʀɪᴋᴇ Hᴇʀʀᴍᴀɴɴ，2018）〕，而得返身重拾原無所耗費不會增加地球負擔的另二種文化來救急，庶幾可望恢復世間的秩序。當中又以氣化觀型文化裏的君子作務最足夠藉為緩和這種危機而為希望所繫（緣起觀型文化因不務世事而難可汲取支應）：它以先成有德君子，然後才跟用世連結，施行推己及人和博施濟眾式的仁政以成就王道（詳見前節），從而保障了政治的清明、民心的歸向和萬物的和諧等效益，一道營造出一個可能的大同社會。

只要謹守這個信念，無論現存習取的是什麼樣的政治模式，諒必也都能夠加以扭轉而向良性方面伸展，直到改造成最合適的體制為止。由於這一理想還有待努力實現，所以如第二章第五節所說的試為補白也就成了氣化觀型文化的新挑戰：不許失敗；否則大家得繼續深陷生態劫難中終至覆滅（周慶華，2020b：199～201）！

至於在此一為了希望所繫而強為復振君子學過程中所得面對的挺住不易和奧援難覓等雙重考驗，則無妨以不計一切自我激勵向前展望和以做中求為莫可替代方案自許或有水到渠成的一天等非凡策略來應變。前者（指以不計一切自我激勵向前展望），得將所有過往經驗作為挹注該一動力的資源，而不時興近代以來傳自西方別有用心的拼圖或再現一類的考索旨趣；至如因應任何強敵的施惠或買辦者的誘惑，所要有的骨氣就藏在「不食嗟來食」的故事裏。那縱使是發生於我們自己文化系統內的人性掙扎，但也不妨據以聯袂拒外，畢竟想確保尊嚴則非如此不可：

> 齊大饑，黔敖為食於路，以待餓者而食之。有餓者蒙袂輯屨，貿貿然來。黔敖左奉食，右執飲，曰：「嗟，來食！」揚其目而視之，曰：「予唯不食嗟來之食，以至於斯也。」從而謝焉，終不食而死。曾子聞之曰：「微與！其嗟也，可去；其謝也，

可食。」（孔穎達等，1982b：196）

　　文末所綴曾子那段話，無妨把它看作是教化者的老婆心切。倘若當真要那般貪生苟活，那麼先前強護堅持的顏面已失，而往後恩報的念頭噬心也將沒有了時，痛苦恐怕更甚於剎那的忍餓殞命！相仿的，當今的處境國人不加倍培養「不食嗟來食」的格調，又豈有更合適的應對方法（周慶華，2016a：65～66）？

　　後者（指以做中求為莫可替代方案自許或有水到渠成的一天），在對照上當今有所謂賽局理論，告訴人一些諸如囚犯困境、公共財悲劇、搭便車、膽小鬼賽局、自願者困境、兩性戰爭、商場爾虞我詐、軍備競賽和獵鹿問題等，都是雙方未能協議合作所釀成的（William Poundstone，2007；Len Fisher，2009）。如果把這點通到全球化現場，那麼似乎也可以預告「只要你願意追隨全球化的腳步，你就不會被孤立而慘遭淘汰的命運」。問題是：比起人類如此無節制全球化下去而很快就會滅絕來說，逆反全球化只不過是從富裕轉清貧，那又算得了什麼？再說逆反全球化一旦形成一股浪潮，被孤立的國家越來越多，豈不是可以反過來有效的制衡全球化操縱者的瘋狂舉動？可見逆反全球化的未來充滿著希望，大家沒有理由越過它而還能思考人類的前途問題（周慶華，2010：1）。這雖然還難以預期成效，但因為自己都已盡力從事實踐，至少不會再有遺憾長隨。其餘的，就姑且聽憑天意去裁定了。

第四章　君子學的方法論推衍

第一節　方法論的意涵

　　君子學從普遍化需求遇到外來文化壓抑退卻而轉成潛在需求後，一個有關方法論的推衍問題也得帶出來討較。這是君子學已經確立為應時所需（縱然還屬潛隱狀態）而又別無他方可以挽救舉世倫常失序及其能趨疲危機所不可避免要考慮的。它將在橫向面特對比於其他相關方法以證得自我優著，而在縱向面則繼續發微所能實踐的向度。

　　先從方法論本身的意涵談起。方法論（methodogy）是以方法（method）為討較對象所構成的可認取性知識。不論該方法是為描述事物還是為詮釋事物或是為評價事物（總顯為方法所起作用的三種方式），方法論都能夠從後設角度予以論列。而在類比上，如果說方法是屬於對象語言（object language 或 first-order language），那麼方法論就是屬於後設語言（meta language 或 second-order language）（康樂等主編，1981：24～25）。這後設語言所能顯示特殊功能的地方，當在於它既可以檢視舊方法又能夠推出新方法（跟舊方法對決以期勝出），而將通常所見符應取向的方法論說和最迫切要有建設取向的方法論說冶於一爐，自成一種堪稱酷炫式或最優式後設知識典範（周慶華，2007a：14～15）。如圖所示：

符應取向的方法論說和建設取向的方法論說所以共構成一辯證關係，乃因為彼此有相涉的緣故（也就是能夠從符應取向的方法論說中研煉出可加以利用的建設取向的方法論說；而建設取向的方法論說也可以回過頭來從新規模更有效的符應取向的方法論說，彼此處在相互影響或相互制約的情境裏）。但為了維持文體的省淨，這裏僅著重在跟舊方法對決和提供新方法兩端發論，而不再旁衍涉及來源所可能的互為牽繫處境。

在跟舊方法對決方面，是指此方法論說理應要有針對舊方法給予一番從對話→對諍→決裂程序的展示，才算稱職（否則就不必多此一舉）。原來對話是指任何語言（論說）結構體的深層結構（有別於語音／語詞／語法這些表層結構以及描述／詮釋／評價等表達方式這些次表層結構），它存在於語言的發處和所要到達的終點中。只不過這種情況經常緣於有特定目的預設而淪落「自我辯證的戲劇性獨白」終場（路況，1993：32），基本上沒有可期待增廣見聞或有益內省的誘因和實質。因此，這就無妨從新計慮而轉向對諍。

所謂對諍，是指對話雙方或多方以彼此所欠缺或不足的部分作為對話的重點，相互提供諍言，以便進一步的合作或發展奠定基礎。換句話說，對諍式對話的目的不在改造自己或改造對方，也不在為自己增添東西或為對方增添東西，而在為彈性應世作準備。這所顯示的是當自己原有的東西不足以應世時，不妨以對方所有而可用的東西權為應付，過後又恢復本來面目。也因為對話各造彼此有這種雅量和權變情況，人類文化就儼然有另一條支脈在活躍（倘若能產生連鎖效應，那麼將有更多支脈出現），終而促成整體人類文化的進展或成長。

本脈絡所準備倡議的新方法跟現今所見的舊方法從對話式對決轉向對諍式對決，自然也可以如上述這樣提供諍言以彰顯對方所欠

缺的部分。只是被對諍的對象既然已經思慮不周了，要它補東補西也未必能夠挽救什麼；更何況這類舊方法本來就應該汰換了，對諍僅是在它不勝修補時為它注入一股強心劑，終究無力改變太多既有的格局。於是對諍無非在為決裂作準備，最後仍然要自我推出新方法來顯能。

　　到了決裂出現，前面所說的對話和對諍很明顯都成了藉口或幌子，目的是在反向戲仿一個凡事都強調對話或互為主體的後現代生活劇。也就是說，方法論內蘊的新方法跟舊方法的對決，所以要以對話→對諍→決裂這一由隱到顯的進程來表明，主要是為了一併藉為顯示一般不願堅守自己立場或只顧自說自話者的對話籲求或缺人對話的化約問題（缺人對話這部分，連對話意識都沒有，更是化約中的化約），因為他們都不清楚開始對話就是準備決裂的起點（否則何必這麼辛苦的「要表明自己的立場」呢）！雖然如此，決裂並不代表是對他人說法的全盤否定，而是在整個過程中依舊會保留准予對話或對諍的空間；最後即使如我所演出的這樣「反過來決裂而去」也無所謂，畢竟大家都是在為方法論的前景謀畫且希冀獲得接受者的認同，彼此並沒有立足點上的差異（周慶華，2011a：28～34）。

　　在提供新方法方面，是指此方法論說要進一步具體揪舉舊方法都還到不了可以讓人高度信賴的程度，因而從新規畫而展現殊異的面貌，也就有必要深為期許踐履。而這在本脈絡即將有一系列論說來證成，包括「君子學的方法論緣起／相關方法論的範式開展／君子學的方法論實踐舉隅／君子學的方法論推衍於現今後全球化時代」等帶次第感課題的鋪展演練，以示所言不虛。

第二節　君子學的方法論緣起

　　既然方法論具有跟舊方法對決和提供新方法這兩面性，那麼所連結添增的君子學方法論也自當要以此為准式而詳為展演可能的風貌。至如該風貌的啟動元，自然是關於君子學的方法論緣起了，要討論就從此地開始。這在所明列的應時所需一項（就是為挽救舉世倫常失序及其能趨疲危機而預計在橫向面特對比於其他相關方法以證得自我優著以及在縱向面則繼續發微所能實踐的向度等），已經可以看出君子學方法論緣起的一斑了。此外，基於論說的自我完善化，還得對這種對治時代弊病的可為典範性作個明確化的交代，以見更深或更細微緣起而給後續相關風貌的展演預作準備（也就是有此緣起的明著，才能確保後續論列的非無所本或取則有據）。

　　大體上，一種方法論的提出，除了對應著所討論的學科且冀以為更新觀念或實踐模式，還有就是自我成就典範（paradigm）薪嚮。大家知道，所有的理論建構，也一樣都是在為發展文化著想（即使內裏仍然預設著權力欲望）。它們已經存在或將要存在的典範性，也都形成了塑造一個歷史傳統的重要憑藉。如果說歷史傳統是指從過去延續到現在的事物或指一條世代相傳的事物變體鏈（圍繞一個或幾個被接受延續的主題諸如宗教信仰、哲學思想、藝術風格和社會制度等而形成的一系列變體）（Edward Shils，1992：14～25），那麼理論建構就是確保這種歷史傳統可以被一再彰顯的甚大資源；它無疑的具有構成一個社會創造再創造的文化密碼和給人類生存帶來秩序及意義等功能。而從文化規模的建立來說，也的確需要一些具有典範性的東西作為基礎，才可能宏偉格局而希冀它發展無礙（周慶華，2011a：17～18）。

　　根據論者的說法，典範是指常態科學所遵守的範式：「我所謂的『典範』，指的是公認的科學成就，在某一段期間內它們對於科學家社群來說是研究工作所要解決的問題和解答的範例。」（Thomas S.

Kuhn，1989：38）雖然這種典範可以被「革命」取代，但所出現的新典範又是另一個秩序化局面的開始。如今藉用該典範的意涵，來衡量我所建構的這套君子學方法論，自然也想預入相關典範轉移的行列。而我所以有這種自信，乃在於這套方法論確能引為更新既有用世的觀念或實踐的模式，進而連結到對整體諧和倫常的宣揚而有助於人類前途的謀畫（有這一企圖心和知所用武處，此套方法論才不為無謂）。這縱使已經在前幾章中隨機點出，但終究不如此這樣一次講清楚說明白來得有可看性。

　　因為所設定「君子學的方法論」一語已屬後設君子學的範圍，而跟原對象君子學相較自有某些被更多期待的成分在裏頭醞釀，所以它在上述的自我表白後還得進一步交代理論本身的可緣起性（有別於先前的心理可緣起性）。所謂理論本身的可緣起性，乃指君子學的發用所能被方法論鑑別的空間足夠撐起一道理論光譜，此刻才算上路而有繼續討論的餘地（不然就還停留在尚未成形階段而無從加以論列）。而這則早就甄辨過君子學所含容的項目，有君子作為方法奠基（可為哲學立說方法／道德實踐方法／文藝涵養方法／連結兩界眾生態方法）、君子方法實踐處便成君子學（試為方法的／已成方法的都可成學）和君子學在現實社會有一定的需求（君子德行本有普遍化需求／在當前環境轉成潛在需求／君子學復振為世界永續經營的希望所繫）等前後併連可見伸展態勢（詳見第一、二、三章），現在再增添一項總綰君子學成立的方法論定位（檢視舊方法／開啟新方法），就又接續上且向前跨越了。如此所進趨從君子作為方法奠基→君子方法實踐處便成君子學→君子學在現實社會有一定的需求→總綰君子學成立的方法論定位此一無不義合的邏輯構作，已自成一道足以被辨認的理論光譜，可知它可緣起性的一斑。

　　至於「君子學成立的方法論定位」中的開啟新方法一事，也得

有可援引的對照組來顯示它的必要性，相關的可緣起性才能在終極上成立。這一部分，自以當今所亟須形塑的華語敘述為結構對象（結構上了就有一個被勘定的對照組出現），而給後全球化時代再進一言。整體的思維流程為：首先是後全球化時代是在逆反全球化前提（詳見第三章第四節）；其次是華語敘述的處境及其展望（目前華語敘述的主體性不顯，轉成可以有的濟世或益世的良方從新發聲，一切才庶幾可望）；再次是華語敘述作為逆反全球化的制衡力量（華語因內蘊氣化觀的韌度和諧和性，特別能夠用來制衡外語帝國過度行使所導致世界破敗的危機，而在相對上挽救變局有功而自成一抗衡式的主導力量）；最後是逆反全球化後華語敘述的開展方向（在具體上可以使華語敘述從構設徹底逆反資本主義的後環境生態學、強化為平衡生態的災難靈異學和開啟以自我靈療為尚的新靈療觀等三方面來演實）（周慶華，2011a：18～20）。這都無礙收攝在君子作務底下為一基進的踐行力表現，一併被君子學的方法論所優先或緊急准式。

第三節　相關方法論的範式開展

　　君子學的方法論緣起已明，接著就要為相關方法論的開展考量一個理應有的範式問題（否則後續的談論就會無所掛搭）。這個範式的提出，既是自我圓說得以保證，又是他人論述所可前來取鏡的，乃為方法論所必要給進境的可能性作一限定。而這依我個人所能設想的理路，則不外有從寓新方法提供於對決舊方法→新方法的前提→新方法的體質性健全要求→新方法的理論建構向度這一略帶伸展進程結構的完整形製。現在就依次細論如下：

　　首先，在寓新方法提供於對決舊方法部分，這是君子學方法論

範式開展的起階。凡是有所新啟論域的，都不免要在寓新方法提供於對決舊方法這一情境中成立。好比前人在述及君子性徵時所無力辨別前後質距的，我們給予從新調理所採用的方法自然不會一樣。如易傳（孔門學人所撰）和孟子（孔子的私淑者）分別論列的「天行健，君子以自彊不息」／「地勢坤，君子以厚德載物」（孔穎達等，1982a：11、19）和「君子之於物也，愛之而弗仁。於民也，仁之而弗親。親親而仁民，仁民而愛物」（孫奭，1982：243～244）等，這將君子推到能夠統攝天德地行或終極愛物的境地，雖然全是起因於君子的文飾進趨蘊涵開放性而可能的（周慶華，2020b：28～29），但它跟孔子原先所給的義禮孫信界定（邢昺，1982：139）相比僅現逸格詮釋或超前部署的垂直思考式變異；如今准許它「知所驅動進益機制」，只不過是該方法運用的權宜性要被另一種權宜性取代前的同情式說詞。事實上，新取則的驅動進益機制重點早已不在如上所述君子本身（孔子賦義建制所未見的）而在君子所對應的現實環境（倫常失序及其能趨疲危機）。這一屬水平思考的新生態認知且更見強能的方法論推衍，乃從低度效益的垂直思考轉換而來（Vincent R. Ruggiero，1990；Edward de Bono，1995），不啻印證了寓新方法提供於對決舊方法一事，而給該範式開始要儼然成形預作準備。

　　其次，在新方法的前提部分，這是君子學方法論範式開展的前階，所得接著提供的是有關新方法究竟緣何成立的前提一欄。先前對決舊方法只因有新方法可採擇，此刻則要交代所採擇的新方法到底有什麼前提可以保證它的必要性。這得先解決一個曾經甚囂塵上的「反對方法」說所可能反過來威脅新方法採擇倡議的正當性問題。那是起自上個世紀後半葉科學哲學界一名獨行俠的發起（Paul Feyerabend，1996）而深帶衝擊性的反理性思潮；它的方法無政府主義觀本有呼應「以解構為創新」一類的後現代宣言，但論者卻也不

知道那已落入自我設好的陷阱：也就是方法無政府主義所肯認「怎樣都行」本身就在方法論自覺的範疇，他所要挑戰的對象恰巧是自己。換句話說，「怎樣都行」也是一種方法（比較素樸而已），有這類主張的無從據為反對他人正在援用的方法。明白這一點後，我所議論的新方法也就毋須懷疑它的存在性；而追問該新方法的前提如何，自是更屬不可或缺的事了。這不可或缺的事，在論序上其實已經提點過了（就是第一章第二節所說的權力欲望的發用／意識形態的介入／文化理想的支持／科際整合的趨向等併連性的驅動力），此地要從新把它歸結為「權力欲望／文化理想領航且間雜意識形態／科際整合強化」這一可規約化的內外在機制規模，以便保障新方法的無可替代性。也就是說，新方法的前提實為該內外在機制的完形化；而它一旦出場或形現了，就不可能隨便被易動汰換（無論如何都得執行到底）。

再次，在新方法的體質性健全要求部分，這是君子學方法論範式開展的後階，所得繼續提供的是有關新方法本身不能短少的強韌生命力。新方法縱然具備了由權力欲望／文化理想領航且間雜意識形態／科際整合強化的前提，但在實質運作上還得有健全的體質（以顯現它可左衝右突或基進拓廣的生命韌性）始能起跑衝刺無礙。而這則包括概念設定／命題建立／命題演繹一類邏輯結構的完密化（詳見第一章第三節）、認取性知識／規範性知識／賞鑑性知識一類經驗對象的清晰化（詳見第二章第四節）和創造觀型文化／氣化觀型文化／緣起觀型文化一類文化判別的有效化（詳見第三章第三、四節）等條件加被，整個新方法才能徹底有別於舊方法的泛泛性而可以高格應用於君子學的內化奠基及其疆域開闢等工作演練。倘若說新方法的前提可為隱性存在（意識而不必明列），那麼新方法的體質性健全要求就不得不全為顯性存在（才有被檢證信賴的可能），這

樣它的君子學方法論範式開展的後階性自有「又推進了一層」的功效。

　　最後，在新方法的理論建構向度部分，這是君子學方法論範式開展的終階，所得總綰提供的是有關新方法在具體操作上的完形化程序。由於理論建構講究的是創新（從概念的設定開始，經過命題的建立到命題的演繹及其相關條件的搭配等歷程而完成一套具體系且有創意的論說）（周慶華，2004a：329～334），以致它所該配置的就有問題意識（所探討的問題憑什麼可以成立）、方法意識（得採用那些可靠的方法）和價值意識（研究成果如何廣為發揮作用）等環衛部件，在終極點上才能保證君子學方法論範式的確有範式性（而不是虛有其表或僅夠備參而已）。當中方法意識一節，所要採用的方法則以能製造差異為至高效率所在。本來創新也可以是一些通俗書所示，指向幾近前無所承的無中生有（Debra M. Amidon，2008；Rich Gold，2008；John Howkins，2010）；只是它在想像中無慮成立，而於實際上卻難以找到案例。馴致所剩的製造差異，也就成了大家所能創新的唯一途徑。至於製造差異，則有水平思考法或逆向思考法可以參鏡，所印證於現實試煉的案例也多有所見（周慶華，2016a：320～321）；今後敢膽大逕付踐履便能感受而毋須在此地繁為絮叨了。

第四節　君子學的方法論實踐舉隅

　　有關方法論的範式開展規模已具後，就作為此中一個論述者來說比較急迫的是自我實踐的境況展演（此為取信人於第一役）。這自我實踐在形式上所得明示於人的，自以不取舊方法範式僅止於闡述或隨機紹繼的實作而優先呼應「寓新方法提供於對決舊方法」一理

（詳見前節）；緊接著則嘗試建立新範式自行摶造取精用宏式說帖而相契「新方法的前提／新方法的體質性健全要求／新方法的理論建構向度」等套裝規則的鋪展（詳見前節）；最終乃從「新方法的理論建構向度」中尤為搶眼的「價值意識」一題出發據為批判西式文化無理凌駕遺禍以取得自我推廣的正當性。

在實質上，則已有我個人所從事的論題展衍及其試為強化功能的提議，包括郁郁乎文君子 VS.鄙野小人／君子修養 VS.紳士培訓／君子應然義 VS.小人實然利／君子仁愛 VS.教徒博愛／君子人智 VS.哲人神智／君子德行從新高揚的質能轉換式配備／君子氣節的歷史演繹／君子在表現系統的雅緻身分塑造／君子的行動系統夢想／君子碎義逃難的補白問題等一系列曠觀且深入的論述（周慶華，2020b）。此隅可舉為證明君子學的方法論實踐沒有任何障礙，大家儘管汲取推擴而再驗成效。

為了讓這一實踐舉隅的舉隅性能夠自成一種堅實或優質的典範，此地試著另外給予配件附著圖示式的說明，以便顯明君子學的方法論實踐中別有點滴功勞（也就是不僅如上所述那樣大致在舉舉大者示現階段）。整體情況如下：

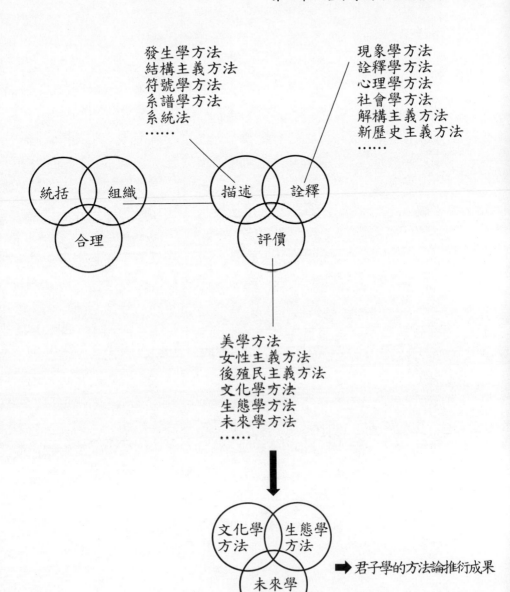

發生學方法
結構主義方法
符號學方法
系譜學方法
系統法
……

現象學方法
詮釋學方法
心理學方法
社會學方法
解構主義方法
新歷史主義方法
……

統括　組織　描述　詮釋

合理　評價

美學方法
女性主義方法
後殖民主義方法
文化學方法
生態學方法
未來學方法
……

文化學
方法　生態學
方法

未來學
方法

君子學的方法論推衍成果

君子學經由統括／組織／合理等要素的構作（詳見第二章第二節），已在邏輯上成一交集形態（也就是統括所釐定適用性廣的理論架構和組織以具深度的解釋力來系統綰結相關經驗以及合理在設法為該解釋找尋高度可信的前提等，都圍繞著一個制式學科的規律在運作或相互以對方為憑藉迴環在表出）。而當中直接跟方法選擇有關的是組織部分，因此由它出線連向描述／詮釋／評價集結的區域。這是方法所起作用的三種方式（詳見第一節）：描述是在再現或建構知識對象；而詮釋和評價則分別是在詮釋解繹知識對象和評估判定知識對象，三者合而成了我們所能抽離辨別方法策略的極致。雖然如此，描述／詮釋／評價在表面上的各自運作看來似乎不必相互遷就，其實內裏卻有著不可截然劃分開來的隱質在〔也就是要詮釋就得先有對象的設定（或明或暗的涉及描述），而所據為詮釋的前提又不能不蘊涵某些價值觀（評價）；至於評價本身更得在描述和詮釋的基礎上進行（沒有不經對象的設定及其相關的解析就可以憑空進行價值的評估判定），從而造成描述／詮釋／評價等策略概念彼此要有相當程度的交集〕。此外，方法在第二級次上可以有不同的描述法／詮釋法／評價法等，而形成一個顯式（隱式的會有交集）性質分立的方法大觀圖（周慶華，2007a：35～40）。而從此一大觀圖再精選迥異於故舊的文化學方法／生態學方法／未來學方法等而來演實和展衍君子學的論題（這三種方法分別擔負著對君子學文化背景的掀揭以及標明它所要對治的生態災難和可許以未來倫常從新秩序化的景觀等任務，並且緣於彼此具有導正時代失格的理想性而交集在一起）。合著總現一種細密的思慮及其策略發用模式，而可為繼起者從事領航式研究的最佳借鏡。這是君子學的方法論實踐在我個人所經驗的理論性說明（具體情況請參見上面所提及的論述），應該可以稱得上「足夠典範」了。

第五節　君子學的方法論推衍於現今後全球化時代

　　方法論所衡量方法在鑄性上是要選擇而非放任它自由穿梭論說場域成一無政府狀態（詳見第三節），這也使得君子學的方法論推衍也要讓它法制化或規約化，才能在一番跟他者競爭中勝出。因此，本脈絡所設定「方法論的意涵／君子學的方法論緣起／相關方法論的範式開展／君子學的方法論實踐舉隅」這一系列可為典範的論說程序，自然就得推上歷史舞臺給它去發揮連類激盪相仿見解的效用。而在自我更為整備的要求下，將君子學的方法論推衍於現今後全球化時代，則不啻是一典範愈上的窮盡式演出。

　　前圖中最末一環「君子學的方法論推衍成果」，正是要在此處有所推衍於現今後全球化時代後見效；而它則是經由方法論所選定文化學方法／生態學方法／未來學方法等合為謀略始能完成（其他相關論說非如此裁決的自屬舊式策略而無甚可觀）。當中文化學方法是評估人事物所具有文化特徵（價值）的方法（周慶華，2004a：120～131）；生態學方法是探討生物和外部環境相互關係的方法（王海山主編，1998：83～84）；未來學方法是推測未來發展趨向的方法（Wendell Bell，2004）。它們所要演實和展衍君子學的論題，在總攝上「這三種方法分別擔負著對君子學文化背景的掀揭以及標明它所要對治的生態災難和可許以未來倫常從新秩序化的景觀等任務，並且緣於彼此具有導正時代失格的理想性而交集在一起」（詳見前節）；至於具體的運作，則由文化學方法提領而後將生態學方法和未來學方法融合致力於演展攸關後全球化時代所得集體共營的良善情境，包括構設後環境生態學／強化災難靈異學／開啟新靈療觀等綜出可蘄嚮的遠景（詳見第二節）。

　　所謂構設後環境生態學，是指現行的環境生態學，大多是為了因應臭氧層破洞、溫室效應、酸雨危害、熱帶雨林減少、土地沙漠化、野生動物瀕臨絕種、海洋汙染和有害廢棄物等問題（Susan Buckingham 等，2010；Bill Mckibben，2011；Naomi Oreskes 等，2016），但實質成效卻極有限。這癥結乃在西方資本主義所帶動的全球化，迫使舉世參與耗用資源所造成的；大家不反資本主義，就拯救不了地球。因此，新的解決途徑，就在從恐懼全球化出發，徹底反資本主義，並使相關議題推進到後環境生態學的層次。所謂強化災難靈異學，是指有關災難的界定，常被自然化或物理化，而忽略它跟靈界的連結而不為無意性。災難的種類多，乃是為平衡生態所採取的手段不同，人間儼然是靈界的試煉場域。在這個場域裏，死亡成了災難最深的見證；而當中又有慢速死亡的潛在性災難在拖長試煉，更具警惕意味。但一般的解釋都僅止於人謀不臧或神鬼作怪，殊不知它是靈界為回歸秩序化所作的調整；災難種類多及死亡多樣化，所代表的是靈界的對策多管齊下，為的是因應靈界分項負責者的不同能耐。於是循著災難必現靈異的理路，可以構設出一套災難靈異學（周慶華，2017：196～206）。所謂開啟新靈療觀，是指舊靈療以撫慰受傷殘的靈體和協商索討者去執或力勸當事人對外靈的寬恕，效果普通、甚至鮮見真正的療癒案例。它除了不懂靈靈互涉或互槓的輪迴潛因，而且還低估了靈體互有質差的重要性，以致經常事倍功半。如今倘若大家覺得靈療還是有存在的空間，那麼它勢必是啟靈式的，以強化靈體對相敬兩安／無求自高／修養護體／練才全身等策略的深切體認，才有辦法逐漸扭轉他者靈療為自我靈療，而取得雖然弱勢卻是強者的存在優勢；進而以此新靈療觀開啟緩和輪迴壓力和特能因應能趨疲危機的稀罕新境地（周慶華，2020a：149～155）。

　　上述綜出可蘄嚮的遠景締造，君子學所規模的君子作務可以總綰疏通此一使命。也就是在逆反全球化（徹底反資本主義）上現今所見同類型作為如原始主義（返回未有全球化時代）、社會改良主義（主張在發達國家和發展中國家間建立一種平等互利的關係）、民族主義（反對西方文化的入侵和普遍化擴張等）、原教旨主義（想透過自己所認同價值觀的普遍化擴張來對抗西方價值觀的普遍化擴張）和馬克思主義（要打破資本主義一統天下的局面）等所不克完成的偉業（詳見第三章第四節），一旦由君子作務介入就必定會轉致效率，從而穩著調整步伐前進，向無止盡耗用資源的慣習告別，而讓整體生態環境可以得著十足的休養生息。至於許以災難靈異學的形成和崇尚自我靈療的觀念體現等，也因為有前者的能廣為竟功，所以它們隨順而來相互砥礪或齊諧並進的加乘作用自當不會缺乏，一起為救助世界沈淪的神聖性樹立最佳型範。

第五章　對比君子學

第一節　君子學的對比隱求

很顯然君子學從〈君子作為方法〉一題發端，歷經〈君子成學的歷史顯影〉和〈現今社會對君子學的潛在需求〉等二論說階段的詳為部署，再到〈君子學的方法論推衍〉此一綜攝理路的研議，已經可以彰明整套君子學的規模及其在對治時代失格上的高價意義。接下來就等著看相關方法論推衍更見深廣視野的展演情況，而這不妨由〈對比君子學〉這一最切近可察的節點談起。

前面說過，君子學可以一再的後設而讓它在「君子學的方法論緣起／相關方法論的範式開展／君子學的方法論實踐／君子學的方法論推衍於現今後全球化時代」等一系列論域上立顯繁采多姿（詳見第四章）；相同的，此地所要優先推出的「君子學的對比隱求」一理，也是經由特定後設程序而可能的。它既是隸屬君子學的方法論實踐一環，又是自我顯現高明的具體作法，總得有這樣一個可為典範的論列例示。

依照通泛的後設處理方式（特殊的後設處理方式則如第四章所述那般），無不是為了判定對象知識究竟何以成立；而該判定所以要佔名，只因它基本上有著「是為理解的起點」此一重要性在支持著。大家知道，向來學科的理論構設進一步呈現的後設修辭本身，乃為哲學思辨形態的，它在說明設定概念／建立命題／進行演繹等為存有特徵時（詳見第一章第三節），已形成一個低度抽象的論說式樣。再有所擴衍或深化，就到了二度後設判定的階段。而這除了可以針對前體系思辨它到底是如何可能的，而形成一個中度抽象的論說式樣（也就是後設判定該體系的獲知過程／認識條件和後設判定該體

系獲知過程的推論法則／邏輯規律等）；還可以針對前體系思辨它所根據的實際是什麼前提，而形成一個高度抽象的論說式樣（也就是後設判定該體系所遵守的形上原理）（周慶華，2016b：253～254）。這都有說解性的論著可按（Patricia Waugh，1995；Hayden White，1999；何秀煌，1988a；關紹箕，2003），而擬比在本脈絡的則是再就已經成案的君子學此一透過直接經驗和間接推理得知自身又是何以能夠，總作個三度也幾乎是終極性的判定，以便引出或窺盡相關對比隱求的來由。

這個來由的前提是直接經驗或間接推理（君子學的概念設定／命題建立／命題演繹等一套規模就是這樣來的）。直接經驗或間接推理乃一般所說認識論必要開列的認識條件（人在主動認取一個對象時，不是緣於直接經驗就是蘊自間接推理，此外別無其他途徑）（Roderick M. Chisholm，1986；趙雅博，1979；朱建民，2003）；這認識條件在君子學同樣也由它來保證，才有認取方面的意義。至於它的更深前提，則在「必要相信」此一形上原理的確立上。也就是說，我們必要相信君子學可以在直接經驗或間接推理它能促成第三章第二節所說的「周而不比／懷德／懷刑／喻於義／坦蕩蕩／和而不同／泰而不驕／上達／固窮／求諸己」等正面心理效應，以及可涵蓋『從道→氣化觀→綰諧式倫理→雅緻身分→君子作務的夢想旅程』及其『君子作務所規模出的有己身修為→上契安人德業→總歸於施行仁政等進趨形態』，然後結穴於當今全球化危機中必要的推衍，包括『君子的行動系統夢想可落實為對治外來體制的干擾』和『反西式科學／民主／資本主義／殖民征服等行動以回歸仁政／大同社會的企求而推進到後全球化時代』等終極任務（別無良策）」，整體義理才可獲得實質有效的解釋（有關君子學的理論知識也才能堅確不易的成立）。而這必要相信的強化版，就是它可以在一番對比

非君子學後優為勝出。

　　由於這種對比並非明白徵列的（而是在衡情繹理後刻意較量判別的），所以依取意凡是經過細辨不在這範圍的都成了對比的對象（章標〈對比君子學〉實則是〈對比非君子學的君子學〉的縮稱）；而隱求一義的設定，乃表示該對象隨時有可能出現，得以隱然防備姿態而給予必要的對決排除（如果是顯然防備則會因該對象未必會出現而恐怕逕強行卻「出師無名」）。如圖所示：

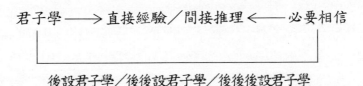

對象君子學在直接經驗或間接推理而必要相信後，可經由多重後設思辨使它更加可觀（君子學的擴衍或深化就是在此過程中形成）。圖中上下二欄是互為作用的（因為從君子學的標出以思辨箭頭指向相關問題時已在後設思辨的範圍；而所羅列各級後設君子學也表明上述相關問題都可如此增益進行後設思辨）。此外，後設君子學到第三度後設已幾近極限（如上面所條理對象君子學在有關「概念／命題／演繹」等部件開列後，歷經「促進正面心理效應」該一度後設認取和相關「進趨形態」該二度後設認取及相關「終極任務」該三度後設認取等那樣），很難想像再後設下去會是個什麼樣子，所以圖下欄也就沒有加列後後後後設君子學……等。而有此圖為依據，也已可看出君子學的對比隱求乃一勢必成行的作為，畢竟這是非君子學所未見如此高格化鋪展的，不將它們帶出來批判決裂豈不缺乏對照系可供人檢證？

第二節　非君子學可藉為襯托顯能

君子學所要對比的是非君子學。非君子學以君子學匱缺的形象
存在著，力辨它的不是有為排除君子學通行可能的障礙，以及在強
化君子學過程中一併藉它來襯托以為彰顯己能等考量，就理論面來
說作用自不在話下。

此外，從實際面觀看，沒有對比就沒有坐標；沒有坐標大家的
行事就沒有方向；沒有方向社會就會大亂（現今舉世倫常失序及其
能趨疲危機險峻等，有幾分就是緣於不知對比取優而引起的）。因此，
對比君子學的重要性，早已不言可喻。

這種對比，原則上是一種權為選擇價值的程序（只期具有相互
主觀性而不敢自居帶絕對神聖性），所照看的對比項僅以不顯君子學
功能的非君子學為準的，而不涉及其他另有所賦義的對比作法。後
者已知的有一般性的對比分析法和特殊性的對比法等：一般性的對
比分析法，它在被眾人賦義時有所區別於傳統的比較分析法。傳統
的比較分析法是歷時性研究，它要追溯兩造事物間的譜系關係；而
對比分析法是共時性研究，它要揭示事物間的一致性和分歧性。但
為了說明問題，對比分析法有時也不能不顧及兩造事物間的歷史演
變（李瑞華主編，1996：4；王海山主編，1998：17～18）。

至於特殊性的對比法，它是個別論者所設定，主要用來取代通
常的比較研究法和修正過分強調否定性的辯證法，希望能夠兼顧思
想和存在中各種因素的差異性和統一性、斷裂性和連續性等，以便
作為今後任何不同因素、思想和文化傳統的相遇／交談、對照／會
通、甚至進而綜和／創新的根本觀念和步驟。而所謂對比，是指相
同和相異、配合和分歧、採取距離和共同隸屬等彼此的交互關係／

運作，使得處在這種關係裏面的種種因素相需相索／相輔相成，因而共現於同一個具象場地，並牽繫於同一個演進的運動（沈清松，1986：9～10）。

　　不論是那一種對比法，都少了一點什麼。如一般性的對比法（對比分析法），它在對比分析的過程中，難免會有主體意識和價值觀的介入，不可能純作中性的對比分析。又如特殊性的對比法，它所強調的「相同和相異、配合和分歧、採取距離和共同隸屬等彼此的交互關係／運作」這一判斷及其論說方式，最多也只具有相互主觀性，不可能具有絕對客觀性，以致它的效應還有待考驗（周慶華，1997：7～9）。換句話說，既有任一對比法的賦義設定，都無法滿足方法論的要求，在運用上當然禁不起相關哲學思辨的揪舉決裂。

　　相對於上述那些對比法，本脈絡所取對比一詞，則是在加了主體意識（權力欲望／意識形態）／價值觀（文化理想／科際整合）／相互主觀性等系列制約因素後有所對決於非君子學而成立的，目的在於有效或合理導出君子學用以對治時代失格的高價意義。由於它的先決條件在對決，自有方法論的新進要求（詳見第四章第一節），致使所採取的對策理當要以可達致優著勝出的功用為最佳狀態。也因此，這所會牽涉到的價值抉擇此一攸關品管的問題，顯然也得先行疏通一二語，以便後續能夠暢論無礙。

　　這是說既然要對決非君子學，那麼有關君子學的可以顯價處（非君子學則無此特性）自然也得「有所說而後可」。大家知道，在價值學上有所謂價值的存在方式／性質／判斷等課題需要釐清：在價值的存在方式方面，有論者歸結相關的意見而得出三種相異情況：（一）是依附在具體的事物上（如食物／風景等）；（二）是依附在抽象的關係上（如倫理道德／理法制度等）；（三）是依附在主觀的創意和想像上（如和平／民主／巫術／宗教／文藝等）（陳秉璋等，1990：

321～322）。第一種價值是由人的認定而來，屬於事物價值（可認取的）；第二種價值是由人的賦予產生，屬於倫理價值（可規範的）；第三種價值是由人的創意和想像所致，屬於精神價值（可賞鑑的）。

在價值的性質方面，有論者特別強調一種可以被接受的見解（同時也能夠跟上述的價值存在方式說相呼應），就是價值不是價值對象本身（如一自然事件／一種理念／一個命題／一曲音樂／一項事業等），也不是價值對象的構成元素，而是價值對象所擁有的獨特屬性。換句話說，價值只是一種寄生式的存有。除了這種非實在性，價值還具有兩極性（如真／偽、善／惡和美／醜等分別）和層級性（從好到壞排列）等（Risieri Frondizi，1988：6～10）。這些特質，幾乎都會在人從事價值判斷中顯現出來。

在價值的判斷方面，我個人曾經斟酌了一些論說而研判價值的判斷至少要植基在幾個條件上：第一是從事價值判斷的人要有認識或熟悉價值對象所具有特殊屬性的能力；第二是從事價值判斷的人對於價值對象所具有特殊屬性的掌握不免會隨著風俗習慣／傳統思想／教育訓練／社會情境／心理狀況等不同而有所差異；第三是從事價值判斷的人所得到的結果最多只具有相互主觀性而不可能具有絕對客觀性，並且還有權力欲望在起終極性的作用（試圖以他的價值觀感影響別人對該價值對象的反應）（周慶華，2008：241～244）。這都是依經驗法則而論列的（不再無謂追究「最早的價值是怎麼可能的」一類有關形上根源的問題），它明顯以「事後聰明」的形式試著進入論述領域並等待考驗（容許有汰舊換新的空間）。

以上這些常識可以據為精簡出一個具優位而涵蓋真善美的價值概念架構，使得君子學的價值抉擇終於有一可靠的理論依據。也就是說，君子學無疑乃屬可規範的倫理價值（由人的賦予產生），但它的實存可記點性又能相通於可認取的事物價值（理論化且經人認定

後就能如此轉增殖）和可賞鑑的精神價值（於實際運用中自會孳生此一緣人的創意和想像所致的可感美事）等，從而體現為一兼攝真善美的高格存有（此乃第一章所述君子可作為哲學立說的方法／道德實踐的方法／文藝涵養的方法等的換詞），而為非君子學所嚴重欠缺。這雖然也是我一己的識見所發，但因理已充足卻不難想見它將擁有相互主觀性而為普世同道所陸續認同。相對上，非君子學無力對治時代失格且會益添反效果等，就成了此地無可取代的對照系。如圖所示：

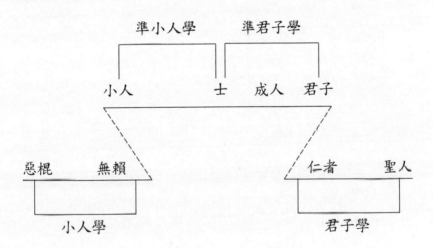

在光譜兩端各延伸出去的部分為君子學和小人學的發論對象（中間切分各向的部分則為準君子學和準小人學的發論對象）。當中小人學因在極端對比的範圍，乃屬道地的非君子學（至於準君子學和準小人學，則無妨彈性看待而不必強行歸屬訾議）。它的所涉對象有無賴／惡棍等，他們都是小人再退墮一二級。由於他們在背德而行時會不斷地擴延惡果，致使光譜另一端緣君子上契仁者／聖人所構成的君子學大可在內容上將他們列為警惕戒絕的對象，因而襯托出自我

的優質殊能，足以為並世向德者所崇尚。

第三節　系統內的對比奠基

在題意上，對比君子學所要對比的是非君子學（並以此來顯明君子學本身的高價性）（詳見第一節），而這則有系統內的對比／兼跨系統的對比／跨系統的對比等多種例屬可以排定序列，以見對比君子學此一課題的需求確有相向對比者眾「不得不爾」的張力。換句話說，所可知非君子學的自行流衍迄今已幾近氾濫成災的地步，不予揪謬絕待，又如何能夠顯現君子學的精金可貴？現在就從可作為對比君子學一理奠基的系統內的對比談起。

系統內的對比，是指本就在相對列的非君子學為可對比項（未出離自我所屬傳統去另尋對比項）。它原也可以包括準君子學所涉那些未充分君子德行條件的士／成人等對象所繫、甚至歷史上所見各種闡述或紹繼不力的情況等（詳見第一、二章），只因為那有的僅能歸在君子學的變種範圍（指歷史上所見各種闡述或紹繼不力的情況）而有的但可劃入君子學的趨同視域（指準君子學所涉那些未充分君子德行條件的士／成人等對象所繫），並非道地非君子學那般確能公然抵拒或威脅君子學的存在，於是此地為避免無謂自我失序就沒打算將它們強行攬進來計議。

不過，為了理論能愈強甄辨競比的所需，還是可先就部分陳案略作分殊疏通（至於也可比照甄辨的準小人學項內所涉如鄉愿／斗筲人／極端分子／諂媚者等諸多準小人，因他們已在向小人端掛號中，乃屬非君子學兼併範圍，自無可殽亂君子學的建立，所以就毋須多加著墨了）。這一部分主要是有士／成人等常被混同於君子層級（余英時，1984；文崇一，1989；沈清松編，1993；柯雄文，2017），

不予以分殊疏通恐會有論說欠圓的疑慮。因此，姑且把它帶出來點撥一二，諒必不致惹來過度旁牽的譏誚！且看孔子對士／成人的論說：

> 子貢問曰：「何如斯可謂之士矣？」子曰：「行己有恥；使於四方，不辱君命，可謂士矣。」曰：「敢問其次。」曰：「宗族稱孝焉，鄉黨稱弟焉。」曰：「敢問其次。」曰：「言必行，行必果，硜硜然小人哉，抑亦可以為次矣。」曰：「今之從政者何如？」子曰：「噫！斗筲之人，何足算也！」（邢昺，1982：118）

> 子路問成人。子曰：「若臧武仲之知，公綽之不欲，卞莊子之勇，冉求之藝，文之以禮樂，亦可以為成人矣。」曰：「今之成人者，何必然？見利思義，見危授命，久要不忘平生之言，亦可以為成人矣！」（邢昺，1982：125）

從上面兩段文字可知，**士**僅是一社會人的類型（有別於農工商那些類型），他已具有部分君子德行而能自我進一步修為變成君子，但本身還在士階段時並未搆到君子的全德義禮孫信〔所以他只能置於第一章第二節所劃君子／小人光譜的中間地帶，表示他可上契為君子也可退墮為小人。另外文中「硜硜然小人哉」所指的小人，乃《論語》所保留無位／少德行兩義裏的前一義，為一般庶民的通稱，而跟另處「**君子學道則愛人，小人學道則易使也**」（邢昺，1982：154）所著小人一詞同等〕。

　　至於成人，則是「成為一個人」的簡稱。他所能展現的格備義，也僅是孔子賦予的知／不欲／勇／藝／文以禮樂或見利思義／見危

授命／久要不忘平生之言等特性，仍然跟已修成君子的所具有內質義外飾禮孫信等節操差一級次（在第一章第二節所劃君子／小人光譜中將他置於士和君子中間，意味著他已比士要多些可稱道的質素且距離君子一級更近了點）。

正因為有這樣的區別，所以士／成人就不宜將他們逕等同於君子而含糊論列（周慶華，2020b：24、196）。倘若有需要，可以在準君子學（君子學的趨同）中詳為對勘比論（想必孔子設定或舉實士／成人／君子這些概念當也不致輕率牽合才是）；但這已非本脈絡所該額外措意的（重點不在這裏），僅如上略加提點就行了，絕大篇幅仍然要留給跟正宗非君子學的對決。

君子學是以君子到上契仁者／聖人等整體德能為論述範圍所構成的學問，它所要對比的非君子學則沒有此類資源可以檢視，倒是反相關德能的跡象遍布，而不免令人大嘆世風焉能不日下（詳見第四、五節）！當中在小人端所見的行徑，在孔子那裏約略只提到「鄉原（愿），德之賊也」、「斗筲之人，何足算也」、「攻乎異端，斯害也已」和「非其鬼而祭之，諂也」（邢昺，1982：156、118、18、20）等具象（其餘則多以小人如何如何泛述）；至如再行退墮為無賴／惡棍的例子，則要到孟子時代才有所指明。如：

> 孟子見梁惠王。王曰：「叟！不遠千里而來，亦將有以利吾國乎？」孟子對曰：「王何必曰利？亦有仁義而已矣……」（孫奭，1982：9）

> 孟子見梁襄王。出語人曰：「望之不似人君，就之而不見所畏焉。卒然問曰：『天下惡乎定？』吾對曰：『定于一。』『孰能一之？』對曰：『不嗜殺人者能一之。』……」（孫奭，1982：

21）

他日，（孟子）見於王（齊宣王）曰：「王嘗語莊子（莊暴）以好樂，有諸？」王變乎色，曰：「寡人非能好先王之樂也，直好世俗之樂耳！」……王曰：「大哉言矣！寡人有疾，寡人好勇。」……王曰：「寡人有疾，寡人好色。」（孫奭，1982：29〜36）

（孟子曰）「堯舜既沒，聖人之道衰，暴君（太康／孔甲／桀／武乙／紂等）代作，壞宮室以為汙池，民無所安息；棄田以為園囿，使民不得衣食。邪說暴行又作。園囿、汙池、沛澤多而禽獸至。及紂之身，天下又大亂……」（孫奭，1982：117）

梁惠王／梁襄王／齊宣王等盡是一派無賴模樣（嗜利／逞兇／好俗樂／好貨／好色），而太康／孔甲／桀／武乙／紂等又全然形同惡棍（不恤民命／濫殺無辜／酒池肉林／率獸食人），從小人端再行退墮的莫此為甚！而不論如何，大家一旦廁入了小人行列，所有妨道害道的禍端就會層出不窮，而有孔子所訾議的比而不周／懷土／懷惠／喻於利／長戚戚／同而不和／驕而不泰／下達／窮斯濫矣／求諸人等諸般邪行劣跡（詳見第三章第二節）。

　　這在總對比上，小人形象乃為缺乏教養的鄙略粗野樣子，它既嗜欲好利又卑賤猥瑣，不啻是建立禮樂制度或發展文化歷程的一大負擔。這類人在現實中縱然也可以叢脞見著，但經由孔子的歸結或模塑後，他就定型化而合著有上述那些質低表現。相對的，君子人格的搏造，在表顯可見的層次，所對應的現實中有很多人不能如是；

而為了避免向小人端傾斜，就以強調君子德行為切要，從而使得禮樂制度的建立及其文化傳承成為可能。因此，像鄭國大夫子產的作為才會受到孔子的讚賞（詳見第二章第三節）。這也就是「**善人為邦百年，亦可以勝殘去殺矣**」（邢昺，1982：117）的必要惦念處。換句話說，沒有君子這種善人從政，那麼累世不絕的殘殺就會成為大家最恐怖的夢魘！君子存在的可貴就在這裏；而我們努力晉身為君子行列，也就有了一個功在人文化成社會的實質意義（周慶華，2020b：29～30）。

如果再從總對比中取一要項來比價，那麼長久以來一直存在的「義利之辨」課題正可據為試煉。這個課題所被議論的關鍵，在於利乃實然如此，為人心普遍的趨向〔古有所謂「**天下熙熙皆為利來，天下攘攘皆為利往**」（司馬遷，1979：3256），正道出了該一現象〕，而結果則是捅出無法自我轉圜的大坑洞，在曳引著大家紛紛往下跳後，必然釀成一個自絕的險巇狀態。誠如孟子所十分擔憂的「**王曰何以利吾國，大夫曰何以利吾家，士庶人曰何以利吾身，上下交征利而國危矣**」（孫奭，1982：9）。上下交征利所指向的，就是無法避免爭奪、殘殺和絕滅人性等純生物性途徑，而終局則不啻會導致禮樂制度的崩解，連帶累及國家的運作。這麼一來，就不可能寄望嗜利的實然狀態反向挽救或自動化解生存的危殆，只有靠另一道德自制的應然義變項介入，才可望從中扭轉頹勢而恢復秩序化的生活。因此，「義利之辨」顯然不是一個隨興提出的課題，而是長久以來就或顯或隱存在且始終有被加碼討論的可能（周慶華，2020b：51～52）。

所謂的加碼討論，這在孔孟時代已經可見端倪了。依字源所示，義在古籍多半訓為合宜，為應然德行且多見於君子的信守；而利在古籍多半訓為饒益或貪求（阮元，1980：644～645），為實然生性且多見於小人的迷戀，二者對列後會顯現兩面性的意涵。也就是說，

謹守合宜的原則,就不該有饒益或貪求的現象;而一旦饒益或貪求了,自然就遠離合宜的範圍。因此,義作為利的調節閥或緩衝機制,是比什麼都重要而有效。這種情況,則不妨從現實面和理想面等來驗證。在現實面上,可以肯定只有義行才能保障秩序化的生活;而它在個人即使有所取得,也會像衛國大夫公叔文子那樣「義然後取,人不厭其取」(邢昺,1982:125)。反過來,嗜利就會是社會的亂源所在:

> 太史公曰:余讀《孟子》書,至梁惠王問何以利吾國,未嘗不廢書而歎也。曰:嗟乎,利誠亂之始也!夫子罕言利者,常防其原也。故曰「放於利而行,多怨」。自天子至於庶人,好利之弊何以異哉!(司馬遷,1979:2343)

這驗諸任何一個時代,都不可能有反例,也沒有人會相信生存空間受到威脅不是緣於利欲薰心者所造成的。於是捨利取義,就等於在保障你我的生活安全無虞。至於在理想面上,乃為了有一個美好政體來穩定發展秩序化的生活。正如古代所謂「大同社會」的制度設計(詳見第一章第四節),基本上就是一種公共的義行;它由集體意志來搏造踐履(包括「選賢與能,講信修睦」/「人不獨親其親,不獨子其子」/「使老有所終,壯有所用,幼有所長,矜寡孤獨廢疾者皆有所養」/「男有分,女有歸」/「貨惡其棄於地也,不必藏於己」/「力惡其不出於身也,不必為己」等),從而締造一個「謀閉而不興,盜竊亂賊而不作」/「故外戶而不閉」的終極和平國度(周慶華,2020b:57~58)。

倘若說從個人的「利令智昏」(司馬遷,1979:2376)發端,到上下交征利而使國家危如累卵,那麼取義捨利就是重返馴良純善社

會的唯一保證；而這必須是羣社的每個人都有此識見和承擔，該一
保證才能真正的有效。因此，在現實面消極的不讓社會混亂脫序，
而在理想面積極的創設美好政體，所要的捨利取義一事就有了穩固
的理論基礎。此一理論基礎所意示期許一個美好政體的實現，也許
杳如黃鶴而只能將理想高懸（周慶華，2016a：42～44），但對於有
關防亂的義行要求，卻是多有典型在夙昔（孫奭，1982：240～241；
韓嬰，1988：7、390、425）而值得大家取以為殷鑑仿效（畢竟社會
混亂脫序就是有人逕往那典型的反面行去）。由此可見，取義捨利對
維繫秩序化生活以及進而締造美好政體（足以讓人適性去發揮才能）
的重要性（周慶華，2020b：58～60）。

　　正因為有君子高華的應然義行對比著小人鄙陋的實然利欲見證
了，其他如禮孫信等德行優劣有無的對比自然也可依此類推去取得
一定的果效，終而顯示系統內的對比據此可以奠基完成（也就是未
經此一對比則難以開展其他更顯切要的對比）。

第四節　兼跨系統的對比高架

　　光是系統內的對比還不足以看出君子學確屬優著的，就得再有
其他更顯切要的對比來強化。這種強化，毋寧是要在相關已成初步
奠基態勢的對比上，再行衍發進層高架式的對比和終末覆頂式的對
比等（因為彼項乃屬強碰且非有不可，所以才說那是更顯切要），以
為完形化道地的對比君子學一理。此地就依序先談進層高架式的對
比。

　　這是從前節所述系統內的對比餘絮所發掘另須從事的。理由在
於：「郁郁乎君子 VS.鄙野小人」的殊理較量正可涵攝跨系統的情況，
而「君子應然義 VS.小人實然利」的異義衡鑑也大有連綰跨系統的

景象，因此從己系統通貫到異系統的一併對比自是焉然成形。由於
這是跨系統也更知所對比以顯義的，所以在一番「兼」事對比後就
給了前節的奠基工程得有增衍高架的機會。

縱是如此，這裏所謂跨系統對比所要較量的異系統，乃特指有
別於自我傳統氣化觀型文化的他者文化。這他者文化自以導致如今
舉世倫常失序及其能趨疲危機險峻的西方創造觀型文化為準的，而
不涉及同系統內所可能的支裔雜音一類虛質異類。後者如《莊子》
書所誌記的：

> 溫伯雪子適齊，舍於魯。魯人有請見之者，溫伯雪子曰：「不
> 可，吾聞中國之君子，明乎禮義而陋於知人心，吾不欲見也。」
> （郭慶藩，1978：307）

這是同取所向道的另一面（此乃道家人物為安頓一己生命所採行逍
遙自適以順道的作法而不跟儒家人物為營造集體秩序所採行君子作
務以應道的作法共進趨），在有效維護生態環境上並無質的差異；也
就是大可引為合力抗衡西式文化的凌駕支配而讓整個世界得以從新
秩序化（周慶華，2020c）。也因此，本脈絡所要兼跨系統對比的自
然就僅限於西式文化那純然異質的作為。

這類作為，在總對比上很明顯是可著力在「西方人有造物主的
信仰，所摶成的創造觀型文化既肯定上帝造物的權威又想媲美上帝
而不斷走上盲目逞能創新的道路。它在現實生活方面，誤認平等受
造意識就能以個人為社會結構基本單位且專事民主制度的營造；而
在文化發展方面，也大意透過挑戰自然去窮究事物而極力昌皇科學
實務。這表面上是在締造塵世的上帝國，實際上卻是政治分贓敗德
和殺伐掠奪殘酷的發端！顯然民主和科學的介入摻和已無從保證也

無法促成理想大同社會的實現，那裏面蘊蓄變本加厲的小人行徑只會深化能趨疲危機而讓人更加憂愁沒有明天！因此，從新恢宏自我所屬以縮結人情／諧和自然為特長的氣化觀型文化，相關君子的美德生活就能成為一個爭勝點，終而對治且超克了西方創造觀型文化所見挑戰自然／媲美上帝此一失策作為的末路」（詳見第一章第四節）；而再從總對比中取一要項來比價，那麼該始終存在的「義利之辨」課題也正可據為試煉。這主要是西方人為無止盡謀利而發展出來的資本主義及其殖民征服等所顯現那有意無意的邪惡面：「西方創造觀型文化於近幾世紀獨大，將它所漸次深化的原罪觀念引來猖狂興作資本主義及其殖民征服，把地球搞得一片烏煙瘴氣，至今仍未緩和那裏頭所透出不斷嚴重的資源短缺、臭氧層破洞、溫室效應、酸雨危害、熱帶雨林減少、土地沙漠化、野生動物瀕臨絕種、海洋汙染、有害廢棄物遍布和軍備競賽等總括為能趨疲危機」；而「這已無從仰賴西方社會內部所提任何轉進式計策來『以水濟水，以火救火』，必須將原不會造成地球負擔的他方文化召喚回來以為濟渡，庶幾可望化解舉世日漸沈淪的命運。當中氣化觀型文化所體現於君子仁聖作務一環，最足以藉為使人文生態秩序化和避免自然生態繼續陷落（合為倫常不再失序）；而由此方法連結現實界眾生態發端再跨域連結靈界眾生態，自當可促成兩界良性循環理想的實現和可激勵靈界懲戒機制的合理化伸展等」（詳見第一章第五節）。

　　上述該邪惡面蘊涵的邪惡性邏輯，乃在它不當的作了偷天換柱式的嫁接而讓利欲轉成義行前提，企圖自我合理化僭取利益的正當性。本來在實然利和應然義之間只有捨和取的問題，而沒有任何邏輯可以連結它們成一個道德命題。如果有的話，那就不在我們這邊而明存於西方人的嘗試裏。西方社會古來有正義觀在範限人的行為且純屬倫理學課題，但近代興起的功利主義卻妄想結合功利和正義，

亟欲有條件地將實然的功利命題推演出應然的正義命題，而釀成甚多後遺症，可能連西方人自己都莫名當中的癥結。理由就在：西方人的正義觀歷來縱有各種效益主義或公平理論在支持著（Mortimer J. Adler，1986；John B. Rawls，1988；Plato，1989；Arthur M. Okun，2017；Alex Callinicos，2018），而從倫理學上所有應然的道德規範也無法從實然的現實事物推論得到（如從「張三沒有錢」導不出「我們應該給張三錢」）（臺大哲學系主編，1988：121～145）；但在一種制約性義務或法規性義務的限定下，卻被認為從實然的前提確實能夠推演出應然的結論（如從「我答應給張三錢」就可以導出「我應該給張三錢」）（黃慶明，1985：183～207）。就因為有這種承諾法規的存在，使得功利主義和正義課題二者開始產生巧妙的係聯。也就是說，功利主義的效益考量（所有行為的是非，都必須以它能否增進人類幸福為判斷標準）（John S. Mill，1962），在某種程度上會合理化個人的行為。比如「自利可以促進物質福份的增加」的變相功利主義信條，就會隨著出現而受到肯定（周慶華，2003：163～164）。而這被社會契約化了以後，公平正義就由它的效益來從新界定，造成實然的功利無慮足以推演出應然的正義：也就是既然自利可以促進物質福份的增加，那麼大家就應該追求自利，並且不能阻止或妨礙別人追求自利，馴致正義論在此處全然獲得了保障。而後果則是資本主義和殖民主義就這般也被西方人予以合理化了，因為那也是要讓普世人都能享有物質福份，不應該遭到反對（周慶華，2020b：60～61）。

　　事實上，自從功利思想和正義主張結合在一起以後，人世間就不再有平靜日子可過。不僅如「**凡有的，還要加給他，叫他有餘；沒有的，連他所有的也要奪過來**」（香港聖經公會，1996：31）此一馬太效應始終在喚起權力予奪的猙獰面目（這種給予／奪取的權力

戲碼，就是現今西方人所帶動政治、社會、經濟和科技等全球化不斷在搬演的），而且連「光是成功不夠，還要其他人失敗」（王竹語，2009：191 引 King Vidor 語）這類違背人道的缺德行為也一再的流衍漫漶；甚至基於紅海廝殺的獲利前提「創新」，更被貼上殘忍掠食的恐怖標籤（Michel Villette 等，2010：21）。這種掠食的極致，就像當今的美國絕不放棄在軍事、經濟和科技等方面領先世界各國而維持它的霸權（Josef Joffe，2007；Joseph S. Nye，2011）；而該霸權所伴隨著對他國的干涉，早就使它變成最大的恐怖主義國家（近半個多世紀以來，美國在世界大半個地區動輒訴諸武力而受害者不計其數）（Noam Chomsky，2003；2010），這就是創新的真實面目。因此，西方人走的這條功利變正義的邏輯道路，顯然偏移傾圮太過嚴重了，誰也不敢打包票它有足夠理由叫人繼續信從！再說是不是真有天國可去仍然未知，而能確信的是我們還要在這個地球上生存，如此荼毒險惡人心和糟蹋蹂躪環境的行徑，形同是要把大家逼向絕境，苦果永遠會在及身應驗嚐盡（周慶華，2020b：62～64）！

　　也正因為有君子崇美的應然義行對比著小人危墮的實然利欲見證了，其他如禮孫信等德行善惡等差的對比理當也可據此類推去取得一定的效應，從而顯示兼跨系統的對比依此能夠高架明照（也就是未經此一對比則也難以看見終極覆頂的對比前路有數）。

第五節　跨系統的對比覆頂

　　兼跨系統的對比高架後，自然就到了跨系統的對比覆頂階段。而這又是所謂更顯切要對比的最後一關，總要藉這一機會來彰顯君子學無可取代的特殊優著性。由於覆頂是已屬終點工程，它的在高架後加蓋的完構式演出，定然要有比前者較為複雜的程序得設定，

以致此地所擬議的對比項就不啻要廣涵一點。

　　所謂廣涵一點，不是在內蘊窮究一切的想望，而是僅就可能的寬延量度予以攝製，試為給人從制高點上來看清對比君子學的可驚嘆成果。而這則有「君子修身 VS.紳士培訓」／「君子仁愛 VS.教徒博愛」／「君子人智 VS.哲人神智」等幾組更能見真章的繁衍式對比項（比前面顯性光譜上的對比擴充或深化些）可納入以驗效能；所取徑既是用來充當又是別無他尋的新式定調廣涵一義（也就是讀者不必苛求要多麼的廣出例示才算是道地應驗了）。

　　首先在「君子修身 VS.紳士培訓」方面，跨系統的對比，自以西方盛行的紳士（gentleman）品類為恰當對象。西方的紳士源自古代護衛貴族的騎士階層；後來貴族沒落，紳士就自我演變成高踞社會等級秩序的頂端。他們有錢，可以享受較多的閒暇（Thorstein Veblen，2007：42～64），並且還能僱請僕人來服務（Jules Verne，2002），早已為保住極多的物質優勢以及權力和榮耀等而形成一特殊的資產階級（Jeremy Seabrook，2002：13～28），從此跟工人階級和無產階級判分兩橛。此外，紳士為了區別於他人，還會在外表服飾上特別講究，全然仿照騎士所穿盔甲而著裝：襯衫領帶外罩或緊或鬆外衣長褲，孤立顯眼，魔力西裝一名已經不逕而走（Nicholas Antongiavanni，2007；辻原康夫，2006）。至於飲食養生，所一向崇尚的精緻料理和使用繁複餐具以及規定許多餐桌禮儀等（Heidrun Merkle，2004；Felipe Fernández-Armesto，2007），那就更不在話下了。從各自的文化背景來看，紳士和君子的養成過程大相逕庭。紳士在西方創造觀型文化所體現的上帝造物觀念底下，由優選意識的額外孳生，然後輾轉塑造出世間乃有貴族／騎士／紳士（新貴族）一路，佔據要衝，終致成為支配階級（此時已顧不及人都是受造者所應有的平等意識）。而為了延續這個命脈，所有的社會建制都會環

繞著它而計慮實行（Niall Ferguson，2013；Bill Emmott，2018；Scott L. Montgomery 等，2019）。尤其是教育這一最具維護該權益的措施，西方的菁英自己無不卯足了勁在這上頭動腦筋。像英國古來就有貴族學校（如牛津／劍橋兩大學）、甚至還有專門培養紳士的學院（如伊頓學院）（蕭曦清，2013：74～81）；而其他各國所存大學原初設立也都是想為菁英保留一個可以「生生不息」的機會，馴致所有繼志辦學的人無不在博雅教育和專精教育間不斷地推陳出新（那都是要保障各類菁英能得著所需專長而永久擁有統治權或支配權）（Clark Kerr，2009；Robert L. Belknap 等，2009；Fareed Zakaria，2015）。反觀君子在中國傳統氣化觀型文化所體現的精氣化生萬物而行團夥為生的觀念底下，他乃是被幾經衡量試煉所選擇必要如此安生益世終而確立的。因為此間人無所他求或別無寄託（不像西方人有上帝天國可以榮耀嚮往），而彼此相處又不能沒有高度的道德自持作為中介，所以君子人格的形塑推衍也就成了和諧社會的終極保障。由於人本身就是精氣內具成的，而精氣又有純度的不同，因此凡是覺得自己實屬鍾靈毓秀的，無不想晉身為羣體的表率（以為圓滿一己在世的存有），以致已成為君子猶有不足的，就會再上契為稀罕的仁者或聖人，使得中土的人際關係網絡也不乏理想道德的引領歸趨（當中教育不過是在強化這一精神理念）；只是那終究不會像西方人在得著便宜後，膨脹自己變成上帝第二而返身積極於支配殖民他人（擴大影響力）（Reinhold Niebuhr，1992：58；呂大吉，1993：681）。經過這樣的比較，終於可以明瞭君子權在修養而紳士得靠培訓的由來。因為紳士要晉身為支配階級（以上帝為榜樣），他所得熟悉各種事務以及要練出一身特殊的質性等，都必須集中社會資源來摶造，致使西方相關的教育施設要比他方世界發達；而在他們實際取得連類巨大成就後，還會想要輸出前去殖民世界各地的人。這也就是近

幾個世紀西方人透過軍事、科技、經濟和政治等手段實力到處掠奪征服的情狀,他們已經過足了類似上帝支配祂的子民癮頭！也因此,我們所看到的宗教信仰的強加、民主政治的傾銷和資本主義的劇力移植等一連串的全球化風潮,就都是那橫掃心態旁衍的結果。他方世界的人有不從的,暗中還會有秘密手段迫使對方就範（如以三K黨式的私刑黑人或共濟會的企圖消滅劣等人種般的殘暴恐怖行動威嚇反對者）（Jonathan Barker,2005；海野弘,2011；何新,2012）。相較於栽培紳士（菁英）的社會,君子所在的國度就一向僅藉道德自持來撐起它的洵美容顏；而作為一個君子除了在自我修養中不斷以不爭不黨不驕的態度面世（邢昺,1982：26、140、119）,他不可能會別為異想去宰制他人以取得絕對的優勢。致使一個純然的日新其業和中庸儀行的美好境界（孔穎達等,1982b：984、897～898）,也就不失為宛在眼前而有望成真了。這一差異,完全緣於紳士乃由外範,而它增衍後勢必會導致無窮盡的文化殖民災難（以索得他人臣服的承諾）；君子則仰賴內蘊,而修養有成後社會只可能更見融通和樂,不會出現不當的權力宰制或推擴出去施暴他方世界（周慶華,2020b：43～50）。

　　其次在「君子仁愛　VS.教徒博愛」方面,跨系統的對比,也自以西方流行的教徒所有博愛觀念為合適對象。基本上,道德作為實然人際關係的應然行為規範（先不論所需要的前提條件）,在中國傳統上它又被推到必要君子所上契修為仁愛（推己及人的換稱）的境地。這是相應於氣化觀此一世界觀而對倫常所作可能的極致性限定,早已在中土社會繁衍為一強化版的德業光譜,也就是由仁心→仁行→仁政所構成人的在世存有典則（很難想像大家在過集體的家族或政治生活時,不靠推己及人的仁愛修為而只顧自私自利,那將會是怎樣的恐怖情景）。換句話說,從有仁愛的心意到化為仁愛的行動到

施作於仁愛的政治後，一個具充分道德浸潤的社會就能成形（孫奭，
1982：14、45、66、202）。這時所抽離出來的仁愛概念，在整體社
會還未能如此踐行前，它就成了對人的「至高道德的呼喚」（理應以
聖德為最高，但聖德所期待於聖人僅限於能博施濟眾的居高位者，
不如仁愛也可以普遍寄望而顯相對的至高性）（邢昺，1982：5、26、
44、123）。但很遺憾的，這樣最契合國人所需的德行精蘊還在期待
全面落實之際，一個新式的道德命題及其相關的作為強來廝纏了，
它就是西方基督教興起後特別訂製且藉由數個世紀殖民征服廣被的
博愛新令。這對中土社會來說，不僅企及無望，而且還會鬆解自我
只需求於仁愛的警覺。也就是說，當國人發現他方好像有更宏闊規
模的道德廣度後，一旦短少了思辨鑑別，難免就會由歆羨轉為暗自
悲憐；殊不知那根本是鑿空立論，早就深深埋下了偌多不安的因子。
緣故就在西方博愛教條所明訂的「要愛人如己」（香港聖經公會，
1996：53～54），從來就是一個大為違反人性的指令。它的詭為奇巧
不只包括「要愛你的仇敵」（香港聖經公會，1996：6），並且還得高
度忍受「有人打你的右臉，連左臉也轉過來由他打」（香港聖經公會，
1996：5）這類莫名的恥辱。這別提對非西方世界的人來說完全無法
想像，就連西方世界的人也不斷在發出疑問。如「如果徹底遵守這
個誡命，我們勢必跟自己本能的行為以及現實世界的境況決裂」
（William James，2004：338）、「愛的感覺是無法強求的……『尊重
別人，雖然你並不愛他』肯定是比較容易實踐的要求」（Richard D.
Precht，2010：309）和「這種博愛的心腸，不論是多麼的高尚和寬
大恢宏，對任何人來說，很可能是一個使他無法真正快樂起來的原
因」（Adam Smith，2007：424）等，都暗示了博愛只是在打高空，
進入現實社會它就得處處見疑而變成人性體現道德的一種障礙。但
很無奈的，它卻早已在宗教強勢推動且結合政治／軍事／科技等力

量傾銷到世界各地；而國人從近代以來所迫於該一文化征服的，也同時自我喪失了洵美的格調，從此情意四處流移而道德也漫無止歸。儘管有人極力在為博愛這種教條作辯護，聲稱那只是表達意願而非指真實的情感狀態（C.S.Lewis，2010：163～164），但有關它的無止盡發衍，確是給自己帶來了具反諷性的負面效應：不只教內的信徒不接受而讓它徒流於形式（劉增福主編，1988：73～74），還有因實際仇敵環伺所引生的恐懼也會使它遭到徹底的背棄（C.S.Lewis，2016：147～153），以及某些強以它作為立國精神的國度（如法國）更是一向不乏排外和種族歧視的紀錄（吳錫德，2010：212～213）。此外，因諸般因素而朝向它反面走去的惡行（如德國人虐殺猶太人），也早就穢跡滿目（C.S.Lewis，2016：166）。這在先前的十字軍東征、宗教內戰和殖民征服過程中所進行的種族屠殺等（Christopher Hitchens，2009；Ian Buruma 等，2010；Karen Armstrong，2016），不啻全然見證著錄了一部博愛的匱缺史。致使那些還在宣稱博愛是一種無私的愛而肯定基督教對人類文明的深遠影響（Alvin J. Schmidt，2006；Philip Jenkins，2006），以及從宗教改革中覷見新教倫理有助於資本主義興起而推動了現代化的進程（Max Weber，1988；Brian Wilson，1999）等言說，就都刻意略去裏頭的血腥染色及其生態災難蔓延的事實！察考情況所以會演變到這個地步，關鍵就在博愛教條實際上是為佞神而存在的。由於基督教還預設了違背上帝旨意的原罪：「罪是從一人（指亞當）入了世界，死又是從罪來的，於是死就臨到眾人，因為眾人都犯了罪」（香港聖經公會，1996：168），以致最終要尋求上帝的寬恕，此項罪惡才能得到洗滌。而這點訊息，就蘊涵在它更優先的誡命中：「**你要盡心、盡性、盡意、盡力愛主——你的神。**」（香港聖經公會，1996：53～54）。換句話說，只有愛上帝才可以得救，而「**要愛人如己**」（見前）這一僅僅是仿神

愛人的信條就成了幌子，基本上是可有可無（有也未必保證可以得救）。至此大家也當明白，凡是主張博愛世人而最終卻都走向它反面的，就是有這一懺罪的情結在背後起作用。正因只為了自己冀神救贖而不信賴同類（人隨時有犯罪墮落的可能），馴致所有對他人的壓迫、改造和殺戮等行徑所顯示的塵世性罪孽也就無關宏旨了。這也就是數個世紀以來，西方人多方排斥異教徒，並隨同或鼓勵殖民主義去侵略他國，以及興作資本主義四處掠奪財富（以便自我可藉以榮耀上帝且優先獲得赦罪而重返天國）和耗用資源等，而種下能趨疲深重危機的原因所在。顯然面對現實世界這一長期以來由西方人所帶出的盲目犯行，純粹的諫諍恐怕已嫌不夠，而得有足以取代它的仁愛觀念推出且寄望瀰（文化基因）效應的發生，才能延緩能趨疲危機的到來。由於仁愛德行盡在塵世實踐，所考量的全是為了綰結人情／諧和自然，對於創造觀型文化所隨博愛觀念曲為衍發的挑戰自然／媲美上帝舉措（這是西方人在衝撞世情且逞能超常時的自大逾量表現），特別有予以對治反轉的作用，想要救助渡世的人都不好錯過這個先機（周慶華，2020b：67～78）。

再次在「君子人智 VS.哲人神智」方面，跨系統的對比，也自以西方風行的哲人神智為匹敵對象。就可考得的層面來看，孔子所誨教的種種有關君子作務的道理，可以說盡是在人智的體現。縱使那背後或許會通綰天命的規約或賜予（邢昺，1982：63、129、180），但在無可察知明確訊息的情況下，是人就得如此面對而有相應的智慧表現，直往而無誨的自我承擔起來，並且得在有餘力時不妨連帶提攜他人，一道共締勝境。換句話說，有秩序的社會生活是靠君子人智發用踐履的結果（小人嗜欲好利和卑賤猥瑣斷不可能仰賴他們來成就絲毫），而它就顯現在君君／臣臣／父父／子子的人倫節概上（邢昺，1982：108）。歷來凡是屬治世的，無不緣於相關倫常的高

格及其普遍得到奉守；而即使遇著亂世，也因為仍有君子守節在作中流砥柱，脫序的社會不難恢復，而從新還給大家一個穩定的美善化生活局面。也因此，中國傳統所見的氣化觀型文化，就是在應需介入君子人智發用而優為定型的，它整體上極度顯現出縉諧人情自然的倫理特性，並且早已在人類歷史舞臺上獨立生姿（自成一大文化系統而以雅緻帶韌性的魅力行世）。但很遺憾的，這在近世遭逢西方哲人神智強力進來搶風采而破局了。表面上那是搶風采，實際上則是在劫掠改造！因為整個西方文化透過留學生、買辦、宗教夾帶、跨國企業、政治壓迫和科技威脅誘惑等多元管道大舉入侵，而將一個不務躁動生事的高華生活模式徹底翻轉！依序先是軍事行動藉故闖關逼仄（如鴉片戰爭／英法聯軍／八國聯軍等），而後則是一神教義／民主信念／科學成就等連番強行輸入，紛紛佔據分化此地人心，以及扭曲中土政治制度／經濟運作／社會營造的面向，從此舊有秩序崩解，君子人智無處發用，民心難有歸趨！考察西方人所以會那麼熱中民主科學，已知那無非是立基於他們所信守創造觀這種世界觀且由哲人神智發用的文化特性上。這一特性的成形，則是西方人普遍相信（誤信）宇宙萬物乃神／上帝所創造，而緣此內蘊的平等受造意識勢必再有分享政治權益的民主籲求；此外無止盡發展科學，則根本是為仿效造物主的風采（古希臘時代的主神造物後來被基督教的單一上帝造物所收編），在塵世締造可藉以榮耀祂的高度成就。兩相促成，就奠定了以挑戰自然／媲美上帝為特徵的創造觀型文化一系（詳見第三章第三節）。至於哲人神智，無異是一體成形的產物。它起因於古希臘人把所有的智慧統歸造物者所有（讚許祂為智者），而世間最聰明的哲人只是研究該智慧有成的愛智者（Plato，1986：141～231）。但這樣區別不可能讓人滿意，爾後那些自覺學識高超的哲人終究會逕自走上代造物者立法的路途，於是一種迥異他系文化

的哲人神智模態就逐漸形現在世人的眼前。好比一經 Plato 理型說
（Plato，1989：457～500）的創發後，就有 Rene Descartes 的自由意
志說／Immanuel Kant 的純粹理性說／Georg W. F. Hegel 的絕對精神
說等競相出來標新立異（Rene Descartes，1989；Immanuel Kant，2004；
Georg W. F. Hegel，2013），都是從該項觀念延伸而來。它們既開啟
了一種特殊形態的存有學，又主導了西方文化向境外擴張的進程。
後者是說這類代造物者立法的行徑，最終不免會自我膨脹而強去推
廣成為普世所得接受的真理。而不論能否風行，他們都可以宣稱自
己已經找到造物者的智慧所在，於是哲人神智就這般矯為自我冠冕
了。此後科學跟著興起，舉凡天體學、力學、電磁學、相對論、量
子論、資訊學和遺傳學等紛然迭陳（Nathan Spielberg 等，2004；Steven
Shapin，2010；Richard DeWitt，2015），也莫不一起卯上同樣代造物
者立法的行程。雖然有部分科學家不相信該一人格神造物的能耐而
別為推測宇宙受制於某些神秘力量（Jim Holt，2016；Gary Hayden，
2016；Ronald Dworkin，2016），但他們的信念並未出格，仍舊體現
著神智式的思維。而這種種則影響更為深遠：所有技術的發明，以
及發展為軍事優勢和經濟實力等，最後都藉由支配手段向世界各地
傾銷，而在精神上或制度上實現了神智（比照造物者的能耐）的統
治夢想。世界從此被迫一體化，相關的殖民禍害和戕天役物後遺症
也跟著一體化，人類因此而不得寧日！基本上，神智和人智各自所
面對的情境並不相同，而彼此根據的創造觀和氣化觀也在理上無法
共量。當中神智的出現是要去逆推造物者的意識而來解決塵世得如
何運作的問題，結果是「造物者不與」而哲人代為立法了（然後體
現為法制來規範眾人的行動）。由於這一立法是自我絕對化（一音定
錘），所以一開始就想凌駕，導致有那些籠罩性的觀念或理則紛紛出
現而迭代炫異的推動了西方文化的進程。殊不知那全是比擬自己所

信仰造物者的創思，亟想從中取得絕對的主導權，而忽略或根本漠視不同族羣各有自己的世界觀，不能如此強人所難而迫使對方屈服（不從就想辦法加以懲罰或逕予消除，一如造物者可以在不滿祂所造子民時以災變將他們毀滅那般）。至於人智，則純粹是起於針對精氣化生物所結成的現實而思考如何使它有效率的運作。這中間主要以斟酌人我關係而透過道德自持來進行社會化的生活，不尋求額外的制式約定，也無所期待有神介入在終極上解決人世可能的紛爭（不像神智在代造物者立法時會盼望神／上帝進來作最後的仲裁）。因為人智的發用在現實中有漸次取證的限制，無從也不會反過來強顯凌駕姿態（畢竟人際互動已嫌不足，盲目凌駕他人豈不是在自絕生路）；再說它所行道德，向上升轉（如成仁成聖等）越見困難，不經由黽勉學習且精進修養而但圖僥倖，根本無法應付自如。以致將人智提高它的能見度，也就成了維持社會秩序最切要的事；否則倘若像神智的發用，那就得有更多的配套措施（造成法令多如牛毛）才可望安定大家的生活。因此，神智看似皇然實為無當，而人智看似淺近實為至要，二者判別有如參商（周慶華，2020b；85～100）。

　　從上述可知，跨系統的對比實質上也是兼跨系統的對比，差別只在它所多出的紳士培訓／教徒博愛／哲人神智等事項好像已非小人行徑可比而得有所甄辨，其實那都是或遠或近的關連到相同質性，如何也搆不上君子德行及其作務級次。但為了容易看出君子 VS.小人課題有可多方擴衍的才如此略作區別，重點乃總以兩大系文化的不相容為念而得深加期待有君子守節的一方來對治時代失格始能完篇。

第六節　總匯為君子學的方法論實踐初階

對比君子學一題所囊括的「君子學的對比隱求／非君子學可藉為襯托顯能／系統內的對比奠基／兼跨系統的對比高架／跨系統的對比覆頂」等子項，合而可看出君子學方法論實踐的一斑；而這一斑又能體現該實踐的初階性意涵。換句話說，相關君子學方法論的實踐只有透過對比君子學一題先行墊底論述，往後凡是別有推衍的才知所對照取則或進益致勝。因此，本題所囊括各子項乃屬總匯為此一初階名義，它們已克盡「自我顯能」的任務了。只不過內裏還存有些小罅隙，理應再添綴數語將它們補實，所論才算可道地的告一段落。

這約略有系統內的特定可對比項未計入、跨系統的對比仍有遺韻待理和總歸君子的應然德行加被眾人如何可能等課題得給予相當程度的疏通（不然連上述所作對比都會從新再被質疑它單取的適法性），所謂君子學方法論實踐的初階性才真正有著落。現在就依次論列如下：

首先是有系統內的特定可對比項未計入部分。這是指自我文化系統所存在的異質聲音，它也應有先行對比後才判定誰該出局的必要性（此一出局乃相對上權宜的予以擱置而跟異系統的全然不相容性有別）。如道家一面的固守安頓己身和墨家強推的兼愛他人等，但它們都已被驗證不如仁愛有益於秩序化生活的營造。也就是說，前者（指道家的主張）或許可以實踐在小國寡民且人人能夠高度自律的社會中，但只要人間組建複雜化了，想要過絕聖棄智或捨斗折衡的素樸生活（王弼，1978：10；郭慶藩，1978：160），就猶如天方夜譚，永遠不可能如願。而後者（指墨家的主張）所心欲的「視人父如己父，視人子如己子」（這是由「視人之國，若視其國；視人之家，若視其家；視人之身，若視其身」和「是以老而無妻子者，有所侍養，以終其壽；幼弱孤童之無父母者，有所放依，以長其身」

等兩段文字所結論的）（孫詒讓，1978：65、72），勢必造成人倫大亂，以至於難以持守，也不免是空中樓閣，可望不可及（按：這彷彿跟西方的博愛相似，卻又不能混同。因為西方的博愛是人我不分，而墨家的兼愛是親疏不分，彼此質性有差）。它們的偏頗或奢想過度，孟子早就批判過了：「楊氏為我，是無君也；墨氏兼愛，是無父也。無父無君，是禽獸也。」（孫奭，1982：117）這罵的是激動了一點，但真的等到無父無君的亂象出現後，想必道墨二家也只能徒呼奈何，再也擠不出什麼良策來因應〔仁愛所施以「親親而仁民，仁民而愛物」（孫奭，1982：244）此一次第為準的而不能躐等；否則一定會大為亂序〕。於是儒家一開始掌握這倫理的大關要而給予高格的提振，就成了中土社會不作他想的佼佼領航者（周慶華，2020b：81～82）。

　　其次是跨系統的對比仍有遺韻待理部分。這是特指另一由印度佛教所開啟緣起觀型文化在尚未列入對比項前，都算是待理的遺韻（跨系統的對比義沒理由缺此一角）。緣起觀型文化乃相信宇宙萬物為因緣和合而生（無實有性），且繁衍出人生是一大苦集（執著於宇宙萬物的實有性而自惹煩惱痛苦），最後要以去執滅苦而進入絕對寂靜的涅槃境地為目標。所謂「若法因緣生，法亦因緣滅」（施護譯，1974：768 中）、「此有故彼有，此起故彼起……此無故彼無，此滅故彼滅」（求那跋陀羅譯，1974：92 下）和「是故經中說：若見因緣法，則為能見佛，見苦集滅道」（鳩摩羅什譯，1974：34 下）等，就是在說明這個道理。它跟氣化觀型文和創造觀型文化並列為世界現存三大系文化。而推測它的來由，當跟早期雅利安人入侵印度帶進西方文化而跟中方文化輾轉相遇後逐漸變異有關。如圖所示（以提領各自文化的世界觀標目）：

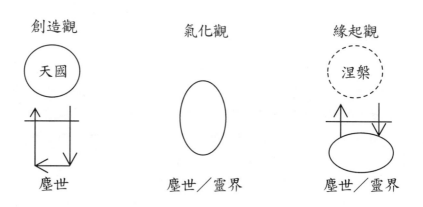

緣起觀型文化所設定涅槃（佛）境地是超脫後的狀態，本身為虛有物（所以用虛線圖表示），跟創造觀型文化所設定天國具實存性迥異；但因為它既有此一比擬，則可知內裏不乏帶著蛻化自對方的痕跡。至於它另外設定未超脫時生命流轉所在的塵世，很明顯是受到氣化觀型文化的影響（後者所設定塵世／靈界同處一個空間它也一併認同了），可見它居間形態的一斑。這種但求解脫而不務俗事的文化取向，看來是最有可能奮進而在對治時代失格的功能上跟氣化觀型文化一較長短（相對的它已日漸遠離創造觀型文化的無形籠罩而反能迎面對諍）。縱是如此，這很有可能是搭配雙贏而不至於會相互壓倒或輸者退場。畢竟這一文化形態只有那聖諦脫苦的前階慈悲一格可以用來比配，而慈悲的倒駕慈航性如「如來之性，實無生滅；為化眾生，故示生滅」（曇無讖譯，1974：416 上）和「觀世音菩薩，不可思議威神之力。已於過去無量劫中，已作佛竟，號正法明如來。大悲願力，為欲發起一切菩薩，安樂成熟諸眾生故，現作菩薩」（伽梵達摩譯，1974：110 上）等，嚴格的說頗有近於博愛而終究會淪為

救助繁亂或不勝救渡的下場，的確不如仁愛來得可以應時且切合人心所需（周慶華，2010：145～159）。但緣於它本有摒除物欲少耗資源的前提，所以聯合來一起致力於匡世的偉業，仍然是所至盼。即使如此，就為造成較合理的秩序化生活來說，仁愛德行的提倡還是得趕在前頭。這麼一來，中國傳統氣化觀型文化在從新益世上，就憑著這個優著點而可望發揮莫大的功能（周慶華，2020b：82）。

　　再次是總歸君子的應然德行加被眾人如何可能部分。這是另指理論的完善性要求而後設強徵的考驗題，它在未經解答前勢必是一隱性所存有待處理的對比項。換句話說，君子的應然德行是無法從小人的實然本性推演出來的，而如今既然要倡導君子的應然德行又如何能避免普世盡是小人當道而寄望不得君子出線的兩難困境（化解不了的，就會以對立的姿態回過頭來威脅君子論說的成立）！這在因應上，本來也可以仿效第四節所提及規約論隱然有的正面作法（規約論的高價化理應要以義為義始為正面作法，但它卻降格或走偏而以利為義），而以「我們能設想有德的君子，所以我們應該努力成為有德的君子」一個命題作結，但總嫌裏頭的制約義務或法規義務的驅動力太弱，倒不如採終極解決的辦法而將此中理路定格在「人有無限可能，以致自我鞭策成就君子這種優著人格（並再向仁者／聖人的超卓境地邁進），也就成了特為高價的證驗行動」。這有取孟子性善說捨荀子性惡說的影子，卻又獨顯自能暢論本事（性善說所蘊涵人會為惡一事破解乏力，在此則全數免除）。

　　經過上述這一連串疏通，裏外顯隱的對比項儼然都照顧到了。因此，前面所說的「本題所囊括各子項乃屬總匯為此一初階名義，它們已克盡『自我顯能』的任務了。只不過內裏還存有些小罅隙，理應再添綴數語將它們補實，所論才算可道地的告一段落」，這從本疏通不啻是可為對比君子學找到恰切的結尾。

第六章　典範轉移後的君子學樣貌

第一節　君子德行踐履的典範課題

君子學的方法論實踐，自以不取舊方法範式僅止於闡述或隨機紹繼的實作而優先呼應寓新方法提供於對決舊方法一理；於是所嘗試建立的新範式則以相契新方法的前提／新方法的體質式健全要求／新方法的理論建構向度等套裝規則來鋪展，並且從新方法的理論建構向度中特別顯眼的價值意識一題出發據為批判西式文化無理凌駕遺禍以取得自我推廣的正當性（詳見第四章第四節）。這在舉隅過了〈對比君子學〉以為印證成效後，則不妨再加碼別為例示一項〈典範轉移後的君子學樣貌〉而續以展現相關實踐的力道。

所以要有此一試煉見證，乃因為裏面有一個「君子德行踐履的典範課題」存在。這個課題關係著君子德行所能被踐履的容受度或希准度問題，雅不希望被模糊焦點而任由典範轉移卻又不知內裏的癥結。依照第四章第二節的舉示，典範既然是一種踐履君子德行的方案（不論是孔子時代所已定的還是此地我所嘗試新設的），那麼它的可變動性（方案會因各人抉擇而有所差異）也就成了典範轉移的常態，無論誰都不好在這個關鍵點上有所猶豫於研判或去取。但難就難在憑什麼要轉移典範，以及有何條件制約和該轉移本身又保證了那種高價事等，這些問題不給予解決以前是沒得有效談論典範轉移一事的。也因此，「君子德行踐履的典範課題」要成立，必是有上述的因緣在背後促動著。

這個課題，很明顯是攸關君子學方法論實踐能否真正開新且屬內建理論中的一個重要環節（略有別於前面所述對比君子學該一涉外加值說帖／即使該說帖也已強顯君子學的方法論實踐初階意義），

一旦錯過了條理其他同為內建理論的相關實踐很可能會係聯無著，所以率先把它帶出來驗證在整體上就有進益方法論實踐的功能。倘若根據前面的引述（詳見第四章第二節），典範的典範性是一個不穩定或非固化的詞彙（會或要被革命取代），以致任何已成典範的理論都可能在某些變項介入而失去它的權威性。這麼一來，君子德行踐履的典範課題，也就是一個可鬆動的對象，正視它乃僅是為了揪舉君子德行踐履本身不可能恆常一式，所有已見的典範加被都要在這一認知前提下從新看待。

　　雖然如此，君子德行踐履典範的可鬆動性，也只限於君子德行內部認定的寬鬆或詳略而不涉及有無或損益一類岔出性的議題（後者形同是在奪嫡，此地定然不會將它攬入來自亂陣腳）。而這則不妨從典範所曾被議論的某些情況說起：如果以 Thomas S. Kuhn 在《科學革命的結構》一書中暢談典範轉移的階段變化為基準，那麼他所發掘科學理論的成立原先是由共識在決定的，而後隨著異議產生，挑戰科學真相和信仰的危機也跟著出現，這就不免會促使大家重為審視先前的共識，找出裏頭的盲點或缺漏，終而發生了典範的轉移（Thomas S. Kuhn，1989）。這當然跟科學家改變他們探索世界的參考座標有關，也跟塑造他們所爭辯主題的新模型有關。但別有如 Karl Popper 卻在他的《客觀知識──一個進化論的研究》書中提出更嚴格的可否證性規則（Karl Popper，1989）來反駁典範轉移的新模型說，二人也就因為見解歧異而辯得不可開交（Steve Fuller，2013）。晚近則有如 Michael O'Sullivan 撰寫《多極世界衝擊》一書嘗試在調和各家的論說，而以新觀念的醞釀成功才是典範轉移的樞紐為訴求（Michael O'Sullivan，2020）。上述這些實際上都算是說中了典範轉移的一些必備條件，但都不夠充分。也就是說，典範轉移一樣無從脫離權力欲望的發用／意識形態的介入／文化理想的支持／科際整

合的趨向等變項的制約（詳見第一章第二節）。有此機制在先，相關的新模型、可否證性和新觀念等屬操作技藝或檢證策略的元素才會在應須中被選入一起進行典範營造或更新的工作。因此，談君子德行踐履的典範課題自然也得在同一範疇中予以掂量而沒有多大可伸縮的空間。

比較上述機制中各次項，權力欲望的發用／文化理想的支持已居領航地位殆無疑問（當中文化理想的支持在自覺的情況下會從附加性升格變成跟權力欲望的發用強力合謀而決定一切作為的進趨）（詳見第四章第三節）；而意識形態的介入也早有所選定內著於範式中；所剩科際整合的趨向此一在出論上最可見真章的變項（理論更新就靠它在質方面取勝／縱然它就理序來說也是附加考慮的），也就特別有予以一番詳辨或甄別的必要性。

所謂科際整合的趨向，是指有關君子德行踐履的典範從營造到更新（甚至再更新）等，每一關都得透過具新意的科際整合程序才能達陣（倘若是胡亂整合學科而不具新意，那麼它只會徒留笑柄而無助於典範性的建立）。而這具新意的科際整合，乃在備有共同的設定／共同的構造／共同的程序／共同的語言等條件下（殷海光，1989：325～327）而將相關學科有機的整敕合夥來處理或解決問題（周慶華，2007c：235～239）。如圖所示：

新學科

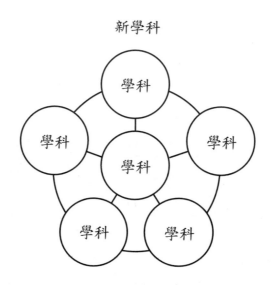

　　將相關學科整敕合夥來處理或解決問題後已自成一新學科（不是任何一個舊學科所能範圍）。這新學科因擁有各學科的成分而在相對上至少能展現一定繁複式的新意；如果所選擇來整合的學科本身又帶有前瞻性，那麼該新意又會更添姿采。而這在本脈絡早已有機的選定文化學方法／生態學方法／未來學方法等可撐起此一具高度新意的眾學科方法（可回溯該眾學科的內涵）（詳見第四章第四節），以致關於君子德行踐履的典範課題無疑的自有可說處。

　　大體上，這個課題所註定要面對前面所說的「憑什麼要轉移典範，以及有何條件制約和該轉移本身又保證了那種高價事等」問題，已經自行設限了即將要說的容許有「自我內蘊的準典範革故需求／更新典範另有外加的期待／為君子德行設立一可質能轉換式的配備／典範轉移後有利君子德行的從新高揚」等層面。依序前兩個層面是一後設析辨取徑，為的是要把典範所蘊涵的可鬆動性作一裏外面向兼攝的剖判；而從第三個層面以下，則是在符應前者的憑藉說及

其科際整合制約條件內化後所能展演自顯高價的轉移典範例示。當中設立一「質能轉換式的配備」，是權為採用的形式方法（有別於文化學方法／生態學方法／未來學方法那些內容方法），期許有助於君子德行的從新高揚，而底定君子學方法論實踐的進階意義。這將在後面各節中予以一一的敘說，以見典範轉移後可能的君子學樣貌。

第二節　自我內蘊的準典範革故需求

原在君子學發生的時代，相關論點或基礎工程都已設定或建立好了，這本毋須額外有疑慮或強行給它汰換什麼！只因為該相關論點或基礎工程要落實於具體情境以求證驗的過程，總會發現（設說者自己察覺或見證者代為察覺）裏頭尚有實質論域待定的問題，從而產生了一個自我內蘊式的準典範革故需求。這種準典範革故需求，全來自論說本身多少會有罅隙難彌或抽象層次來不及降低的新變項存在，從一開始就註定它得在一番自行究詰中被新典範取代了去。由於該革故性是潛在有的（有別於外加的更新期待為顯在有的），所以才斷定它是一種準需求（表示它隨時會躍上枱面自我進行必要的典範變革）。

這從《論語》一書所示，多有此類訊息可以用來證成。如孔子給君子德範賦義建制（使他備具內質義外飾禮孫信此一彬彬文質形象；而有餘力，則再上契仁聖德能）猶有不足，又再隨機提點了一些雖然可在上述德範行列卻又略嫌語意莫名、甚至恐會相互鑿枘的節操〔好比「君子不憂不懼」／「君子有三畏：畏天命，畏大人，畏聖人之言」／「君子矜而不爭」／「君子疾沒世而名不稱焉」／「不知命，無以為君子也」等（邢昺，1982：106、149、140、180），這不但未明所不憂懼對象為何，並且還跟三畏說難以融和無間；此

外既然已經不爭了，卻又在意沒有好名聲傳後以及強要知命才有益於立身，顯然都有逸格難遵的嫌疑〕，這類現象倘若不當它是「說到忘形」下的脫略演出，那麼就得歸為有意拓寬邊境的一種隱喻宣示。換句話說，作為一個君子德範賦義建制者，他終究會在發現論說還可以更周延或較有可看性時自動給予填補，使得後出的言語會在無形的競爭中亟欲佔據上風，而有完滿所謂準典範革故需求一義的情況發生。

又如孔子給君子的進益規畫好了仁聖範域，本以推己及人／博施濟眾德能為必要配備（詳見第一章第二節），這看來是再明白也不過了，但實際上卻有騾梏不了的對象隱隱然在討交代（希望也能被安置）。好比底下兩個例子所暗示的：

> 宰我問曰：「仁者雖告之曰『井有仁焉』，其從之也？」子曰：「何為其然也？君子可逝也，不可陷也；可欺也，不可罔也。」（邢昺，1982：55）

> 太宰問於子貢曰：「夫子聖者與？何其多能也？」子貢曰：「固天縱之將聖，又多能也。」子聞之曰：「太宰知我乎！吾少也賤，故多能鄙事。君子多乎哉？不多也。」（邢昺，1982：78）

這一問仁者一問聖人，孔子都予以降等為君子作回應，似乎在告訴對方救人於危阨乃是君子本分（仁者所要從事的是更高檔或更不容易的推己及人工作）而多能也理應留給君子去具備（聖人居高位要做的事盡在博施濟眾此一推擴式的仁政範域）。問題是難道仁者就不該救人於危阨而聖人也不必多能麼！這恐怕很難說得過去（畢竟仁者／聖人都得先成為君子後才能進益臻致，不可能像孔子那樣有意

無意的將他們區別開來）。因此，原先定義所未計入有這些類例來討
情的，都會變成它的負擔。這是論說本身內爆的情節，它的不防意
外案例隱藏的影響焦慮（縱然是出於無意識），恰好印證了準典範革
故需求的必然性。也就是說，定義不論是如何的堅確有效，它的指
涉對象都沒道理要被侷限在特定的界域內，因為抽象的概念永遠追
趕不了具體的事件（總會有額外的例子從遠近處跟該概念相對應）。
比起前項，這在自我內蘊的準典範革故需求上顯然是更切近了些。

　　又如孔子給君子形象及其進益德範所確立的準則，勢必要面對
一個社會實踐的考驗，而這一旦有拿捏不準或游移不定的情狀出現
（事實上難以避免），也無異在自我宣告著此處大有準典範革故需
求。好比孔子自己的演現：

> 冉有曰：「夫子為衛君乎？」子貢曰：「諾，吾將問之。」入
> 曰：「伯夷、叔齊何人也？」曰：「古之賢人也。」曰：「怨乎？」
> 曰：「求仁而得仁，又何怨？」出曰：「夫子不為也。」（邢昺，
> 1982：62）

> 佛肸召，子欲往。子路曰：「昔者由也聞諸夫子曰『親於其身
> 為不善者，君子不入也』，佛肸以中牟畔，子之往也如之何？」
> 子曰：「然，有是言也。不曰堅乎？磨而不磷。不曰白乎？涅
> 而不緇。吾豈匏瓜也哉？焉能繫而不食！」（邢昺，1982：155）

這都有一個「不仕無義」的倫理前提（邢昺，1982：166），看似「何
處實踐」中的關連項「為誰實踐」一題已定（前則是就孔子本也有
入仕意來說，而不涉及他後來因故踩了煞車），不必懷疑它沒有君子
自我承擔的成分在內。但又不然！理由是夾項「實踐什麼」一義未

明：當時衛國並無明君而晉佛肸處也缺賢大夫，入仕到底是要改變
上司還是要造福百姓，總沒個譜可以依循；更何況已有另一個「無
道則隱」的應世原則（邢昺，1982：61、72、138）在對比刺譏著此
事的難可解會，以致關連項「為誰實踐」不得不反向空洞化，而進
趨項「怎樣實踐」則可以肯定是無從慮及了。由此可見，當關鍵性
的「實踐什麼」內蘊不夠確切而主見未顯明時，整個「何處實踐」
的疾趨追問就會失去著力點而終究流於無謂！類似這種想要踐履君
子德行卻又覺得多有纏礙的情況，在反觀他人的表現方面也常看得
很不明白。好比管仲一人就有底下這兩面性：

> 子曰：「管仲之器小哉！」或曰：「管仲儉乎？」曰：「管氏有
> 三歸，官事不攝，焉得儉？」「然則管仲知禮乎？」曰：「邦
> 君樹塞門，管氏亦樹塞門。邦君為兩君之好有反坫，管氏亦
> 有反坫。管氏而知禮，孰不知禮？」（邢昺，1982：30～31）

> 子路曰：「桓公殺公子糾，召忽死之，管仲不死。曰未仁乎？」
> 子曰：「桓公九合諸侯，不以兵車，管仲之力也。如其仁！如
> 其仁！」（邢昺，1982：126）

> 子貢曰：「管仲非仁者與？桓公殺公子糾，不能死，又相之。」
> 子曰：「管仲相桓公，霸諸侯，一匡天下，民到于今受其賜；
> 微管仲，吾其被髮左衽矣！豈若匹夫匹婦之為諒也，自經於
> 溝瀆，而莫之知也？」（邢昺，1982：127）

所謂一匡天下／如其仁，可以保證他為君子無疑；而所謂器小／未
儉／不知禮，則又發現他恬不知恥自絕於君子行列，這樣豈不令人

懷疑他根本有著踐履君子德行上的困難，才會如此穩定不住使力的向度（周慶華，2020b：106～108）。上述這些不啻是在從形式上動搖早先所作的賦義建制（實質上該賦義建制仍穩固存在著）而讓人不禁困惑到底要站在那一邊才妥適。如果說前面所述論說本身內爆的情節要切近準典範革故需求一義，那麼此處涉及的實踐不易難題就又益加有同樣需求的切近性，畢竟說好了「該怎麼做」卻又發覺「做了反不踏實」能不回過頭來自我痛下針砭（形同要進行一場典範的變更）！

　　不論如何，上述種種都是潛在的準典範革故需求（「準」字的意涵至此可表露無遺），即使原賦義建制者並未實際自行對味調整說詞，卻也無意中引導我們觀見君子德行踐履內蘊了可能轉移典範的訊息。

第三節　更新典範另有外加的期待

　　除了自我內蘊的準典範革故需求，還有外部有所不滿或無意觸及新的機制，也可能出現類似的需求，而造成更新典範另有外加的期待一個事實。這是君子德行踐履的典範課題中尤為難以抗拒的變項，它早已彰顯在歷史長河裏而有我們據為一說或併行考索（目的都在克盡對典範轉移後君子學樣貌的描摩本事）。

　　這跟前節共構為可供後設析辨取徑所資，讓典範所蘊涵的可鬆動性一理能應性獲得裏外面向兼攝的剖判（詳見第一節）；於是「自我內蘊的準典範革故需求」屬裏面向的部分說完了，自然就輪到此一屬外面向部分的「更新典範另有外加的期待」上場，姑且回到歷史時空試為檢視曾經發生過的典範轉移後的君子學樣貌。

　　倘若說「自我內蘊的準典範革故需求」是潛在有的（得經過費

心尋繹才能察覺），那麼「更新典範另有外加的期待」則是顯在有的（不必經過費心尋繹也能察覺）。這雖然已由前節披露了一半而有待本節再行披露另一半，但事實上所謂的外加期待也只是相對義上的，它依舊要在一番尋繹下方有果效可知。換句話說，外加期待的典範更新僅是在所已形現的異樣君子學中察覺它於理有隔而判定，該表面異樣確是可在外觀上考掘得知，但有關實質性的典範更新期待則要別為解析才能定案（正因為這樣，才說這也是要尋繹一番方有果效可知）。至於想印證此項道理，取據無慮就盡在歷史時空中所發生過的案例，包括有重作界說的／有別為解會或另有所本的／有擴延用法的等模式，都足夠據以研判該典範更新的外加期待狀況。現在就一一的來展演此中繹解的歷程：

首先是有重作界說的部分。君子從爵位義轉為德行義如果以孔子的賦義建制為準則，那麼後世凡是有不依此準則而從新取例的都可當它是在重作界說（當然也有可能是當事人並未熟悉有孔子率先界說而純為個人擬想或撮取他人紹述來發論致使相互別異，但這已屬他字案而可以權為擱置）。好比《莊子》書所記載的：

> 以仁為恩，以義為理，以禮為行，以樂為和，薰然慈仁，謂
> 之君子。（郭慶藩，1978：461）

跟孔子所建制內「義」外「禮」且輔以「孫」終於「信」等一套統稱彬彬文質的核心觀念相比，這僅保留義理半格而將躋等兼拓寬邊境（混仁德為說又多添樂藝）一節來取代另外半格孫信，顯然是在挑戰原典範而有更新期待的用意存內（不然論者就毋須如此改易）。即使《莊子》書所提及的君子都給予負面評價而一併據為強化自我所發順道逍遙的主張〔所謂「今世俗之君子，多危身棄生以殉物，

豈不悲哉」和「彼（伯夷／盜跖）其所殉仁義也，則俗謂之君子；
其所殉貨財也，則俗謂之小人。其殉一也，則有君子焉，有小人焉。
若其殘生損性，則盜跖亦伯夷已，又惡取君子小人於其間哉」等（郭
慶藩，1978：418、147），正可以為證〕，但經過這樣一改易，卻也
讓我們察覺了君子學的典範更新不能不由內部轉向外部來取證，終
而確立相關理路有它的一貫性。

其次是有別為解會或另有所本的部分。本身並不重作界說而僅
體現於直接論述（沒有「謂之君子」一類界說式的用詞），只要所呈
顯君子樣貌跟孔子原先的賦義建制互有乖違的（即使它也冠上「子
曰」此一源頭相同的冒詞），約略就可判定那是在進行別為解會或另
有所本。好比《易文言傳》所流露的：

> 子曰：「君子進德修業，忠信所以進德也；修辭立其誠，所以
> 居業也；知至至之，可與幾也；知終終之，可與存義也。是
> 故居上位而不驕，在下位而不憂。故乾乾因其時而惕，雖危
> 无咎矣。」（孔穎達等，1982a：14）

這是在解《周易》乾卦九三爻辭「君子終日乾乾，夕惕若，厲无咎」，
徵引孔子說詞已不知所據，還兀自將原爻辭中君子的爵位義轉成德
行義（按：《周易》成書時代尚未見君子有具德行義的），不啻是雙
重失格。縱是如此，它所出示的理義乃屬別為解會或另有所本一路
（另有所本部分已無從溯源），可看作是在變更君子德行的範域（跟
孔子原先的賦義建制頗不相侔），也算是一種更新典範的外加期待。

再次是有擴延用法的部分。不論是重作界說，還是別為解會或
另有所本，衡量它們跟原君子德範論說的差距，大抵上約有半數重
疊，仍然可以意會它們所講的都是君子（雖然裏面已經摻有異質素）。

此外，還有一種並不理會原君子德範而逕自將該德範往外推擴，造成君子德範被屬進益的仁聖德範直接取代了去。這從同情理解的立場，可以視為是擴延用法（如果是從不同情理解的立場，就會詆斥那是在混殽視聽），也有外加期待更新典範的點滴心意。好比君子的內質義行，原來被設定時多有跟利欲相對（邢昺，1982：36、37、61），頂多再跟勇氣／使民／務民事等人事興廢連在一起（邢昺，1982：20、44、54、158），並未見有向仁德討方便的情況；而這在後人的取譬中，卻毫不遲疑的就橫渡過去〔所謂「（蒯通遊說韓信背漢而三分天下）韓信曰：『漢王遇我甚厚，載我以其車，衣我以其衣，食我以其食。吾聞之乘人之車者載人之患，衣人之衣者懷人之憂，食人之食者死人之事，吾豈可以鄉（向）利倍（背）義乎！』」（司馬遷，1979：2624），施惠者以車馬衣食相推正是仁德的表現，而受惠者感恩不忍背叛也是以仁德回報，彼此都不只是在行義，但此處卻以取譬手法在暗示義行的出路，形同是擴延了義行的意涵〕，已然有外加期待典範更新的強烈企圖。還有君子所進趨的最終聖人範域，也常在後人的設說裏強奪去本未進趨的狀態〔這從古代賢人如伯夷／叔齊或孔子同時代耿直人如柳下惠，依孔子的評價標準他們都只夠廁入君子行列（邢昺，1982：62、164），但到了孟子卻一下子將他們提高到聖人位階「聖人，百世之師也，伯夷、柳下惠是也。故聞伯夷之風者，頑夫廉，懦夫有立志；聞柳下惠之風者，薄夫敦，鄙夫寬。奮乎百世之上，百世之下聞者莫不興起也。非聖人而能若是乎？而況於親炙之者乎」（孫奭，1982：251），可見一斑〕，這更見大幅度擴延體類則又無異在為典範更新的外加期待作了特別堅決的示範（不管當事人究竟是有意還是無意）。

　　上述三種模式未必可以如此截然劃分（也就是彼此仍多有相涉處），但為了保留更新典範的外加期待一義，暫且就依它們所有的局

部差異現象來立論。這在分類邏輯上固然有難以諒解的地方（任何一個類例都得具備獨一無二性，而此地卻容許它們無妨稍為互涉），但就只圖論說順遂一點來說還是不得不這般自我寬待了。重點依然擺在君子德行踐履勢必排除不了外來的轉移典範訴求上，畢竟那是不經意或久待竟熟套就會發生的事，任誰都不好忽視它的存在。

第四節　為君子德行設立一可質能轉換式的配備

　　既然君子德行踐履早已帶有「自我內蘊的準典範革故需求」和「更新典範另有外加的期待」此一顯隱事涉典範轉移難免的心理／社會特徵，那麼後起的論述想要在這種類似博奕情境有所言語勝出（以展演自顯高價），就得採取加碼或更見卓識的方式而讓一個堪稱尤為有意義的相關範式幽然浮現（否則只是隨便順說些不比前出論述更關痛癢的話，就嫌徒然效顰而不免白忙一場了）。

　　所謂加碼或更見卓識的方式，是指所嘗試要推動典範轉移的對策都得以實質有效且更具前瞻力的特性面世，一舉解決君子實踐如何確保不會有滯礙難行的問題。由於在倡導者那裏只是以設論及其界義提點，這一旦涉及實踐在檢證上就得遭遇個別案例多備複雜性難以由理論抽象包裹的考驗；而考驗不盡能通過的，自會孳生恐有反向危及理論本身適當性的疑慮，以致得從新密事計議來探取化解相關窘況的途徑。換句話說，君子德行儘管於理可以高標，但論及實踐則不能不意識它有開拓效率不及的困境。這縱使高明如孔子本人，也還在依稀彷彿定位自身的能耐，因為「文莫，吾猶人也；躬行君子，則吾未之有得」（邢昺，1982：65），而「若聖與仁，則吾豈敢？抑為之不厭，誨人不倦，則可謂云爾已矣」（邢昺，1982：65）。這全出自孔子的口，當非客套話，畢竟該君子型範在實踐面是一個

無盡成就的歷程，沒有人能自豪或打包票說他完全做到了（周慶華，2020b：108～109）。由這一點反觀，君子理論不能在進一步分衍中確立足以概括得盡或有效指引出路的實踐向度，它的可被信守度難保不會就此大打折扣而無益於普世推展。

歷來凡是不知在那裏發揮或正在從事卻又自覺不足夠的，都關係到前面所述何處實踐（詳見第二節）及其此處意示所衍生效度評估怎樣體制化的問題。這一經成為困難點，很容易就會影響到人的踐行願力而不免產生逃避心理。正緣於有此一難題存在，所以光欣慰君子型範提領氣化觀型文化而使它深有光耀於世的本錢還不算數，必須再有讓它更具效率的重建欲求且付諸行動，才能圓滿或了卻作為一個有心人對己身所隸屬文化統系前景的關懷摯情（周慶華，2020b：109）。

大家不妨想像，當孔子在給君子德行模塑向度時，他每一次第所說出的話，當真要他自己去實踐恐怕也會斟酌慮度再三；否則也不致稍欠留神就差池了相關的舉措（如為魯昭公不知禮強為文飾、開弟子子游以音樂治理武城的玩笑有失厚道和當魯國大司寇兼攝相事時面露喜色不夠莊重等都是）（司馬遷，1979：1917；邢昺，1982：66、154）。可見從理論到實際踐履還有一段距離，無法確定採取行動就能見著成效，也難以保證不會有意外變項介入而妨礙或延緩了理論的實現；而這也正是上述何處實踐該難題始終迴避不了的原因所在（沒先解決理論和實際踐履的距離問題，才會有繼起的何處實踐疑慮存在）（周慶華，2020b：109～110）。

從理論到實際踐履所以不是一蹴可幾，最優先的緣故就在理論的形塑過程早已蘊涵了實際踐履沒得讓人可以稱心如意的「全體包裹」（只能「尋隙從事」）。這種情況既然只得在單一事件上見效（尋隙從事的結果），那麼它所遺層面或脫略配件就會回過頭來強索實際

踐履未能合轍的病症。就以義德為例，來看它從理論到實際踐履的距離有多遙遠。單義字，所普遍被訓為合宜（詳見第五章第三節），乃具高度概括性，得從對列事件的相襯中才能研判它的確當性（如跟利的對比）。這麼一來，天底下合宜的事可說是無窮盡，而人每次踐履的義行只能偏具一格，其餘的就都成了他的匱缺。而這時倘若有權引為對諍的事項出現，就會形成爭議的局面在窮討著可能遠及天邊的仲裁力量。好比底下這個例子所徵候的：

王孫賈問曰：「『與其媚於奧，寧媚於竈』，何謂也？」子曰：「不然！獲罪於天，無所禱也。」（邢昺，1982：28）

不論是諂媚內尊奧神還是諂媚外權竈神或是諂媚至上天神（禱於天等於諂媚天神），都是不合義的行為；反過來三者都不諂媚了，就是合義的行為。顯然此處判斷義／不義的標準，不是彼此的取徑，而是那諂媚／不諂媚本身。因此，諂媚上述三者只是程度不同，而無關誰合義誰不合義的問題。但照孔子的語氣來看，似乎有劃分兩橛的意思，這就不免會危及或鬆弛到義德的正當性。而如果有人不察以諂媚後者來訾議諂媚前二者的非義行為，那麼離該義德的踐行就更遠了。像這種取則偏具一格而任由眾他格相衡所顯現理論和實際踐履必有質距的難題，無不在在考驗著每一個行動者的識見及其應對能耐。以致設法加以消解而使有關德行內著外煥的光華常在，也就成了考量自我所屬文化統系因有此一君子型範而希冀它能夠更為昌皇的最大使命。至於具體作法，則不妨透過一個可藉為擬比的質能轉換式配備來成就，它的效度將會遠高於古來所能被想出的計謀對策（周慶華，2020b：110～112）。

所謂質能轉換式配備中的「質能轉換」，乃取自近代物理學相關

的說詞。據 Albert Einstein 相對論的發微，物質會因運動而產生能量且自我改變形態。它一方面顯示物質運動的速度越快所產生的能量也越大（這有一個 $E=MC^2$ 的數學式在表示該質能關係）（Stephen Hawking 編，2005：196～199）；另一方面又顯示隨著運動的速度增加質量也會跟著變大（小暮陽三，2002：118～119），從而改變了古典物理學如 Isaac Newton 所說絕對時間空間的觀念。這可以擬比來為君子說彌縫的地方在於：我們倘若能夠做到一如給物質撞擊或燃化或兜轉刺激而讓它產生能量那樣把君子理論加上某些助緣，那麼有關實際踐履所遇到的質距就會自動減卻而便於長久應驗；同時也因該理論所得助緣發揮莫大作用而更容易受到矚目，使得該理論能夠推廣無礙而著實裨益了現實世界的淳善升轉（周慶華，2020b：115）。

由於這是要為君子理論加強驅力，以為中國傳統氣化觀型文化的重建找到可靠的支柱，所以整個方案的提出要以能顯現質能轉換式的兩面能動形態為著眼點，在自我配備上則得如有雙翼，以便可以高翔。而這無妨從一個例子說起：

子謂子夏曰：「女為君子儒，無為小人儒。」（邢昺，1982：53）

孔子對有意從事教化工作的子夏說的這段話，看似平常，沒有什麼疑義存在。但仔細想來卻又不然！依《論語》所載，孔子僅此一次提到儒，帶有稀奇性；而他自己也是一名儒者（從事教化工作者），照理對該身分要予以十分肯定，怎會突地將儒分成兩極，而在語氣上又顯得對儒者有點不屑（才會告誡子夏別向那存在的小人儒一端墮落）？是不是從事教化工作的儒者在那時已經走樣而不再能令人全心景仰？如果是的話，那麼這裏面就會有大儒／小儒、真儒／假

儒、基進儒／保守儒、正經儒／無賴儒和盡責儒／混蛋儒等類似區分可以增衍和所隱含各自可能的中間型也得補綴等資訊尚未見示，而使得君子儒／小人儒一個對比項遠不足以讓聽者有所意會或確能解悟（諒必子夏背地裏也會有一絲「夫子為何要這般區別儒」的困惑）。於是有必要回過頭去先將儒的性質、功能及其可能的侷限或所會有意無意的陷落等予以詳細界說，才能實際發生點化的效果；不然大家只能像鴨子聽雷或憑空自由猜測，而含糊混將過去。顯然從這個例子可以覷見：裏面迫切需要一張檢核表。倘若檢核表在立論者那裏也能意識而主動提供了，那麼它就是我所說質能轉換式自我配備的完成。此項工作的必要性，不僅是理論建構本身綿密完形化的無上要求，並且還是所冀實際踐履能夠順遂無礙的不二保證。如今少了它，有關孔子改造的儒者身分就那樣不明不白的出現在歷史上，有勞大家去想像（周慶華，2020b：115～116）。

第五節　典範轉移後有利君子德行的從新高揚

現在要輪到此次論述來為已經缺義的君子德行添加質能轉換式的配備，以為轉移典範而有利於君子德行的從新高揚。而事實上，細為爬梳《論語》全書，當也不難發現此處所要添加的配備早已有那麼一點影子。好比孔子對弟子時人的答詢所無意點出的境況：

> 樊遲請學稼……子曰：「小人哉，樊須也！上好禮，則民莫敢不敬；上好義，則民莫敢不服；上好信，則民莫敢不用情。夫如是，則四方之民襁負其子而至矣，焉用稼？」（邢昺，1982：116）

子適衛，冉有僕。子曰：「庶矣哉！」冉有曰：「既庶矣。又何加焉？」曰：「富之。」曰：「既富矣，又何加焉？」曰：「教之。」（邢昺，1982：116）

季康子問政於孔子。孔子對曰：「政者，正也，子帥以正，孰敢不正？」（邢昺，1982：109）

季康子患盜，問於孔子。孔子對曰：「苟子之不欲，雖賞之不竊！」（邢昺，1982：109）

季康子問政於孔子曰：「如殺無道，以就有道，何如？」孔子對曰：「子為政，焉用殺？子欲善，而民善矣！君子之德風，小人之德草，草上之風必偃。」（邢昺，1982：109）

前二則所涉及的好禮／好義／好信／富之／教之等和後三則所涉及的帥以正／不欲／不用殺（欲善）等，不啻是君子從政的中低標準。這如果再加孔子別為議及堯舜禹等作為（詳見第三章第一節）所透露的已仁境地而可為君子從政的高標準，彼此合成了一道美善政治光譜，那麼攸關君子德行要在外王事業上體現發揮的檢核表不就焉然成形了。而我們拿它來明著為君子理論可為實務借鑑的一環，勢必會有促進效能的作用；而此舉就形同是一項質能轉換式的配備〔當然，這項配備還要補上「博施濟眾」此一最高標準（縱使它是「堯舜其猶病諸」）（邢昺，1982：55），才算完整。它雖然在現實中難見事例，但無妨將它懸為一格〕，可以在相關課題的討論中立顯典範形象（周慶華，2020b：116～119）。

由此可見，所涉質能轉換式配備的倡議已經有基礎理底，自然

便於加碼附益,讓它終獲體制化寶名,而更為有助於實踐絜然格力。在這裏為風氣先開,不妨再擬議一題以見模式謀畫必有可觀處:首先是有關德行抉擇的座標,在孔子那裏還短少於喻示體驗價值的兩極性和層級性(這要透過如本脈絡此類光譜般的設定才能有效導引理解),以致前去勉為補救也就恰是時候。其次是此地姑且以君子行義為例,試著展演所能添加質能轉換式配備的具體作法:在私領域方面,好比《儒林外史》所敘婁煥文和杜少卿的仗義行為(先不論二者存有相互非難疑雲),一個一介不取一個大方捨財(徐少知,2010:471、489~490),前者算是小成就,後者則堪稱中成就。依此推衍,當還有大成就和極大成就等。而這則要寄在能施展才藝以「粉飾乾坤」(可帶給他人無盡審美感受)和著書立說以「筆補造化」(可啟導他人智慧且推移變遷或改造修飾語言世界)的人身上(周慶華,2007c;2016b;2020d)。如此一來,所羅列出的小成就/中成就/大成就/極大成就等君子行義差等及其舉實,無異就構成了一張私領域行義的檢核表,而為自從有義論以來所未見,乃一最新的質能轉換式配備。在公領域方面,一樣可以比照加值。而這所能取例的便有比較可就近採擇的,例如公私分明以顯示行義小成就的,除了《論語》中載有澹臺滅明行不由徑/孟之反不矜誇一類事跡(邢昺,1982:53),僅近現代於公部門/學校/軍隊/研究機構等體現為較高端或影響更為深遠的以守分寸為身教類型也時有所聞(李霖燦,1991:102~107;田茜等,2004:28~52;汪修榮,2011:72~84;葉霞翟,2013:14~36)。再來就是能在政治上表現出謹身護民式的行義中成就,而這則有鄭國大夫子產「其行己也恭,其事上也敬,其養民也惠,其使民也義」的典範在(邢昺,1982:44)。接續的乃是孔子所期許推己及人或孟子所發露與民同享此類仁政和孔子更深仰望的博施濟眾該類聖舉等(邢昺,1982:55;孫奭,1982:

35～36）可為行義大成就和極大成就。這自然在現實中難以見著，但論及相關的檢核表則不能缺此二項。這樣也給公領域的行義加添了質能轉換式配備（由整合孔孟眾多零散言說而成），跟前者合而展現出特大宗從新高揚君子德行的實用方案（周慶華，2020b：120～123）。

第六節　總匯為君子學的方法論實踐進階

典範轉移後的君子學樣貌一題所囊括「君子德行踐履的典範課題／自我內蘊的準典範革故需求／更新典範另有外加的期待／為君子德行設立一個可質能轉換式的配備／典範轉移有利君子德行的從新高揚」等子項（後四者又為前者所涵攝），也合而可看出君子學方法論實踐的一斑；而這一斑相同的又能體現該實踐的進階意涵。也就是說，構設君子學有成後可推衍的還很多，而為了更見功效試著以典範轉移後的君子學樣貌一題續為闡發，往後同樣凡是別有推衍的也才知所再行對照取則或更進益致勝。也因此，本題所囊括各子項乃屬總匯為此一進階名義，它們也已克盡自我顯能的任務了。倘若說還有什麼未了義待圓的，那麼大概就是它在反全球化上所能提供諍言的一樣也不得少說部分。

在此地以質能轉換式配備來開啟從新高揚君子德行的策略，也等於是為中國傳統氣化觀型文化在增益上（而非自廢墟中生出）找到了重建方向。依一般質能轉換的情況，物質在經由撞擊或燃化或兜轉刺激後產生了能量，而它自己也會或可能改變形態（有固態／液態／氣態的互轉變化），但無論如何它都是物質。這也使得質能轉換只會作功，而不致奪去物質的原有成分。相似的，從新高揚君子德行的質能轉換式配備，也保留了它原有最可寶貴的型範質地，只

不過是斟酌為它增添了翅膀好騰空而起再駭世一次。如今眼看著西方創造觀型文化興作資本主義全球化後所夾帶的科技濫施禍害、強權掠奪四處點燃戰火、新經濟體競出相互廝殺，以及實質上造成的資源短缺、臭氧層破洞、溫室效應、酸雨危害、熱帶雨林減少、土地沙漠化、野生動物瀕臨絕種、海洋汙染、有害廢棄物遍布和軍備競賽等生態浩劫（詳見第一章第六節），早就預告了這個世界可能在一夕間崩毀，所有的生靈即將滅絕而無以存續！再不針對全球化予以諫諍反制，讓世界推進到後全球化時代庶幾人類可以喘氣止災而地球也能得著休養生息機會，這一切就都危殆自動加劇而無從想望還有明天！於是重揚君子德行，就正為了這一波的濟渡大業。不論是政治管理、經濟運作、社會福利籌謀、國防武備、教育建樹和外交折衝等，都深有需要體制內君子化而逐漸朝合理良善途徑伸展，從而體現一種經由君子中介所改造過的理想生活模式，然後希冀它在點滴見效後的廣推澤及四方也能水到渠成（周慶華，2020b：123〜124）。

　　如果把上述這一點連類到個別人在面對財富或生計應有的態度上，顯然有一項事實大家必須據為深自戒惕此中所不免的非義勾當：那就是西方資本主義橫掃全世界後，他方社會中人普遍也已深染了向對方看齊而窮於攢錢的惡習，相較於古來有所謂或寬或嚴肅貪的舉措（吳思，2009；張程，2013；陳破空，2015），這就得更加謹慎應對；否則提供不當的策略，後遺症很快就會來臨。畢竟它在西方是靠創新以取得營利優勢的，而創新本身卻是一個掠食的過程（Michel Villette 等，2010：20〜21），所窮耗資源的結果勢必導致不可再生能量趨於飽和而使地球陷於一片死寂境地。而在這能趨疲臨界點還沒有到達前，卻已先造成上述的生態浩劫，任誰也無力挽救。因此，這時候倘若有人還在極力反對緊縮政策而倡導振興經濟來化

解財政的困窘（Mark Blyth，2014），或者詆斥空頭綠能（綠能本身就是一場騙局）而狂讚化石燃料可以繼續藉來發展經濟（Stephen Moore 等，2020），或者宣告全球化終了卻又期待多極世界的新霸權開啟另一階段的經濟成長（Michael O'Sullivan，2020），或者試圖弱化舊資本主義所造成剝削和損害而別為提議重民主平等的新資本主義（Erik O. Wright，2020），那麼它就是世界末日的最後一道悲歌，因為倡導人或主張者根本不知道振興發展經濟或維持（另類）資本主義運作所需的能源和原物料等要到那裏去找來（現有的能源和原物料等都快要窮竭耗盡）！

　　在能歷經一番大力破斥資本主義邏輯後，貪欲如果仍不能擺脫它的結構性而持續存在（尤其是官場的貪瀆，在古代是緣於保官位和方便做事，而現今則是多了為選舉和爭取執政權，幾乎沒有反向操作的可能），那麼留一點空隙給「額外錢財歸公支用」以維護真實的清譽，還是想留下美好典範的唯一途徑。也就是說，不管是在公家單位還是在私人企業，除了不主動夤索，凡是自己表現好而有關係人進獻財物的，都留中公用（私人企業可以基金一類名義跟同僚共享），庶幾能夠脫身。史上岳飛就是極佳的表率：

> 師每休舍……卒有取民麻一縷以束芻者，立斬以徇。卒夜宿，
> 民開門願納，無敢入者。軍號「凍死不拆屋，餓死不鹵掠。」
> 卒有疾，躬為調藥；諸將遠戍，遣妻問勞其家；死事者哭之
> 而育其孤，或以子婚其女。凡有頒犒，均給軍吏，秋毫不私。
> （脫脫等，1979：11394）

這最關鍵的「秋毫不私」，使得他所率士卒無不個個赴湯蹈火在所不辭，終於贏得敵人「撼山易，撼岳家軍難」的讚譽；也使得他在面

對宋高宗詢問「天下何時太平」時，可以毫無愧色的答以「文臣不愛錢，武臣不惜死，則天下太平矣」（脫脫等，1979：11395）。大家在處理貪欲上，所能容許的彈性大抵如此（周慶華，2020d：175～176）。這是行義的底限，有心人親身實踐了應不難體會當中心理掙扎過後相對上會有一片光華現前。

　　君子德行踐履的典範課題經過此一總收，可知或可印證典範轉移僅是一種密事計慮下的策略變異，無關君子學本身質地的全面更新（詳見第一節）。換句話說，這是君子學內部構件的調整或增列，好為在逆反全球化的道路上更加順遂，也更能起風行草偃的果效。至於它所摶成如前面遍述的比新樣貌，則也已由此處的「進階」名義一併蘊涵了（或說互為因果也行），這就毋須再詞費作一次語意上的連結。

第七章　演繹操作君子學的進程

第一節　君子學新樣貌的新考驗

　　已知君子學的方法論實踐所見於典範轉移的可能性，主要是藉由檢核表的創設來成就；而此一檢核表乃擬比於質能轉換式配備，特別有利於君子德行的從新高揚（詳見第六章）。這所舉隅以為印證效用，自是還不足夠顯示方法論推衍的實具深遠視野，因此仍得有別的實踐方案來一起昌皇。當中帶有併連性或可接續性的方案，無慮是一個攸關演繹操作君子學的進程策略，它在依恃檢核表以外還能另闢新的抉擇空間，很可以給君子學的方法論實踐再立一級範式。

　　這總縮為〈演繹操作君子學的進程〉一題，而分項討論則涉及「君子學新樣貌的新考驗／從境遇到權變到抉擇的理路／以輕重緩急為衡量準則的體制化謀畫／歷史演繹和演繹歷史的拓展操作」等層面，最後則依慣例以「總匯為君子學的方法論實踐再進階」收尾。在首關上由於經過質能轉換式配備後的君子學早已轉移典範而有了新樣貌，這一新樣貌在平面向度上自然儘可去迎受各種案例的考驗（也就是都能依所創設的檢核表來衡量去取），但只要涉及縱面向度上別有異代同類案例或自我跨域前後取徑不一的情況，相關檢核表就無從起作用而得新提條件以供依憑，馴致不得不有「君子學新樣貌的新考驗」此一子項繼為設立來解決這個問題。

　　所謂君子學新樣貌的新考驗，是指君子德行的踐履在擁有質能轉換式配備後固然能如虎添翼可大為掃除障礙，但有關實際境遇複雜多變卻又不斷考驗著當事人的因應能力而得設法予以調節出理，致使沒有一次踐履行動不充滿著倫理抉擇上的難點及其所可能藏匿的險巇。好比底下兩個例子所徵候的：

逸民：伯夷、叔齊、虞仲、夷逸、朱張、柳下惠、少連。子
曰：「不降其志，不辱其身，伯夷、叔齊與？」謂柳下惠、少
連：「降志辱身矣，言中倫，行中慮，其斯而已矣！」謂虞仲、
夷逸：「隱居放言，身中清，廢中權。」（子曰）「我則異於是，
無可無不可。」（邢昺，1982：166）

淳于髡曰：「男女授受不親，禮與？」孟子曰：「禮也。」曰：
「嫂溺，則援之以手乎？」曰：「嫂溺不援，是豺狼也。男女
授受不親，禮也；嫂溺援之以手者，權也。」曰：「今天下溺
矣，夫子之不援，何也？」曰：「天下溺，援之以道；嫂溺，
援之以手。子欲手援天下乎？」（孫奭，1982：134～135）

孔子所說的「無可無不可」，表面看似很能排遣心理糾結得宜，其實
那可要費多大力氣（斟酌多久）才能在面對具體情境時而有一了當
的研判取則；而孟子所力辯的「嫂溺援以手／天下溺援以道」，同樣
表面也看似頗知反經通變／正經應變的分際拿捏，其實那仍然得歷
經無數次掙扎才有辦法從具體情境中深體擇便以至於黽勉從事或脫
身而出（也就是嫂溺要不要援以手／天下溺要不要援以道，都不是
孟子一人說了算，那還得看背後有無相應的條件或適宜的環境才能
決定）。因此，這裏就有了一個境遇／權變的課題在從旁考驗著君子
學新樣貌的摶成：凡是禁得起考驗的該新樣貌定能歷久常新；而禁
不起考驗的該新樣貌就會留有匱缺且不利於日後的推廣完效（有悖
建構君子學的殷切想望）。

　　詳察君子學新樣貌所以要面臨此一境遇／權變的考驗，大體上
是有一段深鏤著文化印記的理路潛蘊在中間而沒得規避逃遁。換句

話說，從君子型範被孔子模塑後，中國傳統氣化觀型文化很明顯起了莫大的改變，一個高格的德行形象始終穿梭在歷史的洪流裏，扮演著金字塔形社會結構的中流砥柱，也激勵著無數累世奔赴此地著實不能或有意進益的人心〔宋儒有所謂「天不生仲尼，萬古如長夜」的讚嘆（張伯行輯訂，1982：84引《唐子西文錄》），當從這個角度來看覷〕。而由君子上契的仁者聖人，在自我承擔上既能「殺身成仁」（邢昺，1982：138），也能「捨生取義」（孫奭，1982：201）；影響所及，盡成明月照徹暗黑大地，而有「天下歸仁」和「百世興起」等美好境界可以希冀：

> 顏淵問仁。子曰：「克己復禮為仁。一日克己復禮，天下歸仁焉。為仁由己，而由人乎哉？」（邢昺，1982：106）

> 孟子曰：「聖人百世之師也……奮乎百世之上，百世之下聞者莫不興起也。非聖人而能若是乎？而況於親炙之者乎！」（孫奭，1982：251）

這已經是身在此一文化氛圍裏的人畢生所得追隨信守的鐵則（按：孔子答語中的「克己復禮為仁」，乃他所賦義建制推己及人的一種實踐形式），離了它必有茫無所適的憾恨和終成甚人的疑竇（詳見第一章第三節）！而為了這般德行在踐履過程中唯恐被僵化對勘，所遺或早就蘊涵的一個權變課題，也得浮出枱面而予以典則化或體制化，使君子型範能更為恆久普及（周慶華，2020b：125～126）。

　　如果說檢核表此一質能轉換式配備促成君子學換得新樣貌，那麼它所無意催化出的境遇／權變考驗（相對上理當有此需求）則不啻可以繼為合譜新曲，而足堪藉以窺看一段演繹操作君子學的進程

（兼具有關君子學推衍的「前進式」歷程義）。這段進程將以勤受考驗所研練出的一套對策為核心（搭配檢核表的定位功能），而比擬於劇情搬演竟功且總匯為君子學的方法論實踐再進階。

第二節　從境遇到權變到抉擇的理路

　　顯然境遇和權變的互為關連導致了君子學新樣貌必須歷經再有所抉擇的新考驗，這種抉擇則端賴權變的情況而就所內蘊的價值等次予以選定。於是從境遇到權變到抉擇就有了一個反饋迴路，彼此在「相互制約」的辯證理路中不斷地昇華而去（詳後）。如圖所示：

迴饋

境遇　　　　　　　權變　　　　　　　抉擇

上述該價值等次的估定縱然不免會有兩難困境要面對（詳見第三節），但大多時候它總有約略的準則可以遵循而不致亂套壞事。好比孟子所設想的一段情節（理中合有）：

　　桃應問曰：「舜為天子，皋陶為士；瞽瞍殺人，則如之何？」孟子曰：「執之而已矣！」「然則舜不禁與？」曰：「夫舜惡得而禁之？夫有所受之也。」「然則舜如之何？」曰：「舜視棄天下猶棄敝蹝也，竊負而逃，遵海濱而處，終身訢然，樂而忘天下。」（孫奭，1982：240～241）

相較其他的選定，舜棄帝位背父而逃該一可能的抉擇是有高價位的（反過來倘若任由皋陶拘繫法辦，那麼他就僅存沽名釣譽邪念而流墮低俗到底），因為它體現了氣化觀型文化最顯基要的親情溫慰，也牢牢穩住了金字塔形社會結構（周慶華，2000a：61～80）的底層支架，遠非現代妄想一試西式網狀社會結構生活模式卻又顛躓難行的國人所能想像。

　　再精細一點來看，在境遇／權變／抉擇的反饋迴路中當以權變一項尤為關鍵；也因此才有前節所結果的「為了這般德行在踐履過程中唯恐被僵化對勘，所遣或早就蘊涵的一個權變課題，也得浮出枱面而予以典則化或體制化，使君子型範能更為恆久普及」那一段論見。這裏所說的權變課題，是指君子所守氣節無論多麼的高華，他終究得在具體境遇中發揮所長以及產生影響力，實際上只要有礙難兌現或施展不開的情況，就都成了君子從新檢視己力贗缺與否的契機；倘若此中涉及必須彈性以對或衡酌量出的成素，那麼一個權變課題就自然顯現了。至於該課題所以會影響或制約君子守節的力度，主要是相關權變的發生時機及其取捨依據等，還在有待細審通透的階段，不是凡為君子的就都可以順利應對。也就是說，它總得先經過一些明確或有效的程序，才能到達實質權變的終點（當中相關智能的發揮，乃權變不可或缺的歷程；研判對味了，所採取的行動自然就足以翩然有成或少留遺憾）（周慶華，2020b：126～127）。

　　這從既有的案例，也已經可以窺見不能不權變的內在根源。比如說，君子「義以為質」（詳見第一章第二節），他想在政治上施展抱負，是要看天下是否有道（無道則阻力齊至，君子倘若強敵，恐怕只會徒然犧牲）（李國文，2007；聶作平，2013），但在實際進退時卻有一個時機得甄辨。換句話說，天下有道無道的判斷究竟以什麼為標準，除了自由心證能否再行找到可遵守的依據，這就莫不著

實考驗著君子的深層修養。以孔子為例，他一邊說「天下有道則見，無道則隱」（邢昺，1982：72），一邊又無視於隱士所警告的「滔滔者，天下皆是也」而只信從「鳥獸不可與同羣」，結果是「天下有道，丘不與易也」（邢昺，1982：165）；在一番奔忙後不但未見成效，反而還猶豫著應暗主召去從政（如「公山弗擾以費畔，召，子欲往」和「佛肸召，子欲往」等，都可以看出他疑心不決的一斑）（邢昺，1982：154、155），一再的顯露出矛盾心理（但仍無礙他為君子型範賦義建制的曠世成就）。即使他在最後關頭也都絕去了入仕的意志，但很明顯那裏面仍有需要權變的卻尚未及早抉擇：

陽貨欲見孔子，孔子不見，歸孔子豚。孔子時其亡也，而往拜之，遇諸塗。謂孔子曰……「日月逝矣，歲不我與！」孔子曰：「諾，吾將仕矣！」（邢昺，1982：154）

齊景公待孔子，曰：「若季氏則吾不能，以季、孟之間待之。」曰：「吾老矣，不能用也。」孔子行。（邢昺，1982：164）

齊人歸女樂，季桓子受之，三日不朝，孔子行。（邢昺，1982：164）

孔子幾乎都是像這樣冀能一仕而終不可得才離去，未能或不肯在一開始就見微知著而斬斷出仕的念頭，使得抱憾已成而世智實欠的非美事儘留予人唏噓不已！可見拿捏好分寸以及找妥準據，乃是權變一理所俱在而難以容許人輕忽漠視（周慶華，2020b：128～129）。

大體上，權變依違於時機能否被把握間，它在調節有成而實際應付了抉擇的難題後，也會返回更加凸顯君子德行的光華（此光華

已經多方有效辯證而形現，如同昇華所得）。這是說，君子守節於無人處德行終究是闇默不彰，只有在他該權變抉擇而展現了可觀的成效後，所本具的德行才隨著明朗化；而因著抉擇有理更讓自己深知不虧以及連帶贏得他人的敬重，從此益加美化洋溢了該德行。例子如：

> 子曰：「直哉史魚！邦有道，如矢；邦無道，如矢。君子哉蘧伯玉！邦有道，則仕；邦無道，則可卷而懷之。」（邢昺，1982：138）

當中史魚的耿直個性可數，但還不算實地君子明智到能在有道無道間慎為抉擇階段（史魚在衛國因為國君不願罷黜彌子瑕而晉用蘧伯玉，憤而以尸諫，可見他骨髓強硬的一斑）（韓嬰，1988：436）；只有像蘧伯玉那類知所進退，才落實了權變義行而獲致有德君子美名〔按：蘧伯玉德高，連所派遣人都有好涵養而深得孔子讚譽：「蘧伯玉使人於孔子，孔子與之坐而問焉。曰：『夫子何為？』對曰：『夫子欲寡其過而未能也。』使者出，子曰：『使乎！使乎！』」（邢昺，1982，128）〕。此外，還有「甯武子，邦有道則知；邦無道則愚。其知可及也，其愚不可及也」（邢昺，1982：45），也是同樣君子風義昭著（孔子讚美他們，當也有內蘊幾分自己不能如所表現的愧憾在）。可見權變在君子守節過程中，始終具有自我見證和他人索據等雙重意義。此理一開，相關的節概才能在終極點上檢證成效；而作為一個君子，他的歷事磨練也才有所結穴和轉益（可能有人會反問：如果無道時君子都權變遠離去了，那麼要靠誰來把無道轉回有道？這個問題牽涉尚有時間流會自動將無道加以汰除彌合，以及有可能出現異稟者誤打誤撞或武勇條趨德業而扭轉了時局換成有道等變數，

實在不必多慮）（周慶華，2020b：129～130）。

　　正緣於權變理則被著實掌握了，緊接著的抉擇就跟它同時發生（彼此形成一體的兩面）而毋須再有疑義。只不過抉擇的形式上後出性依然要有它自主的一面，而使得上述的反饋迴路必須在內理上多容納一點積極的謀略：也就是抉擇還得給它配備具體的對策（該對策在權變那兒只是到「內涵」或「蘊蓄」階段）；而這則要過渡到下個議題。

第三節　以輕重緩急為衡量準則的體制化謀畫

　　前面所未能一併慮及權變抉擇又該如何的部分，都得移到此處設項來細加討論，以見在演繹操作君子學的進程上所該先行儲備的資源。而這則有「以輕重緩急為衡量準則的體制化謀畫」一個子項可以作為過場中介；等確定了它的實質向度，自然就有隨後取以為檢證成效的演繹操作君子學進程展現（或說是論說本身得將這兩端牽繫在一起）。

　　大致上，凡是需要權變抉擇的事，乃因為那裏面存有價值等次亟待釐清認取。也就是說，價值原來內蘊的兩極性和層級性等特徵（價值等次的具象化）（詳見第五章第二節），總是一再考驗著當事人的甄辨能耐；尤其在遇到某些兩難困境時（如義利不能並取、愛惡不好俱存和生死不可兼得等），短於衡較希選的人，很可能就會深陷焦心灼慮中而難以自處。但話說回來，所謂兩難困境到底是怎樣的兩難法，倒是優先要予以解決，才能預估相對應的權變課題即將伸展的方向。而這嚴格的說，真兩難是無法抉擇的；而可以抉擇的（不論是生死還是愛惡或是義利）都不算是真兩難。前面那種情況，大概只存在於義務論的契約裏。好比古希臘時代有一位教人論證的

老師跟他的一名學生簽了合同說，假如這名學生沒有辯贏第一個案件，那麼他就不必繳付學費。可是等學成了以後，該名學生並未去執業受理任何案件。老師為了要討得付款，就告上了法院。而那個學生則以下列的論證為自己辯護：

> 我不是會贏得這個案件，就是會輸了這個案件。
> 假如我贏得這個案件，那麼我不必付我老師錢（因為他要討
> 　　錢的官司打輸了）。
> 假如我輸了這個案件，那麼我不必付我老師錢（因為我們的
> 　　合約上規定如此）。
> 我不必付錢。（Wesley C. Salmon，1987：59）

不過，這位老師也呈示了一個論證。他說：

> 我不是會贏得這個案件，就是會輸了這個案件。
> 假如我贏得這個案件，那麼我的學生應該付我錢（因為我贏
> 　　得了要他付錢的官司）。
> 假如我輸了這個案件，那麼我的學生應該付我錢（因為他贏
> 　　得了第一個案件）。
> 我的學生必須付我錢。（Wesley C. Salmon，1987：59）

這對承審法官來說，就真的面臨了一個無從判決的尷尬局面（文獻上也未留下紀錄此一案件最終是怎樣收場的）。這雖然可以改動用道德勸說私下請雙方各退讓一步而姑且將難題予以排解（周慶華，2020b：131～132），但就該契約已定一節來說，它裏外所烙印的嚴酷性是沒得撼動的（也就是不能在法庭上作出勝訴或敗訴的裁判）。

　　反觀君子氣節體現所需要權變的都跟道德有關，而道德本身已進入價值兩極性和層級性的必要分辨範圍內，不致會發生有如上述的真兩難絕境。因此，為相關的權變課題思考它可能的止限，也就正當時候。這是從權變也不宜茫無所適的角度而立論的，希冀能保障權變的合法性不被褻瀆（不被胡亂指責它是有意取巧或黔驢技窮），以及引出體制化或典則化的可能出路（一旦能將權變模式帶進合理可從的範圍，就不慮君子氣節無所順適的體現）。換句話說，權變不能無限到容許它向道德光譜的負面端伸展（如果硬要這麼做，那麼君子就已經先不成為君子，所涉其他課題自是毋須再行討論了），以致所剩道德的層級性就成了考量權變止限課題的唯一依據（周慶華，2020b：132～133）。

　　這種止限在理證上，已有內隱自足性邏輯給予保障（排除了道德兩極性干擾源的緣故），只需再往一個自我可置換性的量度準則去加冕就成定案。所謂自我可置換性的量度準則，是指該量度準則是內部可以相互置換的；而實際上則意味著它准許借鑑者在幾個點眼間移動，以便能博弈式的找到最合適的權變途徑。而這則有一個「輕重緩急」的至標可以體制化，君子氣節的權變抉擇就在它的臨場導引或制約中。也就是說，權變考量得有止限，而止限則以事涉輕重緩急為權衡依據；只要有所改向抉擇的，都以它為第一級序量表（第二級序以下的就從這裏再細緻化或具體化）。出了此一規範，君子氣節鐵定不保（沒有別的準則能被君子據以為從事他所要的權變）。至於這種止限在事證上，則以能跟理證相印為切要而不必掛意數量多寡。就以《論語》所載的為例，類此涉及權變課題的如所引商湯討伐夏桀的禱祝「有罪不敢赦，帝臣不蔽，簡在帝心！朕躬有罪，無以萬方；萬方有罪，罪在朕躬」、周武王分封諸侯的信誓「雖有周親，不如仁人；百姓有過，在予一人」和周公對魯公就任封地前的訓誡

「君子不施其親，不使大臣怨乎不以，故舊無大故則不棄也，無求備於一人」等（邢昺，1982：178、167）。前二者把萬方有罪或百姓有過攬在一身，乃為一種權變抉擇（他們原儘可有臣工分層負責去善後或僅當是萬方或百姓的自度無著而仍穩居帝王寶座），為的是要藉此收服人心以及進一步表明他們實有更加廣施恩澤的願念等。顯然這是找了反挫力最輕而酬報最重的權變途徑，一方面不致會因怪罪萬方或百姓而危及自己的權位和信譽；另一方面萬方或百姓也可以放心且樂意相隨而給了他們無盡精神上的迴饋。後者亟欲轉所得或必須的革故鼎新權變而為全面守成或因循舊制，那真要實現（如是周公本人勢必會這般踐行），所考慮的無非就是它最能減少阻力，以及有益於受封者在相對上對天子的無條件效忠（除了反挫力輕，還有兩面性酬報也特重），跟前二者異曲同工（周慶華，2020b：133～135）。

　　如果不比照上述這類完事的，那麼很可能就會往異端歧路行去。例子如子貢和宰我二人曾有過的減降禮等曲見而少了輕重緩急的力智判別（可想而知那實際結果難免會導致另一個混亂局面）：

> 子貢欲去告朔之餼羊。子曰：「賜也！爾愛其羊，我愛其禮。」
> （邢昺，1982：29）

> 宰我問：「三年之喪，期已久矣！君子三年不為禮，禮必壞；三年不為樂，樂必崩。舊穀既沒，新穀既升，鑽燧改火，期可已矣。」子曰：「食夫稻，衣夫錦，於女安乎？」曰：「安！」「女安則為之！夫君子之居喪，食旨不甘，聞樂不樂，居處不安，故不為也。今女安，則為之！」宰我出。子曰：「予之不仁也？子生三年，然後免於父母之懷。夫三年之喪，天下

之通喪也，予也有三年之愛於其父母乎？」(邢昺，1982：157
～158）

　　禮的存在，總是為使秩序化社會可以恆久有效的運作（不論是在終
極上維繫了人神的良好關係還是在過程中縮結了人際網絡於不墜）。
如今權變而想減去它既定的節度，所得付出的代價就是即將看著社
會秩序逐漸土崩瓦解而自己也快要無處安身。換句話說，既然可以
如此減降禮等，那旁衍結果勢必連其他制度都保不住現有規模，而
從此得忍看整體人心（自己也無法倖免）流離失所，不知止歸。很
明顯這僅是圖一時快意而不關什麼「創造性破壞」；後者是要能保證
產出新的東西（Eric Hobsbawm 等，2002；Niall Ferguson，2013；
John Brockman，2016），而前者的省卻作法就只會徒添片面破壞惡
名！可見這裏頭確有不能審度事件輕重緩急的缺憾，跟前列案例相
比差異不啻霄壤（周慶華，2020b：135～136）。
　　所謂「以輕重緩急為衡量準則的體制化謀畫」，約略就是根據上
述理序而定調的。由於該準則本身的難有可替代性，所以整個謀畫
自然就以體制化為終極訴求（即使不能強著為法規或任何硬性約
定）。此一終極訴求，始自理論展示而結穴於認同籲請，只要大家普
遍信守就能形現固著而有助於相關演繹的拓展操作及其後續援為對
治全球化的禍害等。

第四節　歷史演繹和演繹歷史的拓展操作

　　君子學新樣貌的新考驗逼出了從境遇到權變到抉擇的理路，而
終於預立研練出以輕重緩急為衡量準則的體制化謀畫，這所體現為
一般戮力於事務必有價值擇定考量的仿效作法（更何況這一切都已

在君子學的方法論推衍准式中設定放行），毋乃就是要在前節末所說相關演繹的拓展操作及其後續援為對治全球化的禍害等事項上表現；而依序就先處理相關演繹的拓展操作部分（後續援為對治全球化的禍害部分，將在最後一節中併為敘及）。

約略上，所謂的相關演繹，照切近義只得在系統內試煉為的當，而這則有一段前提式的緣由可說：就是以輕重緩急為衡量準則，從道德光譜的正面端去尋覓施力處，此一具有專利性的權變抉擇途徑，在經過一番理證和事證的合謀整救後，儼然已可以用來拓展君子氣節的歷史演繹。演繹本是一個由普遍命題導出特定命題的推論形式（Wesley C. Salmon，1987：22～28），跟歷史相連後它就卯上時間流而成為一股有如能促使歷史演進的具體性力量。換句話說，倘若將權變抉擇視為經，那麼輕重緩急該衡量準則就是緯，而能貫串全程的毋寧為歷史演繹。於是只要把握此項環節，相關權變課題想衍展為新道德範域，基本上是有足夠理由邀人來支持的。這所明顯要發為系統內歷史演繹的，整體作為則是將結果推廣運用在歷史事件的索求應驗上。但已往的歷史早成過去式，僅能選例加以簡別鑑定，即使刻意闕如也無妨，重要的是它對未來歷史所可以發揮的導引作用。因此，名為歷史演繹，實則也是演繹歷史，彼此自成一體的兩面（周慶華，2020b：136～137）。

假使在這個議程中還有需要強化的地方，大概就屬輕重緩急本身的語意限定項目。前面只透過理證和事證將它帶出連著鋪陳，而尚未針對怎樣的輕重緩急法給過些許必要的說帖。現在就來作一次性的自我闡明：首先，緩急在本脈絡是把它當成輕重的同義詞，倘若它要獨立出去，那就得看對象是否當務（不是當務的就不急而得緩）；其次，在為對象施加輕重緩急的研判時，更精確的說是要從中進行「兩害相權取其輕」或「兩利相權取其重」式的決斷，此外沒

有可以在輕重間游走的空間；再次，這裏的「害」就如字面意思而不必從新界說，只有「利」必須額外將它侷限在對世道人心有所助益的部分，而不關通常所見跟義對反的利那一貪取功名錢財愛欲狀態（周慶華，2020b：137）。

所能後設辯說張論的一如上述，接著就來擇例試驗所謂歷史演繹和演繹歷史的拓展操作境況。由於權變抉擇準則已定，所以此類拓展操作儘管出入歷史找尋詳審相關案例以為印證成效。如：

> 田常弒簡公，乃盟于國人，曰：「不盟者，死及家。」石他曰：「古之事君者，死其君之事。舍君以全親，非忠也；舍親以死君之事，非孝也；他則不能。然不盟，是殺吾親也；從人而盟，是背吾君也。嗚呼！生亂世，不得正行；劫乎暴人，不得全義，悲夫！」乃進盟，以免父母；退伏劍，以死其君。（韓嬰，1988：425）

石他守義，自是德如君子（該謹守分寸在檢核表上例屬小成就）；但他在緊要關頭卻兩害相權取其重而伏劍死，難免有輕縱自己的嫌疑！畢竟表面上那是為了「死其君之事」，實際上則是放棄他最該就近奉伺的雙親而去全無可對應的臣節（齊簡公已死不該再來索忠）。他的權變抉擇還有更好的盟後隱退而盡心於孝養父母一途，卻如此盲從偏行信條選了不堪的舉動（全孝才是最優先）；否則人人但為全忠而棄親於不顧，將會導致天下大亂，可見他智慮欠深的一斑。又如：

> 楚昭王有士曰石奢，其為人也，公而好直，王使為理。於是道有殺人者，石奢追之，則父也。還返於廷，曰：「殺人者，

臣之父也，以父成政，非孝也；不行君法，非忠也；弛罪廢
法，而伏其辜，臣之所守也。」遂伏鈇鑕，曰：「命在君。」
君曰：「追而不及，庸有罪乎？子其治事矣。」石奢曰：「不
然！不私其父，非孝也；不行君法，非忠也；以死罪生，不
廉也。君欲赦之，上之惠也；臣不能失法，下之義也。」遂
不去鈇鑕，刎頸而死乎廷。（韓嬰，1988：390）

此例跟上例略有差別，論者將它解釋成國人在面對「份位原則」（關
注在人際互動關係網絡中當事人在他份位上的絕對要求）和「行事
原則」（所關切的是導源於行為本身價值的絕對要求）的價值衝突時，
常以「份位原則」的優先性作為抉擇的依據，而試圖給石奢的死節
開脫（沈清松編，1993：1～25）。其實，石奢的自戕也是選項不精
的結果（縱使他有忠於職事一義可感／在檢核表上例屬小成就），因
為他仍有較合情合理的去仕一法可從；不然他所遺留的不克辦理親
人後事（他老父還是會被抓回去定罪處死）或僥倖尚有親人餘年可
以奉養卻先卸責（他老父也許被關了幾年便假釋出獄），就會反過來
向他討公道，很可能落了個半愚忠半不孝的非美名下場！相關的拓
展操作，在歷史演繹所能圓滿完成的，大抵就像上述這樣一旦取理
就直接通達。而要據此衍為演繹歷史的，自然也可以依此類推而正
告起世人「凡不能如是取徑的必定後患無窮」，從此亟盼一個理想道
德社會的來臨（周慶華，2020b：137～139）。

第五節　總匯為君子學的方法論實踐再進階

　　實際演繹操作君子學的進程就結束在此地。所立旨意則以繼前
典範轉移後的君子學樣貌一理開展，先經過「君子學新樣貌的新考

驗／從境遇到權變到抉擇的理路／以輕重緩急為衡量準則的體制化謀畫」等子項的論列，而後收尾在承接子項「歷史演繹和演繹歷史的拓展操作」的實務展示，一舉完滿所謂的進程動態兼及前進式歷程義節概（詳見第一節）。相同的，構設君子學有成後可推衍的還很多，而為了更見功效試著以演繹操作君子學的進程一題再續為闡發，往後一樣只要別有推衍的也才知所另行對照取則或更進益致勝。也因此，本題所囊括各子項乃屬總匯為此一再進階名義，它們同樣也已克盡自我顯能的任務了。如果說仍有什麼未了義待圓，那麼大概也是它在面對全球化的禍害上所能展現對治本事的依然也不得少論部分。

　　從君子學的演繹操作中，可知君子氣節（經由權變抉擇）自始至終都在道德光譜的正面端醞釀發用，既以內質義外飾禮孫信此一彬彬文質自許，又能上契仁聖德業衍為益世風範（即使得經過一段質能轉換和權變抉擇的歷程），深深提住且展演了中國傳統氣化觀型文化的高價心量，大有別於西方創造觀型文化所常見功利主義的道德光譜負面端取向。後者在仰體上帝造物互有差異的旨意下，只從個人切身的利益著手規畫，然後才兼為企望社會全體福份的增加（詳見第五章第四節）；而不像中國傳統緣於團夥為生的前提，一開始就考量到人際關係網絡的實存性，而無所謂個體權益優先的悖理計慮。基於此身為一個識者對於這種現象越有體認後，應當越無法諒解百年來國人將自我文化棄如敝屣的作為，那不但挺不住自己的道德主體，而且還很容易掉入別人所為我們設計的陷阱。比如說西方人普遍以為只要你做得到的事就是對的（像跟銀行貸到鉅款而無所愧惡之類）；而他們輾轉發展出來的資本主義也毫不留情的把競爭對手徹底加以摧毀（Graeme Maxton，2012；Loretta Napoleoni，2012；John Plender，2017）。這種只在意自己得利和成功的行徑，原是中土社會

所忌諱的，但現今在對方的殖民征服中卻已宛如被水銀瀉地般無孔不入我們生活的各層面，幾乎人人都被迫或被感染以追求最大經濟效益為標的。殊不知這已嚴重遭到套牢（被收編為人家經濟鏈的一環），以及大意參與了耗用地球有限資源的全球化行列（西方人因為相信死後有天國可去，所以不在意塵世深受蹂躪剝削；但非西方世界中人卻還要在地球長久居住，而不能沒有上述的警覺），再不回頭恐怕就要同歸於盡了（西方人是否真有天國可寄身還不確定，而他們的行徑卻已緊相將大家帶往能趨疲而終至滅絕的末路）！順著這個理路，已經可以覷見攸關君子守節所要歷經境遇考驗究竟有此一特別警策的權變課題，乃由中國傳統氣化觀型文化在內蘊精神中自我保障了（不必別為借鏡）。此地的翻檢尋繹，只是針對它不宜繼續沈晦而予以深情的召喚罷了（召喚成功就完了大半對治全球化禍害的程序／此後就等著廣為推動致效）。但願如此始終為世人所欠缺的有度式君子氣節能夠重現彰明於天下，精采濟助有情眾生而脫離性命的坎陷苦厄（周慶華，2020b：140～142）！

　　演繹操作君子學的進程課題經過此一總收，也可知或可印證演繹操作仍僅是一種密事計慮下的策略變異，不關君子學本身質地的全面更迭。換句話說，這也是君子學內部構件的調整或增列，以便在逆反全球化的路途上更顯勁道，也更有益於帶動風潮而拯救世界的危殆。至於它所同樣摶成如前面敘及的更新樣貌，則也已由此地的「再進階」名義一併蘊涵了（或說互為因果也無妨），這依然不必再多作一次語意上的溝通。

第八章　建立君子學的邊境采邑

第一節　還有更新的基進增體期待

　　君子學內部的有關賦義建制，經由前兩章所從新給予質能轉換式配備和以輕重緩急為權變準則等接連的整敕增補，不啻使得整體君子學可以更顯厚實光華而大有助於相關方法論的推衍（雖然在所設題〈典範轉移後的君子學樣貌〉和〈演繹操作君子學的進程〉中仍各用「君子學」一詞而非更貼切的「君子德能」或「君子氣節」）。至於要進一步印證「構設君子學有成後可推衍的還很多，而為了更見功效試著以典範轉移後的君子學樣貌一題續為闡發，往後同樣凡是別有推衍的也才知所再行對照取則或更進益致勝」（詳見第六章第六節）或「構設君子學有成後可推衍的還很多，而為了更見功效試著以演繹操作君子學的進程一題再續為闡發，往後一樣只要別有推衍的也才知所另行對照取則或更進益致勝」（詳見第七章第五節）此類自許見地，因而嘗試再行新變也就有擴延理論向度的意義和價值，終究為一難可迴避的嚴肅課題（也就是不這般處理，勢必無法自我交代且見容於他人）。

　　但這次的新變嘗試已不再是對著君子學的實質來別為尋繹（有質能轉換式配備和以輕重緩急為權變準則二理相加料助陣已經足夠），而得額外考慮可能的基進增體為更新或更進層期待。這種期待，既是自我加勉又是有所寄望他人（有志一同的人都可以參與尋繹行列），乃為理論構作的雙面性價位設想，大家一道從事了就會感受到它的意義深遠（而有促成已然沈痾如西式文化變性遷善及其新裁理想建立的高價作用）。

　　前面曾經提示過：在相繼後設性上，我們可以再為整體人文生

態添加內隱的成分而形成一段涵蓋「從道→氣化觀→縮諧式倫理→雅緻身分→君子作務的夢想旅程」及其「君子作務所規模出的有己身修為→上契安人德業→總歸於施行仁政等進趨形態」,然後結穴於當今全球化危機中必要的推衍,以成就君子學在世存有的特大價值(詳見第三章第二節)。當中屬間介項的「縮諧式倫理」一義(包括典範轉移／演繹操作等新規約在內)已多詳備於各章論述,而所後繼項的「雅緻身分」一義則有待此處予以詳說,並且獨許它為一種基進增體的量度。

　　所謂基進增體,是指原君子德行本可不須添加成分,但在經過一番審慎評估後覺得有必要據事增衍,終而也卯上了基進新變的流派。一般所說的基進(radical),也稱激進,是一種空間和時間的特殊相對關係。它在被運用時,有衝破一切藩籬的效力和不拘格套的自主性。如呈現在空間關係上,它就反對所有傳統霸權式的空間佔領策略(由侷限在山頭的堡壘逐漸蠶食鯨吞到控制廣幅空間流動的一方霸主);而呈現在時間關係上,它也反對所有傳統霸權式的時間佔領策略(一方面它透過歷史的造廟運動不斷地塑造悠久連續的傳統;一方面它以貌似負責的社會工程師自居不斷地預言未來秩序而建構新的社會)(傅大為,1991:代序4)。不過,基進卻有別於極端或偏激。基進乃是基進者自我形容的詞彙,而極端或偏激則是權威保守者加諸基進者身上的標籤。這兩個詞經常被持不同意識形態的人用來徵候一件同樣的事物,表面看來有些類似,其實大不相同。理由是極端或偏激在被使用時,很容易讓人聯想到「不正常」,而社會上的一些極端偏激分子往往也會被認為是情緒失調和心理不平衡、甚至曾經受過傷害和打擊(另外一種說法則是這些極端或偏激分子貪心／不守本分,以致在社會上或思想上有野心／想打擊他人等)。相反的,基進者的立場,既不可以用心理式的尺度去衡量,也

不可以按生理成長式的標準來估計。他所尋求是一些特別的社會空間和位置；如在權威系統外的自主性空間和能夠擾亂打破整個權威系統的戰略位置（傅大為，1994：3～4）。雖然如此，基進者尋求所要的自主性空間或採取有利的戰略位置後，多少也有向人暗示這是一個可行的策略或合理的途徑；否則他的苦心積慮就只合自己賞翫而無法與人分享。倘若還有可以討論的，那麼大概就是如何避免過度基進所可能帶來的反效果。換句話說，過度基進以「執意直往而不悔」的態度出現，忽略了自己本身可能存在的某些盲點（如立足點的不夠穩定、攻擊目標的片面虛擬和所採行策略的效應短少等），這就是一個值得留意的問題（周慶華，2006：128～130）。不論如何，這裏只是藉它來指稱一個新衍論式的必經途徑，而在給君子德行增體時自我意識它已超出舊範且遠為他說所不及（形同是基進突破了）。

　　這是君子學方法論推衍的更事展演，以總題為〈建立君子學的邊境采邑〉來冒領「還有更新的基進增體期待／可能的拓寬君子學邊境采邑構想／才藝美化為最迫切的進趨方向／許以獨有的雅緻身分為旁衍典範」等子項而準備依次加以論列，最後則將援例以「總匯為君子學的方法論實踐又進階」一項收尾。由於「還有更新的基進增體期待」已經隨問題而敘明了，所以底下就按次序接續述及其他各項。

第二節　可能的拓寬君子學邊境采邑構想

　　給君子德行基進增體，乃純屬拓寬君子學邊境采邑的構想。它的可能性來自君子德行的文飾質地可以有此一進趨（當然也可以僅停留在原先的限義階段），以及遇有外鑠另衍期待時也會連結到應有

類似添加項始能滿足對方的需求，從而使得拓寬君子學邊境采邑一事方便構想成真。當中邊境是指界域外緣，而采邑則擬比於古代諸侯或大夫的封地，表明君子學（君子德行）的內涵經過拓寬後可在此處擴延，無異於另立旗幟揚聲。

這種構想，早已乞求於君子立義的必要文飾性（質樸者無緣晉級為君子）；而此文飾性則不妨無盡富華以顯高價（這是前節所示「內隱」一詞的另層意義：指的是文飾可以增衍乃內含有的，此地不過是予以化暗為明罷了）。正如曾有過一段子貢反駁棘子成言論的故實所徵候的：

> 棘子成曰：「君子質而已矣，何以文為？」子貢曰：「惜乎夫子之說君子也！駟不及舌。文，猶質也；質，猶文也。虎豹之鞹，猶犬羊之鞹！」（邢昺，1982：107）

這是說當大家普遍具有堪稱良善的內質時，以此並無法區分高下，必須再經由文飾予以精緻美化，相關的品第評騭才有地方著眼。而這在爾後可能的演變中，只要嘗試為君子增添性徵成分的，就多半是從此一寓意取則。至於還有外鑠另衍期待要跨境的，也有一些古訓如「湯之〈盤銘〉曰：『苟日新，日日新，又日新。』〈康誥〉曰：『作新民。』《詩》曰：『周雖舊邦，其命惟新。』是故君子無所不用其極。」（孔穎達等，1982b：984）等在遙相啟導出路（也就是「日新其業」這件事豈能不包括采邑轉多富身該項），不慮沒有座標可以參鏡。因此，所謂「可能的拓寬君子學邊境采邑構想」，也就在這一情境中自然定案了。

換個角度看，作為深具義禮孫信等質性且又能上契仁者聖人的君子形象，已經給中國傳統氣化觀型文化塑造了一個可以並世顯異

的人格典範。如果還有不足以盡稱至高境地的所在，那麼大概就是
尚缺才藝的添加美化了。才藝一向被視為是「粉飾乾坤」的最佳或
最終途徑（張潮，1990：106），而作為一個以德行取勝的君子倘若
也有此項涵養，那麼他的文質彬彬格調鐵定可以更臻上境而被大家
所讚嘆仰止不輟（周慶華，2020b：143）。所構想拓寬君子學邊境采
邑本身，就立基在此一可以堂皇發出需求的「才藝的添加美化」上；
而該強能本事既然已有文人具備（文人就是以此特長行世），那麼轉
而期許有德君子一併擁有以顯富華風貌，不就是一件無比理從義順
的事麼！

　　想當年孔子在給君子型範作定位時，縱然也曾提及「*君子不器*」、
「*君子博學於文*」和「*君子無所爭，必也射乎*」等連帶才藝的增價
課題，但大致上還是以相關必備的德行為主。只因為君子所顯現文
質彬彬特性中的外飾部分可以增衍（不限禮孫信三德），以致為它保
留才藝項為高能見度也就理所當然，而毋慮會引發諸如違義或僭理
的疑難！也因此，孔子所自道的「*吾不試，故藝*」和刪詩訂樂如「*吾
自衛反魯，然後樂正，雅頌各得其所*」等演繹（邢昺，1982：78、
79～80），在對照他力主的君子德能上才有了合理性。也就是說，詩
樂等才藝具有美化君子形象的功能，所以必要另作關連以明顯君子
的另一進趨（有別於純德行的上契仁者聖人那種進趨）。這在理論的
建樹上，不啻完成了一件可「筆補造化（粉飾乾坤的類同版）」（俞
劍華編，1984：659）的重要事。縱是如此，這類進趨倡議隱藏有別
一不盡善面，無妨再作點疏通：就是現實中有名為才子卻多素行欠
正而頗見牴觸君子形象的〔如史書所載「*崔顥者，登進士第，有才
俊，無士行，好蒲博飲酒。及遊京師，娶妻擇有貌者，稍不愜意，
即去之，前後數四*」、「*王昌齡者，進士登第……不護細行，屢見貶
斥……昌齡為文，緒微而思清，有集五卷*」和「*溫庭筠者……大中*

初，應進士。苦心硯席，尤長於詩賦……然士行塵雜，不修邊幅……公卿家無賴子弟裴誠、令狐縞之徒，相與蒱飲，酣醉終日，由是累年不第」等就是（劉昫等，1979：2049～2050、5050、5078～5079）〕，這很可能會被引來質疑君子外飾才藝的正當性。但又不然！此地是要先確定為君子後方增添才藝以成高格，跟那些純具才藝而短少君子修養的人士大不相同（後者只合佔據第一章第二節所列德行光譜的中間位置而無緣向右邊君子端晉身），彼此毋須混為一談（周慶華，2020b：143～144）。這樣有關拓寬君子學邊境采邑的構想，就真的逕讓它從言說環境中去大為粉飾乾坤或筆補造化了。

　　此外，把才藝美化要求或援引為君子的另一進趨（以圓君子學邊境采邑的拓寬事），它在文化創發展演上已經被制約而有了一定的位階（也就是我們很難想像或准許此一進趨去獨立搬演或自生自滅）。如果有君子不願這般折騰費事而退居初階謹守德業就好，那麼他除了要被總認定為帶有欠裁成或不夠盡善盡美的格調缺憾（邢昺，1982：32、45），還得面對一個很現實的能力短絀而難以自處的問題：

> 陳亢問於伯魚曰：「子亦有異聞乎？」對曰：「未也。嘗獨立，鯉趨而過庭。曰：『學詩乎？』對曰：『未也。』『不學詩，無以言！』鯉退而學詩……」（邢昺，1982：150）

> 子謂伯魚曰：「女為周南召南矣乎？人而不為周南召南，其猶正牆面而立也與！」（邢昺，1982：156）

> 子曰：「小子！何莫學夫詩？詩，可以興，可以觀，可以羣，可以怨；邇之事父，遠之事君；多識於鳥獸草木之名。」（邢昺，1982：156）

光缺少一項詩藝就得如此狼狽面世（也就是開不了口說話、看不到前面的東西和無能興觀羣怨等），那再不懂音樂或短備射御等技能〔《論語》另載有「興於詩，立於禮，成於樂」立身語和孔子自詡射御本領等（邢昺，1982：71、77），可以參看〕，恐怕就得額外忍受別人輕視的眼光了（周慶華，2020b：152～153）。於是將拓寬君子學邊境采邑和才藝美化進趨連結在一起，相關的構想就正式成形且無礙於一冀實踐致效。

第三節　才藝美化為最迫切的進趨方向

　　為君子德行設定這種進趨向度，從理想面來看，那是美善兼具該一最高境界的體現，吸引力十足〔德行屬於善的範圍，才藝屬於美的範圍，二者合一必然比單項價值自存要有可觀。正如《論語》所記載的「子謂韶『盡美矣，又盡善也』；謂武『盡美矣，未盡善也』」（邢昺，1982：32），舞樂都有價位合偏的差別，人的美善兼具與否自然也要判分高下〕。而從現實面來看，則又已有某些難可移易的理則在誘人信從。如：

　　子之武城，聞絃歌之聲，夫子莞爾而笑，曰：「割雞焉用牛刀？」子游對曰：「昔者，偃也聞諸夫子曰『君子學道則愛人，小人學道則易使也』。」子曰：「二三子！偃之言是也。前言戲之耳！」（邢昺，1982：154）

這意味著有了才藝就多一項本事可以自我慰藉和被人稱道（反過來

則榮耀不及他人，還可能因此而妨礙到志向的伸展），致使在試煉有成後相關君子德行本身也會跟著水漲船高。又如：

> 子在陳曰：「歸與！歸與！吾黨之小子狂簡，斐然成章，不知所以裁之！」（邢昺，1982：45）

這徵候著君子但知守本分或踐履單純的德行而沒有才藝來佐助高華（相互鎔鑄裁成），那偏調的缺憾很快就會湧現布心（尤其在遇到其他文士甚具奇技而對比出自我不足時），而變成一個日夜縈繫不去的懸念，於是藉才藝來鎔裁更富文雅的君子德能也就不可或缺了。又如：

> 南宮适問於孔子曰：「羿善射，奡盪舟，俱不得其死然。禹稷躬稼而有天下。」南宮适出，子曰：「君子哉若人！尚德哉若人！」（邢昺，1982：123）

這暗示著才藝給君子美化增價後還可以回返激勵那些有才無德的人從新調性修道；否則像后羿／寒浞那樣光有才藝卻難保不遭人妒嫉唾棄而最後沒得好死！以上這些理則（已潛隱於案例中），顯然是君子此一進趨的累疊支持者，不太容易從旁將它們抽離（周慶華，2020b：144～145）。

　　以才藝美化自我為君子的另一進趨，基於更能明白此中轉折的關節以及掌握它事屬最迫切的所由來立場，有必要從文化的表現系統給予終極性的定位。就人所能體驗或察覺的認取／規範／賞鑑等經驗（詳見第二章第四節）來說，已知可劃分出真偽／善惡／美醜等研判方式（詳見第五章第二節）。縱然它們能夠各行其是而不礙經

驗的類型分殊，但在內質上彼此仍然有可互通的地方。也就是說，規範和賞鑑的體現除了可以相涉顯價（如善而美／美而善或惡而醜／醜而惡之類），還能被尋繹出理則而予以認取化（有真偽可比擬的美善道理）；同樣的，認取一旦確立後，也會受到美善或醜惡心理的迎拒，而暗地裏不由自主的規範化或賞鑑化起來（周慶華，2005；2007a；2007b）。因此，前面所說的君子以才藝增價而使美善合一本身，就是一個善中有美或美中有善的質涉表徵（不一定要當它是兩兩別異的條件相加）。至於它內蘊的理則，那就看後設知識經驗可以為該互通性掀揭或透露幾分；而這特別有效率的對待方式，就是讓深具統攝作用的文化架構進駐來加以提領顯明〔這是說倘若嫌認取／規範／賞鑑等經驗的區分略顯含混性，那麼換成文化概念且給予細衍次系統後，就比較容易看出各項經驗的所屬（也就是認取／規範／賞鑑等經驗可以體現於文化各次系統；而文化各次系統也得透過認取／規範／賞鑑等經驗的內蘊成就彼此緊相關連著）。這時就緣於文化架構的介入，使得相關的解說力大增而自成一種典範（周慶華，2012b：62～141）〕。

　　此一文化架構，是指文化乃一統括人為表現的概念而所涉內涵勢必要有可辨別類型次級存在分立的限義，因而形成一種子系併集對列的架構。這顯然得從文化本身的可定性談起：向來所見文化一詞涵義有著無比怪異的言人人殊現象（Charles Jencks，1998；Chris Barker，2004；Jeff Lewis，2005；Richard Caves，2007；Fred Inglis，2008），那都是起因於論者全然不了解文化乃緣限定而可能的（沒有什麼客觀性可以標記）；大家只要將它界說得合理則且便於容受或有效條陳相關對象就行了，而毋須強去跟人爭辯什麼是非。現在本脈絡理所當然要視它為可定性，而姑且把它用來指稱「人類展現創發或研練的成果」（有別於純生物性的存在）（周慶華，2020a：142）

且權為收攝一位論者所取徑歸結在相對上較為可觀的包括終極信仰／觀念系統／規範系統／表現系統／行動系統等五個次系統的區分（沈清松，1986：24）。當中終極信仰是指人類對宇宙人生究竟意義的關懷而將自己生命所投向的最後根基（如上帝／道／佛等）；觀念系統是指人類認識自己和世界的方式且由此產生一套認知體系和一套延續及發展他們的認知體系等（如哲學／科學等）；規範系統是指人類依據他們的終極信仰和對自身及對世界的了解而制定的一套行為尺度且比照這些尺度而產生一套行為模式（如倫理／道德等）；表現系統是指人類用一種感性的方式來表現他們的終極信仰／觀念系統／規範系統等而產生了各種賞鑑性作品（如文學／藝術等）；行動系統是指人類對於自然和人羣所採取的開發和控制的全套辦法（如自然技術／管理技術等）（沈清松，1986：24～29）。

依五個次系統的編序，終極信仰是最優位的，它塑造出了觀念系統；而觀念系統再衍化出了規範系統。至於表現系統和行動系統，則分別上承終極信仰／觀念系統／規範系統等。如圖所示：

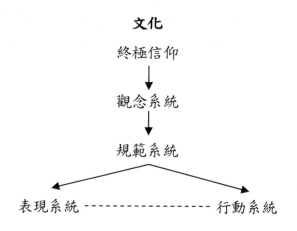

圖中表現系統和行動系統之間並無誰承誰的問題；但它們可以互通，所以用虛線連接。如管理技術所蘊涵的政治／經濟／社會等社會工程，跟文學／藝術等表現彼此也能相涉，而有「政治可以藝術化」而「文學也受政治／經濟／社會影響」一類現象的存在（周慶華，2020a：142～143）。

　　很明顯才藝美化是在文化的表現系統位置，它所該上承規範系統／觀念系統／終極信仰等以顯身價的被塑性已無所逃避，而它所得橫向通到行動系統自加渡世承擔也勢不可免了（否則就不知道它的如如存在具有什麼意義）。換句話說，君子德行在規範系統被據理定型後，本就要進入行動系統在政治／經濟／社會等層面施展所能；如今再增飾比照表現系統的才藝身段，該涉世行動不就要更顯如虎添翼了才對！這麼一來，君子就著實難以省去才藝晉身了。這樣再為他所承上演出賞鑑性格的樣態加以彰明條陳，也就有不能已於所論取的意義和價值峇認了。這是說君子自備才藝所實際演出的賞鑑性格總得有特定樣態可依恃，才不致任由遷延而漫無止歸化。事實上，從該才藝已上承規範系統／觀念系統／終極信仰等來看，那要歧出表現就得跨出界域，而跨出界域則不再是本系文化所準則崇尚，自然也跟君子德行自動脫鈎而得別為尋覓其他合演對象了。因此，另立一節來論斷此中關隘，很明顯是有所說必要承上啟下的在理作法。而這不妨先就現有各種賞鑑性格略予鋪展，以便後面的取則有據而不徒託空言（周慶華，2020b：151～153）。

　　此地所謂賞鑑性格，是指可為欣賞鑑別美感的性徵格調。它乃以快悅和耽玩的心理反應為核心，而旁及相關對象的巧飾特性的審定。這在極致化的文學表現方面，所體現的如藝術般的額外加工（應該說藝術在仿效文學以意象或事件間接表意的方式），就是為了給人帶來賞鑑的機趣。而大體上，賞鑑的機趣對人來說理當是永遠不會

斷絕需求的，它所要滿足人的情緒的安撫、紓解、甚或激勵等，已
經沒有別的更好的途徑可藉以達成。雖然如此，有關賞鑑的內涵卻
會因為古來眾人所規模的不盡一致，使得後續的討論必須重作限定
才好部署論列。關於這一點，基於論說的方便，姑且以文學到網路
時代為止所被模塑出來的優美、崇高、悲壯、滑稽、怪誕、諧擬、
拼貼、多向和互動等九大美感類型作為賞鑑的範圍。如圖所示：

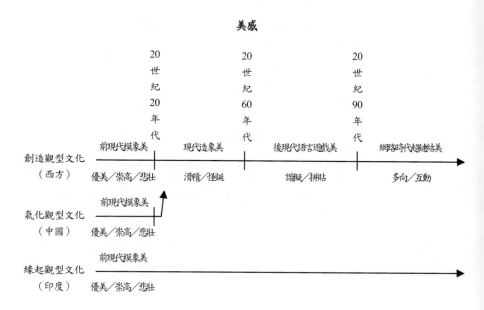

當中優美，指形式的結構和諧、圓滿，可以使人產生純淨的快感；
崇高，指形式的結構龐大、變化劇烈，可以使人的情緒振奮高揚；
悲壯，指形式的結構包含有正面或英雄性格的人物遭到不應有卻又
無法擺脫的失敗、死亡或痛苦，可以激起人的憐憫和恐懼等情緒；
滑稽，指形式的結構含有違背常理或矛盾衝突的事物，可以引起人
的喜悅和發笑；怪誕，指形式的結構盡是異質性事物的並置，可以

使人產生荒誕不經、光怪陸離的感覺；諧擬，指形式的結構顯現出諧趣模擬的特色，讓人感覺到顛倒錯亂；拼貼，指形式的結構在於表露高度拼湊異質材料的本事，讓人有如置身在歧路花園裏；多向，指形式的結構鏈結著文字、圖形、聲音、影像和動畫等多種媒體，可以引發人無盡的延異情思；互動，指形式的結構留有接受者呼應、省思和批判的空間，可以引發人參與寫作的樂趣。這不論彼此之間是否有衝突（按：在模象美中偶爾也可以見到滑稽和怪誕，但總不及在造象美中所體驗到的那麼強烈和凸出；同樣的，在造象美中偶爾也可以見到諧擬和拼貼，但也總不及在語言遊戲美中所感受到的那麼鮮明和另類），都可以讓我們得到一個架構來權衡去取。而由於美感特徵多樣化，不能一概含混論列，從而使得文學的賞鑑也要有類型係聯上的差別。這種差別，自有文學本身特性方面的要求，此處非關重點自然不及細論；所要強調的是從現代派以後，都是一向為媲美上帝風采的創造觀型文化一系所疊代新創的。至於氣化觀型文化一系，從二十世紀初以來就幾近停頓而轉向西方取經，自此沒了原有面目；而緣起觀型文化一系的相關表現本就不積極（但以解脫為務而不事華采雕蔚），也無心他顧，所以縱是略顯素樸卻也還能維持一貫的格調（即使如此，三系的前現代美感仍然各有質距，只是不便在這裏進一步詳論了）（周慶華，2020b：151～155）。

　　現在回到本脈絡所要貞定君子才藝加被的賞鑑性格，它的樣態自是自我所屬氣化觀型文化先前所概見的，但因為君子的正面人格形象限定了賞鑑性格的向度，以致只會在優美和崇高二端位移；尤其是優美的諧和性更為君子所得搶先崇尚，因而完成一個加值型的文質彬彬德才兼備型範（周慶華，2020b：155～156）。

第四節　許以獨有的雅緻身分為旁衍典範

　　才藝美化為君子最迫切的另一可感進趨，這從文化的表現系統予以定位後，他所顯現的該優美樣態不啻演實了一個堪稱是自我塑造也被文化塑造而可為旁衍典範的雅緻身分。這種身分，乃屬為建立君子學邊境采邑所許以獨有的，而實際上也毫無疑問的可以給自我文化的整體表現無限增價。相對的，現今僥倖獨霸全球的西方創造觀型文化則無此機緣。

　　這不妨以具體舉例方式來對比論列：起始點是有一項涉及關係「人情冷暖」的金錢贊助或借貸行為，在中國社會為常態，但在西方社會則極為罕見：

> 雨村因乾過，嘆道：「非晚生酒後狂言，若論時尚之學，晚生也或可去充數沽名；只是目今行囊路費一概無著，神京路遠，非賴賣字撰文即能到者。」士隱不待說完，便道：「兄何不早言……兄宜作速入都，春闈一戰，方不負兄之所學也。其盤費餘事，弟自代為處置，亦不枉兄之謬識矣！」當下既命小童進去，速封五十兩白銀，並兩套冬衣。（馮其庸等，2000：10～11）

> 約翰：「我求你一件事，你能替我保密嗎？」
> 大衛：「當然可以。」
> 約翰：「近來我手頭有點緊，你能借我些錢嗎？」
> 大衛：「不必擔心，我就當沒聽見。」
> （張法，2004：136引）

後者當事人一個不敢「直說」困窘而一個「回拒」不留情面，簡直

是冰冷到不行！相對的，前者在《紅樓夢》裏甄士隱一開始就財施於賈雨村的情況，幾乎看不到有絲毫的吝惜。為何像這種深富人情味的主動贊助事可以在東方社會裏見著（它不只出現在小說裏，現實中也很常見）？這點從語用符號學的角度看，問題就很清楚了：前者是緣於創造觀型文化傳統的受造意識（使得每一個體必須爭氣以仰體上帝造人的美意而難以啟齒求助於他人以及大可減卻救渡的善舉）；而後者是緣於氣化觀型文化傳統的綰結人情心理（朋友倫常僅次於親戚有「相助之義」而必須如數表現才能體現精氣化生的真義），彼此各鸞異趣。縱是如此，我們還可以再問：西方人信仰上帝不是很講究愛人的麼，又為何會在這個環節上觸處矛盾？原來西方人仰體上帝造人的美意而仿效起上帝愛祂所造子民那樣來愛同類僅是個幌子，他們只有愛上帝才能獲致得救的保障（詳見第五章第五節）。而這一愛上帝的表相底下所蘊涵的為得到救贖的信念，就是整個西方文化所以會藉由戡天役物和殖民征服橫掃全世界而禍害無窮的根源（詳見第三章第四節）。反觀中國傳統氣化觀型文化所內蘊的綰諧式倫理就不可能衍發出這類作為，自然也無從釀致該不可彌補的雙重災禍。

　　由此可知，上述起始點所對比出人情冷暖在中西社會中的迥異現象，全緣於各自不同的終極信仰／世界觀／倫理規範等，彼此無可通約，也難以互換。這落實到前述的文化架構圖上，則可以分別形現如下：

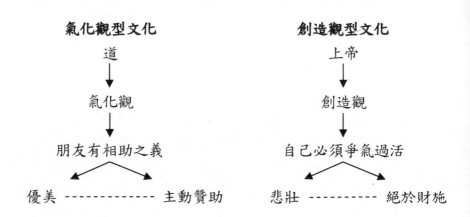

圖中所加入相關的生活美學形態，在中國因朋友相助顯現人倫的和諧而屬於優美；而在西方則因朋友未相助顯現人倫的欠缺和諧而屬於悲壯。很明顯君子的才藝美化一理必定相契於自我所屬優美此類美感經驗，而為他系文化中人所難以企及（包括緣起觀型文化中人無這種德才要求在內），在往後的救渡濟世承擔上特別能夠優先予以寄望（周慶華，2020b：157〜160）。

所謂「在往後的救渡濟世承擔上特別能夠優先予以寄望」，這是依君子德才兼具後勢必要再進入行動系統去政治／經濟／社會等層面施展所能連貫而說實的。本來在孔子率先為君子的上契仁者聖人所指出的「向上一路」時，已形同是為君子的入世情懷安好了位階，只要君子肯實地去推己及人或博施濟眾，就完成了他高格化的使命。只不過此地還得促成他先經由對治相關西化遺禍的作為後才顯能，而使得所歸結出的君子雅緻身分塑造要在一番貞定中從新被看見且給予十分的重視。

大家知道，西方人在美才方面的表現所體現於文學藝術的，已經從前現代模象美幾經易動而向現代造象美／後現代語言遊戲美／

網路時代超鏈結美等新變途徑極速奔去；但那內裏所包藏的複利思維和唯我獨尊意識等，卻是一逕依循資本主義的運作邏輯和殖民征服的凌駕企圖，所能集中涵養於個體或集體的美感修為顯然都反流露出了醜惡的面貌。無奈國人始終不察，直把自我原所專擅的美感特徵拋捨棄置而傾心追躡對方的成就，希冀能夠討得影附的榮光（周慶華，2020b：160～161）！也因此，許以獨有的雅緻身分為旁衍典範，就不只是純理論分疏的興趣，它還有要藉此來從事一種幾近還魂式的召喚深意在流動；大家一旦錯過了療癒，別說是渡世承擔，恐怕連自我想挺立於國際社會的機會都很渺茫。

第五節　總匯為君子學的方法論實踐又進階

所嘗試建立君子學的邊境采邑一題，從「還有更新的基進增體期待／可能的拓寬君子學邊境采邑構想／才藝美化為最迫切的進趨方向／許以獨有的雅緻身分為旁衍典範」等了項的累疊論列，也充分可看出君子學方法論實踐的緊要處；而這緊要處自是在超卓面上體現該實踐的又進階意涵。換句話說，構設君子學有成後可推衍的還很多，而為了更見功效試著以建立君子學的邊境采邑一題又續為闡發，往後一致凡是別有推衍的也才知所他行對照取則或更進益致勝。也因此，本題所囊括子項乃屬總匯為此一又進階名義，它們一樣也克盡自我顯能的任務了。假使說尚有什麼未了義待圓，那麼大概仍是它在化解全球化危殆上所能彰顯優著力道的依舊也不得少議部分。

根據前節所述，國人尾隨西式的美感修為不免是一種嚴重的錯接，而理當要深自惕勵悔悟！現在對於這個錯接式的理路，如果回到西方文化的整體徵象來看，國人當是忽略了那裏頭所顯示的兩個

面向：一個是貶低個人的創造精神，並且將自身發揚光大的希望寄
託於羣眾集體和民族的創造力（如資本主義工業體系的集中化或列
寧式的極權）；一個是跟集體主義相抗衡的作為一種哲學思考的個人
主義。前者會授予國家以一種特權的地位；後者則顯現出對特殊人
物或超人或上帝選民的崇拜（Claude Delmas，1994：127～138）。這
都有不可共量的特殊因緣在制約著，很難易地重演。但不料自從鴉
片戰爭以來，一連串的戰事失利，使得國人對自我文化的信心大為
潰決，轉而全力擁抱對方而妄想圖存。只是當中的難度很少有人去
正視，導致前者僅僅學到皮毛；而後者則根本沒有機會契入。原因
就在人家有個萬能的神在誘引，誰都可以尋隙去發展超常的本事，
終而榮耀或媲美了他們所信仰的上帝；而我們大多卻只會關起門來
鬥力消磨志氣（特指後來海峽兩岸所引入消化不及的民主主義和社
會主義內情），渾然不知自我所屬傳統向來也有高華道德和卓犖才情
的一面。這是說我們從未擅長於藉戡天役物成就自己而顯示生來特
能仰體上帝造人的美意，但才份的優為發用卻能營造出一種雍容華
蔚且無所耗費的諧和美感來；而一旦不明此旨強要棄我從他後，永
遠學不會西方人的科學迷情和哲學逞思的命運就註定了。至今國人
所夢想搏造的百年西化大業，怎麼瞧都是一個律動不起來的生活形
態！反而是整套體系如政治、經濟、社會及其教育和軍事等不斷地
盲目在尾隨別人而僅能效顰過日，並且包括原有的脾性和對人的溫
情等在內還隨著妄擬西方法制刻酷而快蕩然無存。放眼望去，儘是
疏離傳統卻又茫無所適，所剩只差內政外交疲困不堪、民眾幸福指
數滑落到了谷底。如今西方人興作帶動的資本主義全球化及其霸權
連番的殖民征服配置等，已然要將舉世推向能趨疲的末路，但他們
仍舊不死心想在經濟終止運轉前再奮力一擊企圖突圍（Mark Blyth，
2014；Richard Dobbs 等，2016；Gervais Williams，2017；Michael

O'Sullivan，2020）；而最新網路科技所造成的隱形帝國還在奢望普泛操控你我的生活（Bruce Sohneier，2016；Marc Dugain 等，2018），這種種更見一體化且沒有明天的險巇存在模式，都軋進了創造觀型文化一系的賞鑑體驗，卻又無能反向拯救世界的失序沉淪。以致從新召喚古來君子在表現系統的雅緻身分塑造，讓他實際作用於行動系統中相關體制的設計和執行等充滿諧和美感的理想政治搏造（詳見第一章第四節），以緩解世界的毀敗和人心的迷惘，從而體現中國傳統氣化觀型文化所深具渡世承擔可以靠它來終極保證的真諦，自然也就成了自我奮起也期待他人協力的一件刻不容緩的重要事（周慶華，2020b：161～163）。

　　建立君子學的邊境采邑課題經過此一總收，也可知或可印證基進增體仍僅是一種密事計慮下的策略變異，無關君子學本身質地的全面汰換。換句話說，這也是君子學內部構件的調整或增列，期盼在逆反全球化的道路上更有威勢，也更能諫諍人心而渡化世界。至於它所一樣搏成如前面所道盡的益新樣貌，則也已由此處的「又進階」名義一併蘊涵了（或說互為因果也可以），這仍舊不必再多作一次語意上的穿透。

第九章　繁衍多姿的君子學總趨勢

第一節　君子新存有的發皇確立

　　為君子基進增體此一君子學的方法論實踐，所明列的雅緻身分已給君子的新存有典範高樹旗幟，很可以據而衍發實質有效的行動。這整體上帶有總收性，為的是把前面所實踐過的「透過對比君子學一題先行墊底論述」（詳見第五章第六節）／「以典範轉移後的君子學樣貌一題續為闡發」（詳見第六章第六節）／「以演繹操作君子學的進程一題再續為闡發」（詳見第七章第五節）／「以建立君子學的邊境采邑一題又續為闡發」（詳見第八章第五節）等方案更推進一層（同樣的，在後例所設題〈建立君子學的邊境采邑〉中也仍用「君子學」一詞而非更貼切的「君子才藝」），而讓一個理當形現有則的君子學總趨勢能在相關方法論實踐的過程得著落實證驗。

　　這是為人文生態所添加內隱成分而形成「從道→氣化觀→縮諧式倫理→雅緻身分→君子作務的夢想旅程」一截（詳見第三章第二節）的末端強出意示，表明該「君子作務」乃基進增體後以德才兼具身分所發的行動（不再是純德一面的外化而已）。因此，有必要再設立〈繁衍多姿的君子學總趨勢〉專題，並且分衍「君子新存有的發皇確立／所繁衍君子德才兼具觀已成一多姿形態／相關的用世連結正要計慮開啟／君子學總趨勢乃看向可發展的行動系統夢想」等子項來接續論述，而結束前則一樣以「總匯為君子學的方法論實踐更進階」一項依例闡明屬事。當中「君子新存有的發皇確立」為最先揭的條列，理應得從它開始談片。

　　如今所要推出的君子德才兼具此一新存有特徵說帖，內裏涉及的發皇（發露昌皇）作功乃由君子學的方法論實踐所體現，這自無

疑問；只是該新存有的存有性究竟要有什麼質地，還有待此處予以設說而讓它「確立」下來。照一般存有論的講法，存有此一形上立名乃指存有物所進行的存在活動（項退結，1981；曾仰如，1987；王文方，2008）。由於該存在活動還大有可能展現出創造力道（如田徑選手所進行的跑跳擲活動，就比常人進行同樣活動多了一點可感的詩性創造力），以致有人就逕直以此質性來設說存有：

> 同樣一切存有者也都進行存有的活動，以顯示它們內在的豐盈，以更追求它們存在的完美……存有乃一豐盈和滿全的活動力和創造力；但這活躍的創造力卻必須透過存有者、並透過存有者和其他存有者的關係、更透過存有者和彼此間的關係在時間中的變化來顯示自己。換句話說，存有作為一種創造性的存在活動，必須透過人、物、社會和歷史來彰顯；而人、物、社會和歷史的意義，就在於顯示存有豐盈的創造活動。（沈清松，1987：13～14）

此一「創造性的存在活動」觀，相較歷來同類論述並未這般標榜來說（Bertrand Russell，1984；Wilhelm Windelband，1998；Martyn Oliver，2005；Robert C. Solomon 等，2007），顯然是新的限定。即使如此，它的穎異強著可藉用性，也不妨隨同取義，而將君子的新存有許以一個類似帶創造性的特徵。

　　這項特徵的給定，除了相中它的切合度高，還特別在德業面上據以強調備列德才的君子勢必要跟用世一事連結，才好展現作為一個人間秀異者的更深或更精在世存有。所謂「在世存有」，是指人活在世上所能挺立或彰顯的意義和價值（以有別於純生物性的存在），這在經由兼具德才而呈現出存有性的君子那裏，他所異於常人的地

方，主要是有一項個別道德迎向集體道德或深受集體道德召喚的理則在背後制約著。此一理則，乃由心理機能中的權力欲望、社會機能中的權力關係和文化機能中的世界觀等所綜合摶成的（周慶華，2005：25～48）。它本通行於社會各階層想要有所作為或雅不甘願凡庸的人，但在已德才兼具而信念堅確的君子身上會更強顯此中綿黏催化的作用力。至於這段倫理覺悟及其發用的旅程，則可以結穴於孟子所出示的「窮則獨善其身，達則兼善天下」一語（孫奭，1982：230）。當中窮／達未必是緣於外在環境而使然的，它也可以是自我意欲或強為爭取的，如孔子所自述「飯疏食飲水，曲肱而枕之，樂亦在其中矣。不義而富且貴，於我如浮雲」、「沽之哉！沽之哉！我待賈者也」、「吾豈匏瓜也哉？焉能繫而不食」和「鳥獸不可與同羣！吾非斯人之徒與而誰與？天下有道，丘不與易也」等（邢昺，1982：67、79、155、165）切近顯示的。因此，君子德才的用世連結，就有如一個先知式或慧見式的命題，早就在中土社會亟欲得到普遍的驗證（周慶華，2020b：165～166）。

　　君子的新存有除了帶創造性，還兼及一種可蘊涵的辯證色彩。這是從一般存有論也牽涉對潛能和現實相關連課題的討較而想及的：原先潛能被設定為能夠變為事實、能夠實現的，但目前尚未實現、尚未成為事實的實有物；而現實也被設定為已經變為事實、已經實現的現有物。只是它們並不被看成兩個完整物，而是被看成一個完整物的兩部分（曾仰如，1987：168～169）。此地也無妨這般取義，將君子新存有的質性規畫限定為增衍君子的潛存狀態，而將君子新存有的質性實現限定為增衍君子的現存狀態，二者是增衍君子這一（先被限定為）存在體可以有的兩部分。話雖然是這樣說，但作為潛存性的增衍君子此一潛能和作為現存性的增衍君子此一現實，也未必要當它們是各別或分立存在，還是可以在進一步限定中

讓它們再擁有辯證的關係。這種辯證的關係，因為已經有現實由潛能所促動的一體兩面性在先（見前），所以不妨再別為賦予可由現實逆反潛能一義而成道地的相互依存式關連（有別於傳統所見唯心辯證法的正反合說或唯物辯證法的演化上升說）（周慶華，2004b：64～67）。也就是說，君子質性的更新擴增（縱使此刻我個人覺得本脈絡所設說已到了頂點），容許往後不論是理論或是實際別有需求時再行權為擇定，屆時就有了從相關現實反向影響或制約相關潛能的事實發生。

第二節　所繁衍君子德才兼具觀已成一多姿形態

　　君子新存有的發皇確立，旨在說明底定德才兼具後的君子必要在跟用世連結中顯現他作為一個新存有所備列的創造性，以及後製可以從新約制再增體而使該新存有另具辯證色彩等，雙料通透及一新典範在眼。而回到所繁衍的君子德才兼具本身，有此一新存有的上述兩面向可察考，毋寧讓他的展演績效在無有併比對象的情況下自成一多姿形態。這多姿形態乃以跟用世連結為最大亮點，而它早已有相關理路在密實的醞釀著，就等這一刻（重構君子學）來給予揭發定案。

　　先前說過，一切的德行增衍及其跟用世連結，在孔子那裏已經連番作了確有見地的鋪展（只是細密度還有待提升。詳見第八章），如今要重為釐定君子新存有從內在質性到外發行動的價位階次，當然得自既有幾已蘊蓄完成的理路尋思起（這一作法的出示仍歸屬君子學的方法論實踐範圍）

　　大致上，孔子所以倡議君子德才勃發用世，主要是他想看到一個美好政體的實現（因為那是保障大家足以適性發展的至要條件）。

而此一美好政體，在經過他所評判舊案以及跟時人或弟子的對答中，也已有了一定的輪廓，君子德才要介入運作想必不乏可參照的座標。現在就依《論語》一書所載略作條理。首先，該座標最究極性的點眼，就在「為政以德，譬如北辰，居其所而眾星共之」（邢昺，1982：16）這一最為切要以德感召化民的項目上。正如堯舜禹所表現的那樣：

> 子曰：「大哉，堯之為君也！巍巍乎，唯天為大，唯堯則之！蕩蕩乎，民無能名焉！巍巍乎，其有成功也！煥乎，其有文章！」（邢昺，1982：72）

> 子曰：「巍巍乎，舜禹之有天下也，而不與焉！」（邢昺，1982：72）

> 子曰：「無為而治者，其舜也與！夫何為哉，恭己正南面而已矣。」（邢昺，1982：137）

> 子曰：「禹，吾無間然矣！菲飲食，而致孝乎鬼神；惡衣服，而致美乎黻冕；卑宮室，而盡力乎溝洫。禹，吾無間矣！」（邢昺，1982：73～74）

堯舜禹是典型君子更升一級在政治上有良好作為紀錄的人，雖然他們在「博施濟眾」或「修己以安百姓」的聖人事業方面還有所虧欠（邢昺，1982：55、131），但就以德感召化民一點來說確實已足夠為從政者的表率（邢昺，1982：109、116）。其次，順著該點眼而見著於行事的，不論是為人主或居官，都必須德範無類且晉用賢能，

以便上下通氣而無所乖隔償事。這已有孔子的皇皇言說在見示著：

> 定公問：「君使臣，臣事君，如之何？」孔子對曰：「君使臣以禮，臣事君以忠。」（邢昺，1982：30）

> 哀公問曰：「何為則民服？」孔子對曰：「舉直錯諸枉，則民服；舉枉錯諸直，則民不服。」（邢昺，1982：18）

> 仲弓為季氏宰，問政。子曰：「先有司，赦小過，舉賢才。」曰：「焉知賢才而舉之？」曰：「舉爾所知，爾所不知，人其舍諸？」（邢昺，1982：115）

如此君臣一體適用君子守節，可見是德範無類；而能讓百姓信服，也可知是晉用了賢能在推動政策，無不體現著一貫的道德邏輯。這麼一來，君君／臣臣的上下和諧關係獲得了保障；而近者說（悅）／遠者來的高華政績也從此悠然底定（邢昺，1982：108、117～118）。再次，當德風還不夠普及以為化民成俗，以及別有異端介入橫生枝節礙著時，就得仰賴教育來救助，從「舉善而教不能，則勸」著眼，終而如「放鄭聲，遠佞人」遠離異端（邢昺，1982：18～19、138），自然就能同登君子進德的殿堂。同樣的，這也有孔子的獨家識見在先：

> 子適衛，冉有僕。子曰：「庶矣哉！」冉有曰：「既庶矣，又何加焉？」曰：「富之。」曰：「既富矣，又何加焉？」曰：「教之。」（邢昺，1982：116）

子曰：「道之以政，齊之以刑，民免而無恥。道之以德，齊之以禮，有恥且格。」（邢昺，1982：16）

子之武城，聞絃歌之聲，夫子莞爾而笑曰：「割雞焉用牛刀？」子游對曰：「昔者，偃也聞諸夫子曰『君子學道則愛人，小人學道則易使也』。」子曰：「二三子，偃之言是也，前言戲之耳！」（邢昺，1982：154）

教育是為了讓人脫離蒙昧且可以優入君子範域，使得美好政體的建立由於有一定共識互挺而得以磐石永固。這樣所加入的教化助力而讓相關施政能夠順利開展後，接著一如孔子深加期許的「善人教民七年，亦可以即戎矣」、「善人為邦百年，亦可以勝殘去殺矣」和「如有王者，必世而後仁」等理想遠景（邢昺，1982：119、117），就會漸次在大家的眼前形現。不然，所有可能壞事的劣跡包括「不教而殺謂之虐」、「以不教民戰，是謂棄之」和「攻乎異端，斯害也已」等（邢昺，1982：179、120、18），必定紛至沓來而造成政體的瓦解，民眾也從此要過著流離失所心無止歸的非人生活！此外，對於君子德才的用世連結，還可以在積極面上立顯「老者安之，朋友信之，少者懷之」的高度溫暖人心效果（邢昺，1982：46）；而在消極面上也會有「不念舊惡，怨是用希」、「故舊不遺，則民不偷」、「苟子之不欲，雖賞之不竊」、「躬自厚而薄責於人，則遠怨矣」和「惠而不費，勞而不怨，欲而不貪，泰而不驕，威而不猛」等不教人訾議的取信作用（邢昺，1982：45、70、109、139、170），很足夠合上述諸端一起體現或營造出「大同社會」的氣象來（孔穎達等，1982b：413）。雖然在孔子略後有孟子僅要求人主與民同享所嗜樂／色／貨一類「降等仁政」的倡議（孫奭，1982：29～36），似乎主動應景要

為該情境打折扣而頓失高華的理想性；但那對世人普遍沉溺而亟思予以拯救的用心依然可感，仍不失相關連結有意反轉天下無道為有道的朗朗志節（周慶華，2020b：166～171）。

　　可見君子德才兼具所許給的多姿形態，莫不從一併跟用世連結處來共享榮光。前者（指德才兼具），可在文質彬彬盛德上再添一才藝美身；後者（指跟用世連結），則可在知所外化益世而盡得化民安民等可感事業上耀體，雙雙連臺稱勝，遠非但偏一隅德能或鮮見才情的他者所能企及，不慮可以懸為入世黽勉勞務的最高型範。

第三節　相關的用世連結正要計慮開啟

　　上述君子德才兼具觀所繁衍成的多姿形態，既然顯現在德才本身的富含性和跟用世連結的盡展性等兩重滿檔光華上，那麼它的末端外發行動勢必要由新的實踐籲請而體現於當今社會（才能完滿一個整全性的論述需求）。也因此，繼「所繁衍君子德才兼具觀已成一多姿形態」項的討論後，乃有「相關的用世連結正要計慮開啟」項得登場來接受連帶論述此一屬自我要求性的考驗（這關沒通過後面的總綰致效說就難以接續推出）。至於此地所謂的「正要開啟計慮」，是指一非間斷作業式的理論表徵：從早先已有的用世連結情況跨進現今相仿或更基進所得用世連結的倡議，而由此類殿後式倡議來顯示所指稱的計慮開啟得有這一義。

　　原則上，理論所需要的格局定位乃有一已然可制式約定的文化概念架構在引導入駐（詳見第八章第三節）。這順著說就是：正因為君子德才兼具的存有性得在現實中有一番殊異的表現框限，而該表現乃屬整體文化中的行動系統管轄，以致相關的討論就可以匯聚到行動系統的性狀來定點發微。這是從精神內蘊而後外發為作務的一

貫理路（否則內外不一致所顯現的矛盾性會讓一個人失去存在意義），在強顯德才特徵的君子那裏尤其要被嚴密邏輯所準繩（周慶華，2020b：171）。

　　根據文化是「人類展現創發或研練的成果」（此成果包含著相關歷程和結果的整體）這一有效看待出論的方式，底下所能再分出終極信仰／觀念系統／規範系統／表現系統／行動系統等次系統，以及將該次系統整編成一個具先後次序和橫向聯繫的關係圖（詳見第八章第三節），那君子志節的體現或揚露就可以一併在所屬的位置上展演：

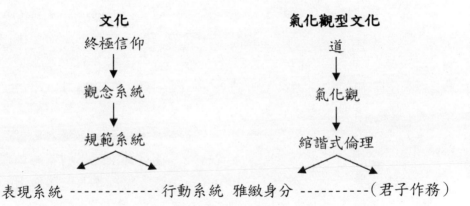

從道→氣化觀→綰諧式倫理→雅緻身分等，都給君子量身定作好了，所剩就是他所要採取的行動。這個行動涉及對待自然和人羣的全套辦法，包括自然技術（開發自然、控制自然和利用自然等技術）和管理技術（社會技術或社會工程）等。由於君子是中國傳統氣化觀型文化最合適被推崇的人格型範，而他的種種德行才具向度也已受到相當程度的模塑且亟待戮力踐履（詳見第八章第四節），所以在行動系統自然就能夠發展出特定的夢想。說這是夢想，乃意味著現實

中還有所不盡能(如前面所舉孔子對美好政體的期許尚未見著於當時社會),必須著為想望而勉力去追求。而事實上,在孔子時代已經為君子作務規模了一定的形態可以進趨。所謂「其行己也恭;其事上也敬;其養民也惠;其使民也義」(邢昺,1982:30),這是君子在政事上最基本應有的作為;而「修己以安人」/「修己以安百姓」(邢昺,1982:131),這是君子上契為仁者聖人從政所得成就的;至於「足食/足兵/民信之」和「庶矣/富之/教之」等(邢昺,1982:107、116),則又是君子施政所要周到顧全的範本,無不充分顯示非君子所不能的獨特行動。而這到了孟子時代,乃直接代以「仁政」的倡議,所統括的有省刑罰/薄稅斂/與民同享逸樂/使先覺覺後覺等比較具體的策略(孫奭,1982:14、29~36、176),一起成為人主臣屬比照上達的標竿。而依考察,在歷史洪流裏稱得上能臻致此境的,大概只有漢文帝主政那二十多年。據史書所載,孝景帝制詔御史有「孝文皇帝臨天下,通關梁,不異遠方,除誹謗,去肉刑,賞賜長老,收恤孤獨,以育羣生。減嗜欲,不受獻,不私其利也。罪人不孥,不誅無罪,除宮刑,出美人,重絕人之世。此皆上古之所不及,而孝文皇帝親行之。德厚侔天地,利澤施四海,靡不獲福焉」(司馬遷,1979:436)這樣的崇揚;而史書作者的贊語「孔子言『必世然後仁。善人之治國百年,亦可以勝殘去殺』。誠哉是言!漢興,至孝文四十有餘載,德至盛也。廩廩鄉改正服封禪矣,謙讓未成於今。嗚呼,豈不仁哉」(司馬遷,1979:437~438)也彰明一代帝王德配天地的內在因緣,一致落實了只有仁政才能贏得高度美譽的道理(周慶華,2020b:171~173)。

到這裏事理已經很明朗了:一個人得努力晉身為深具內質義外飾禮孫信該一文質彬彬特質且兼備文學藝術等才能的君子,然後上契知所推己及人的仁者和能博施濟眾的聖人,並由此發為仁政外務

而後成就王道，以體現氣化觀型文化中人特高格的在世存有性。這是可及身驗證的（史上堯舜禹湯文武周公等都能展現出相當程度的美姿；而孔孟也從自持中透顯機會到了就可以如此達陣），只是畫地自限或半途止步的人更多，馴致要把它重許為夢想而寄望異日再行落實（周慶華，2020b：173～174）。也就因為有這一夢想的機遇重許及其異日再行落實的可以寄望等系列心理緣由在曳引著，讓相關的用世連結得以浮現且明朗化，以致開啟所要的計慮也就一貫的銜接上了（前面所謂「非間斷作業式的理論表徵」，就在此地自然得著證驗）。

第四節　君子學總趨勢乃看向可發展的行動系統夢想

從前頭一路論述下來，不難窺見整體上已得或必要縮結成一個有關君子學的總趨勢。這個總趨勢，實質命義乃看向前節所說那一可發展的行動系統夢想：一方面據以強顯為對治外來體制的干擾；一方面順勢再向時代進行高華德業的無盡推衍。如此所重許的夢想沒有虛發，而所累至異日再行落實的寄望也不是空逞（終究能夠達陣），君子德才的用世連結盡成一最佳典範（所計慮一切仍然是君子學的方法論實踐所體現）。

這是說如今時空在舉世倫常失序及其能趨疲危機中無端地遷延漫漶了，很明顯擺在大家眼前的是一個益加嚴峻的現實環境：也就是百多年來中土社會受到外來體制的籠罩，伸縮失常且大為質變，使得相關的夢想必須轉來直接落實為對治該體制的干擾，以便能夠挽回民族自信心，同時也試著推衍代為拯救世界的危殆。前者（指挽回民族自信心）是說西方創造觀型文化得著便利於近世竄升並大舉向外擴張後，國人在面對自我一連串的戰事失利，很快就卸下心

防轉為全心擁抱對方妄想圖存，殊不知這般委屈求全朝西方靠攏所得付出的代價：就是大家不再了解自己所屬文化傳統是怎樣緜延輝煌了幾千年，以及中間還締造了漢唐盛世和融化過蒙滿異族統治等；只因為暫時被人家的船堅炮利轟開了大門，感受到一股從未有過的外來文化衝擊，就打心底拜服而不分青紅皂白的妥協於對方，試想我們終究成了什麼人！從早期洋務運動的「**師夷之長技以制夷**」或「**中學為體，西學為用**」，到五四新文化運動的迎接德先生（Democracy）和賽先生（Science）而全盤西化，以及晚近海峽兩岸隨順全球化浪潮而攀附西方資本主義的驥尾等，不過是短短一個多世紀中國傳統氣化觀型文化就從世界除名，而我們卻還烙印著黃種人的印記，在西方人看來仍舊是次等民族！請問這樣長此以往，我們還能拿什麼來炫人自豪（詳見第三章第三節）？因此，回返來接軌原有仁政此一君子作務的訴求，而讓整個民族能夠從新挺立，也就成了國人「捨此無他」的特大使命。後者（指試著推衍代為拯救世界的危殆）是說創造觀型文化混合著古希臘哲學傳統和基督教信仰等所預設或相信宇宙萬物受造於一個至高無上的主宰，難免會讓西方人聯想到在塵世創造器物和發明學說以媲美造物主的風采，當中科學就這樣在該構想被勉為實踐的情況下誕生了（跟基督教同出自古希伯來宗教的猶太教和伊斯蘭教，在它們所存在的中東地區由於缺乏古希臘哲學傳統的相輔相成，就不及西方那樣成就耀眼）。這一誕生，緊接著窮為戡天役物而造成資源短缺、生態失衡、環境破壞和征伐掠奪等後遺症就無止無盡了。至於民主，那又是主要緣於基督教徒深信他們的始祖因為背叛造物主的旨意而被貶謫到塵世，以致後世子孫代代背負著罪惡而來；而為了防止該罪惡的孳生蔓延，他們設計了一個相互牽制或相互監視的人為環境，也就是均權式的政體（一樣的，信奉猶太教和伊斯蘭教的國家並沒有強烈的原罪觀

念或根本沒有原罪觀念,所以就不時興基督教徒所崇尚的那種制度,而終於也沒有開展出民主政治來)(詳見第三章第四節)。很明顯這是收編古希臘時代就已萌芽的公民自治體制,但它卻忽略了那時期的 Plato 所認為民主是一種短多長空的非理想政體;而 Aristotle 也認為民主制政體是佔多數的人們所控制的政體,經常流於暴民政治,不啻要把民主制度和最糟糕的政體畫上等號(蔡東杰,2009:11、12)。即使到了十八世紀,民主制度也還被視為是摧毀文明和價值的源頭;甚至跨越到十九世紀連一個夠格的民主政體也沒有出現(縱然有美國自認為建立了第一個民主政體,也因為那時還做不到普選而不能算數)。直到二十世紀初,才有幾個准許成年男女擁有投票權的國家(如澳大利亞和紐西蘭等),而開啟所謂亟欲真正民主的世代卻又僅能在有限程度上掙扎(Chantal Mouffe,2005:1~14)。爾後全世界有超過半數政權都走上仿效歐美強勢國家實施民主制度的道路,但它們也不過是被影響且操縱來方便獲利,以遂行該強勢國家優勢宰制的欲望(因為只有強迫所在國實施相互制衡的兩黨政治,那些強勢國家才可以從中投機牟利)。而實際上,許多弱勢國家輕易實施民主制度後,不但社會動盪不安(一黨上臺執政,一黨在臺下鼓噪叫囂和扯後腿),而且還把自我珍貴的傳統文化棄守得蕩然無存;即使是中間型國家,也由於內質難變,在實施民主制度的過程中除了容易孳生政黨林立而相互傾軋不已(已失兩黨政治理性制衡的本意),對於背後支持的母國更是俯首貼耳而不敢擅作主張別為涉外發展,結果是永遠在世道中浮沈而無所止歸(周慶華,2016a:36)。現今更因該體制必然促成的民粹當道、行政效率低落和中產階級反叛等諸多困境湧現,導致所有可見的民主體系都在退潮崩解中(Joshua Kurlantzick,2015:21~57)。因此,從新召喚我們自己所屬文化傳統內蘊的縉紳式倫理,以及衍發為仁政此一更臻勝境的君

子作務，也就有自我改向和規箴人心等重大意義（如同代為拯救了世界的危殆）（周慶華，2020b：174～177）。

　　就緣於君子學總趨勢乃看向可發展的行動系統夢想，以及此夢想又可應機發為對治外來體制的干擾（以挽回民族自信心）和向時代進行高華德業的無盡推衍（以拯救世界的危殆）等雙重律動，所以它就收攝了從〈對比君子學〉以下各章所論列的踐履方案而為一十分繁衍多姿的反影體現，著實印證著自〈君子作為方法〉章開端以迄〈君子學的歷史顯影〉／〈現今社會對君子學的潛在需求〉／〈君子學的方法論推衍〉等相關連章次的如數知見，再一次顯示君子學方法論實踐的輝煌紀錄。

第五節　總匯為君子學的方法論實踐更進階

　　以繁衍多姿的君子學總趨勢一題收束，且依內蘊理路分衍出「君子新存有的發皇確立／所繁衍君子德才兼具觀已成一多姿形態／相關的用世連結正要計慮開啟／君子學總趨勢乃看向可發展的行動系統夢想」等子項而予以結辯力挺，也無慮可看出君子學方法論實踐的終能概括至理風貌；而這風貌自以能有效統攝系列論說在體現著該實踐的更進階意涵。還是一樣的，構設君子學有成後可推衍的還很多，而為了更見功效試著以繁衍多姿的君子學總趨勢一題更續為闡發，往後境似一旦別有推衍的也才知所旁行對照取則或更進益致勝。也因此，本題所囊括各子項乃屬總匯為此一更進階名義，它們相同也已克盡自我顯能的任務了。退一步說如果還另有什麼未了義待圓，那麼大概照樣是它在抗衡全球化亂世上所能供給對策的仍然也不得少慮部分。

　　依前節的條陳，可知民主的均權作法自有一神信仰為背景，它

在西方社會也許還可以維持相當的時日（只要西方人還迷戀他們的信仰），但移植到非西方世界後卻只會越見不適應症。就以傳到中土社會為例，本來氣化積聚成人的終極信仰所促成以家族作為社會結構基本單位，一旦護住了那親親系統和尊尊系統就能取得和諧政治的效果。所以歷來只有對絕對性聖王仁君的迫切需求（就像家族裏要有稱職的家長或族長），而沒有被設想成採普選的方式產生一個權宜操作且僅能符合相對多數選眾所望的領導人。後者不但德能有待考驗，並且施政時還會被自己所屬政黨裏脅以及遭遇反對黨的掣肘，不可能有表現的機會。而這經由不斷選舉，政績乏善可陳和弊端叢生也就一再的重演；而社會的裂痕脫軌更是只能加深惡化下去（不像古代的聖王仁君善政美績還有一絲可期待值）。只不過很遺憾的，國人尚未好好的充實或穩定這一生活模式，就急著邯鄲學步走上民主政治的道路，後果是家族半解體了（家族成員逐漸分屬不同政黨），社會秩序紊亂了（大家競相忙於糾眾結黨互軋），國家前途也沒了（誰也無法保證這樣搞下去還會有什麼遠景）。相對的，西方創造觀型文化因為內蘊平等受造的意識，勢必以個人為社會結構基本單位，所訂政治規範有嚴密的法律作為基礎（由人神的約定延伸到羣眾的約定，凡事不遵守該約定的，不僅會身陷牢獄，而且還可能受到上帝的懲罰，那是比什麼都嚴厲的），因此民眾在行使權利上至少不會有無理取鬧的情事發生；而整個社會提供了多元管道讓大家能夠適性發展，以致熱中選舉而棄正常營生於不顧的荒謬景象也就不大可能出現。這也就是西方民主體系固然也在退潮中卻還能勉強持續下去的原因；而反觀我們這裏沒有類似的信仰基底，就很難深入紮根而不會在一夕之間解體，屆時將不知道如何想像誰有能耐來收拾殘局！此外，還有在民主和科學競出的過程中夾纏一個危害最烈的資本主義。它原是十六世紀宗教改革後倏地竄出的：那時基督教新教

徒憑著他們「因信稱義」的信念，脫離舊教會的束縛，由於社會地位低落（而非上層社會的既得利益者）必須以快速致富的方式來改善處境，所以促成了資本主義的興起；爾後為了更能取得存在的優勢，連帶地到世界各地掠奪資源和建立根據地而造成殖民主義的盛行，而全球化也就從這時候陸續的展開，始終都未嘗平息當中藉別人的資源來實現自己致富美夢的優著氣燄（詳見第三章第四節）。這是說資本主義以絕對獲利為前提，凡是能藉來成功致富的途徑無不窮盡所能的蒐尋利用（舉凡知識、科技、資訊、人體、債券、毒品、色情產業、黑心食品、大數據和風險產業等，只要能賣錢的都在開發的行列）（Lester C. Thurow，2000；Eric Schlosser，2005；Peter N. Martin，2007；Dan Gardner，2009；Tyler Cowen，2010；Scott Carney，2012；Bee Wilson，2012；Loretta Napoleoni，2012；Larry Downes 等，2015；Cathy O'Neil，2017）；而為了排除各種可能的阻力，還會在紅海廝殺以外想方設法創新掠食來維持自我長久的獲益（創新原是為了掠食，卻被美化為一種沒有硝煙味的藍海策略或白地策略）（W. Chan Kim 等，2009；Michel Villette 等，2010；Mark Johnson，2010）。以致在一番翻攪後，全世界都被捲入了嗜利拚鬥的行列，一起走向窮竭資源和製造各種生態災難的險巇末路。這是支持資本主義的人士所無知或漠視的一面〔那不僅見於早期迎合資本主義的論調，而且還顯明於晚期甚多有關新利用厚生的綠經濟主張（Max Weber，1988；Joel Makower，2009；Van Jones，2010；Juliet B. Schor，2010；Arthur M. Okun，2017；Ludwin von Mises，2018）〕：它順勢打著民主制度授予自由市場的旗號，以及得自科學無盡研發產能的便利（甚至在它足夠強勢時還會回過頭迫使民主科學妥協或升級而彼此沆瀣一氣的辯證發展著），而更為躐等躍進，至今仍不見縮手；結果是舉世瘋狂的向新富餘看齊，也給人類自己種下了處境十分困窘危殆的

根由！這麼一來，再不從新選過清貧節制的生活，一個資源耗盡而使地球陷於一片死寂的能趨疲臨界點就要來臨了，大家即將無所逃遁的跟著化為灰燼，歷史徹底的自我終結。可見這時候多麼有賴於從不戕天役物的氣化觀型文化復振來拯溺救亡，庶幾有助於人類渡過眼前的迅趨滅絕難關。而此中仁政該一君子作務所能達致的大同社會理想，自是對治西式科學／民主／資本主義等行動最切合的資源（印度所興起佛教摶成的緣起觀型文化以解離為訴求而不務世情，還不足以重為依賴取鑑）。如圖所示：

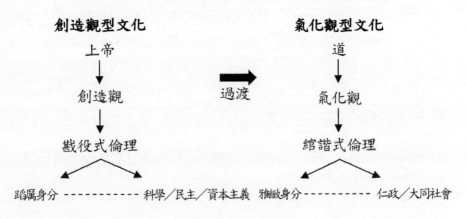

創造觀型文化　　　　　　　　　　　氣化觀型文化

上帝　　　　　　　　　　　　　　　道

創造觀　　　　　過渡　　　　　氣化觀

戕役式倫理　　　　　　　　　　綰諧式倫理

蹈厲身分 ---------- 科學／民主／資本主義　雅緻身分 ---------- 仁政／大同社會

西方人處處自置險地所顯露的是一蹈厲身分（表面上是亟欲追比上帝而帶有崇高性，實際上則是在自我陷溺而終流於悲壯下場），畢竟要由君子的雅緻身分（優美可感）來調節轉化，相關的科學／民主／資本主義等多悖作務才更有機會淡化歛跡。而現世因資本主義所連帶推動的市場化社會福利制度（原反對資本主義的共產主義社會，晚近也都自動轉向而一樣卯上了這種市場化的社會福利制度），它的高度浪費、乏效和得忍受眾多掣肘等弊病，也就可以在仁政實踐過程中所營造的大同社會逕行予以消除，這乃不言可喻了；否則，讓

隱含邪惡、貪婪、狡詐和自私自利等成分的資本主義繼續存活，不
但社會福利難以持久，恐怕包括整個政體在內都可能因嚴重內爆而
潰亡。由此可見，上述所掀揭君子的行動系統夢想，不啻成了最強
中國傳統氣化觀型文化的時代推衍，此外就無從想像另有更好的對
策可以藉為挽救現世的頹勢〔現行體制也許不容易在短時間內藉機
更新，但對於從政者（不論他是由選舉還是由推舉或是由其他方式
產生）的君子身分及其仁政作務卻得優先加以限定，相關的非美善
制度才有希望逐漸得到遷移改進〕（周慶華，2020b：177～181）。

　　繁衍多姿的君子學總趨勢經過此一總收，也可知或可印證行動
系統夢想仍僅是一種密事計慮下的策略變異，莫關君子學本身質地
的全面汰換。換句話說，這也是君子學內部構件的調整或增列（強
化），可望在逆反全球化的路途上更增劇力，也更能範示啟迪大眾而
滿挽世道淪胥。至於它所相同如前面指數的甚新樣貌，則也已由此
處的「更進階」名義一併蘊涵了（或說互為因果也不差），這還是不
必再多一次語意上的密接。

第十章　可能的君子學終極理論

第一節　所謂的君子學終極理論

　　構設任何一種理論都是一段限義的旅程，必須在可說部分大致歷遍的情況下告退。至於可說部分的認定，則以理論本身的無可復加或難再增衍性為依據，而在自我前後包夾的一套言論中完成。如今本論述也要依此限定而暫告一段落，並且把所得補足的說詞一併在這尾端略作交代。

　　正因為有理論本身無可復加或難再增衍性的前提，所以到了最後結穴處總得給些帶價位的評定，才算完滿一個次第性論述的程序。而這在本脈絡緣於所論已足夠精密有效，所以無妨以「君子學終極理論」為標誌，自動釋放略顯獨一無二性的高華訊息。這訊息，一方面暗示君子學的終極理論就要完形在結辯中而不受異見干擾妨礙；一方面則徵候已經瞠乎其後的他者言說也將沒機會企及再轉過來攪局。

　　此地所謂的終極理論，乃擬比於現代物理學科教，所取義僅限於該科教攸關物質世界一個整全解釋的嘗試，而不涉及異時空可能會有的多元思辨境況。換句話說，這一終極理論只基於現實局勢所需而形現，不保證出了此世情境還可以依名且發揮同樣的功效。縱是如此，現代物理學科教所示對終極理論的追求也還在撲空階段，並非已有具體的成果可按，致使本脈絡所取則乃以能自我圓足為主，在賦義上則是要讓它如實存在（不再像現代物理學科教示現的那般徒託空言）。

　　對於這一點，不妨從終極理論的命義談起：現代物理學在相對論和量子力學相繼出現後，可說已經擺脫古典物理學某些過時的觀

念（如量子對象可測度和絕對時空等非常見立異），而自成一最新解釋物質世界存在性的權威（後者的時空相對觀和量子對象僅為一波函數所屬或然率說等，在據以宏觀和微觀物質世界的準確性上還沒有其他理論可以併比）。只不過有人想要結合量子力學和相對論來解決重力必然性或將會無限大的問題（試圖成立量子重力學一個新科目），卻怎麼也沒成功過（畢竟重力這一相較其他三種現存力包括電磁力、強核力和弱核力等幾乎全然不可測度），馴致原先某些物理學家所嚮往的終極理論（統一場論或最終理論），仍然處於虛無縹緲的雲霧中（Steven Weinberg，1995；John Horgan，1997；Paul C. W. Davies 等編著，2010）。晚近雖然有新興弦論嘗試要解開此一百般難題（Paul C. W. Davies 等編著，1994；Pedro Ferreira，2016），但也因為它本身想像成分高迄今都未能證驗，終究還是空歡喜一場！這樣所謂的終極理論，其實也僅在立名層次，相關內容則依然是個未知數。因此，此地的擬比只能侷限在名稱的採用，實質部分還得由自己來給定。

　　這在本脈絡由於有從第一章至第四章的多方設說和從第五章至第九章的實踐舉證，兩相扣合，沒有縫隙可被揪謬，以致整體上得許以所出示理論已到終極地步。本來理論自身會有一個混沌和邏輯交互呈現的弔詭現象（只要有變項介入就會影響它的穩定性），誰也難以信誓旦旦或在無任何條件下宣稱它可以恆定且不准他者取代；但實際情況卻仍有可鬆動的一面，就是以相互主觀性自我期許而將認同與否的權利留給他人（周慶華，2004b：107～173），這樣就保障了本身所立基的權力欲望／文化理想等內外在機制（詳見第二章第一節）不被褻瀆，以及容許敵對者自去別為構設新論。

　　此地在理則上乃承接前一論題〈繁衍多姿的君子學總趨勢〉而來（相似的，在設題中仍用「君子學」一詞而非更貼切的「君子行動系統夢想」），它的得對已經「總收」過後再分布著擬定「細節」

一事勢必要有所警覺（否則難保不會有前情後境不密的遺憾發生），於是依理以〈可能的君子學終極理論〉為總題，而後再規畫「所謂的終極理論／君子作務在此一次定性定量／因應倫常失序及其能趨疲危機的歸結作法／旁衍典範中允許有剩餘情節／相關的終極性理論依次完成」等子項一起來統包啟議，並且準備照例以「總匯為君子學的方法論實踐終階」一項收攝末端眾論。因為前面先開題了，所以首項「所謂的終極理論」也等於是已經議定；倘若還有餘絮，那麼就容後再作處理。

第二節　君子作務在此一次定性定量

前面所謂「所得補足的說詞」，乃指填補立說本身所未詳盡，而非指此終極理論有什麼需要補充處（細項內的餘絮例外），而這無妨就順勢從君子作務所得予以定性定量一點談起。通常所說的定性定量，是指對事物質的規定（包括屬性、特徵和關係等）及其所指涉對象的範限等（王海山主編，1998：398～399）。本脈絡也約略要從此處取義，而將君子作務的實質及其動量在形同是有所冒稱上一次說個徹底。

在定性方面，君子作務是依「從道→氣化觀→縮諧式倫理→雅緻身分→君子作務的夢想旅程」此一理路而可能的（詳見第三章第二節）。這個可能性，乃由孔子所率先賦義建制以及整體文化給予支持且隨需增衍後成立，自有系統內的高度合理性。換句話說，這是中國傳統氣化觀型文化最見風華的德業表徵（別無其他德業可以取代）；它所一體成形的美善心量內蘊，以及可營造良好人際關係和維繫安定社會秩序等外溢功能，都屬世罕難得而帶有相當程度的神聖性（連神靈和古聖人都會一致予以認同才是）。當中縮諧式倫理的信

守部分，有關半邊「諧和自然」或可從道家處（尤其是莊子學說）
徵得更見深徹作為（周慶華，2020c），但論及最得優先慮及的另半
邊「綰結人情」卻不能不歸屬儒家獨強大氣。此外，為了不使倫常
失序，君子作務恆常得有，個別人踐履不及或宕緩成就乃不妨它如
實存在〔如首創人孔子的坦承「文莫，吾猶人也；躬行君子，則吾
未之有得」和「若聖與仁，則吾豈敢？抑為之不厭，誨人不倦，則
可謂云爾已矣」等尚有未逮愧憾（邢昺，1982：65）或擴延義行人
韓信無能力保前來投靠的鍾離眛而導致對方自剄以洩憤（司馬遷，
1979：2627），這就毋須反過來訾議或棄守該君子作務〕。

　　在定量方面，君子作務的動量（可為指涉對象無疑）乃有「君
子作務所規模出的有己身修為→上契安人德業→總歸於施行仁政等
進趨形態」這一不二範限；而此所進欲施行仁政則又結穴於當今全
球化危機中必要的推衍，包括「君子的行動系統夢想可落實為對治
外來體制的干擾」和「反西式科學／民主／資本主義／殖民征服等
行動以回歸仁政／大同社會的企求而推進到後全球化時代」等終極
任務（以成就君子學在世存有的特大價值）（詳見第三章第二節）。
這是沿前者定性而來的據理範限，彼此構成一道副線相隨的甚深德
業光譜。如圖所示：

道→ 氣化觀→ 綰諧式倫理→ 雅緻身分→ 君子作務

己身修為→ 上契安人德業→ 施行仁政

踐履那一刻，則為舉世危殆得以救渡的開端，實屬後全球化時代最
大也最可觀的希望工程。餘絮則是：只有君子才能發展出如此作務

及其動量成就；如果是非君子，那麼已經非定了，就不可能備具這種本事。後者是說，史上多有被傳為偽君子的案例，不得不作點甄辨：根據前人的考察，有人表面酷似君子，實則內裏全是小人肚腸。所謂「假善之人，事事可飾聖賢之跡。只逢著忙時抗俗的事，便不肯做。不是畏禍，便怕損名，其心總是一團私意故耳」（黃宗羲，1987：1478），說的就是此類現象。而這被當代學人據為擴充解作「平日裏對人對事，不失其君子之風，以致令人確信是君子；一到關鍵時刻，特別是關係到自家名利，就會原形畢露，醜態立見」的偽君子行徑（葛荃，2002：163）。其實，那僅僅是小人在搬演的勾當，正格君子不可能先如此偽裝而後轉為「偽君子」〔《論語》載有孔子一段話「論篤是與，君子者乎？色莊者乎」（邢昺，1982：99），當中的色莊者也許會被聯想到那是對偽君子的最先揭發；但詳審前後語，卻又看不出孔子實有這個意思（他只是在區分二者而已）〕。因此，小人凡是有修為和願力不足而無緣進益成君子的，就很容易半途而廢從新淪為原來身分（姑且不論在君子小人的光譜兩端還有中間型的人士），致使任何一個學習者未上契到君子層次的都得同樣在小人堆裏掛名，這時自然沒有偽君子此一弔詭稱名存活的空間（周慶華，2020b：133）。換句話說，君子作務成分不能有異質性的更改（好比有人刻意將君子換成偽君子而來詆毀相關作務不會長久，這就屬妄動思議，一旦計入便成干擾源）；否則就會失去君子作務的神聖性，結果可能變得更糟！

第三節　因應倫常失序及其能趨疲危機的歸結作法

　　如前節所述，君子作務的動量最終是要把時序推向後全球化時代，一方面對治外來體制的干擾（即使現今仍在普受外來體制干擾

而難以重返既有航道，也得深凜君子作務的精神而在內部整備遍歷）；一方面反西式科學／民主／資本主義／殖民征服等行動以回歸仁政／大同社會的企求，這所即將進入的情境是一個不斷自我喚起濟危扶傾的願力，以為挽救西方強權過度藉以催化強施所導致世界的破敗。此一破敗，顯示整體倫常已經失序堪慮而連帶造成舉世嚴重的能趨疲危機，只有仰賴仁政復振才能鑄成一道安全閥止得滔天狂流！也因此，在這一要總攝成君子學終極理論的當口，相關對策也得有比較具體的提示（整個當作細項內的餘絮來處理）。

　　先前提過「由文化學方法提領而後將生態學方法和未來學方法融合致力於演展攸關後全球化時代所得集體共營的良善情境，包括構設後環境生態學／強化災難靈異學／開啟新靈療觀等綜出可蘄嚮的遠景」（詳見第四章第五節），所要回應倫常失序及其能趨疲危機的歸結作法就盡在這上面；而當時不及細說的，就等著此地予以補述一番。首先是構設後環境生態學。此乃以最新平衡生態觀的提倡為宗旨：一般所見的平衡生態說，約有三種情況：第一是物質和能量循環結構的平衡；第二是各成分和因素之間調節功能的平衡；第三是生態環境和生物之間輸出和輸入的平衡（王勤田，1995：5）。當今的生態失衡是將這三種情況一起體現的。這就要怪罪資本主義把全世界帶到耗能、壞物和需索無度上。而這所隱含的殘忍和猙獰面目，就是生態繼續失衡的催化劑。前者（指殘忍面目），是指那些帶動資本主義的人，只求自己致富以顯示在世成就而寄望榮耀上帝後優先被救贖重回天國，根本不在意塵世已經變得多麼不堪！因為在他們的傳統教示裏，塵世的歷史是有它確切的起始和結束的，真正有價值的東西僅存於上帝所在的天國；這種強調他世的說法，往往導致人們對今世物質世界的罔顧或甚至無度的榨取，而助長生態的破壞和物質的消耗。此外，該教示所別為透露的「支配萬物」的

觀念，也一直被人們利用來殘酷地操縱及榨取自然的理據（Jeremy
Rifkin，1988：355～361）。顯然苛刻地球，已經鑄成他們的本性。
後者（指猙獰面目），是指那些已自攢資本主義好處的人，不可能讓
別人分享（Denis F. Owen，2006：328～329）。更可議的是，當別人
警覺到「不能落後」而想「急起直追」時，他們就反向圍堵（就像
當今美國四處圍堵中國大陸的崛起那樣）（戴旭，2010；海天，2014）。
這種只准自己享受得救而不許別人看齊分沾的作法，無異窮兇極惡
的歹徒行徑。如今這一只有十分之一人口獨佔的豐厚物質成果
（Pankaj Ghemawat，2009），卻要透過全球化更讓他們予取予求而
維持福份享受於不墜。所謂「**現代世界秩序的歷史可以被視為西方
資本主義強權們瓜分利益的歷史**」（David Held 等，2005：11），這
所搬演的，就是西方強權們先後爭奪宰制全局，而讓非西方世界的
人完全被動在跟隨起舞（Malcolm Waters，2000：5）。因此，全球化
就是一個光譜兩端的權益分立：「**對某些人來說，全球化意味著自由；
然而對另一些人來說，全球化卻有如監獄。有的人認為它帶來榮景；
也有的人認為它對發展中國家的貧窮難辭其咎。**」（Tony Schirato 等，
2009：2）至於中間地帶的次主動者，最後都要臣服於資本主義以圖
謀被零賞的幸福，而使得全球化的氣焰串聯高漲！雖然如此，資本
主義全球化所帶來的支取過盛和遺害深遠的生態浩劫，卻是人類的
最大噩夢。而要解除這個噩夢，就再也沒有比恐懼全球化和徹底反
資本主義更有效了。如果能徹底反資本主義，那麼恐懼全球化的戒
惕性也會跟著提升。因此，站在全人類未來生存的立場，勢必要跟
全球化／資本主義決裂而反對到底。這種反對，一方面是針對西方
霸權在全球化上的積極推動；一方面則是針對非西方世界的盲目曲
從（或有意的隨波逐流）。根據上述，生態浩劫的癥結乃在西方資
本主義所帶動的全球化，迫使舉世參與耗用資源所造成的；大家不反

資本主義，就拯救不了地球。於是新的解決途徑，就在從恐懼球全球化出發，徹底反資本主義，並使相關議題堆進到後環境生態學的層次。而這一點，顯然是要以在地思考為整體反資本主義的機動策略，而無法奢望所有人類在同一時間都反轉來共襄盛舉，因為已經享盡好處的資本主義強權是不可能附和而調整方向的。而反資本主義，在現實上就只能這樣從在地的不跟資本主義起舞或急流勇退的自資本主義氛圍中抽身，讓資本主義無以致用而逐漸削減它的影響力，最後就可能回復無有資本主義的時代。這種在地思考所要面對的「分一杯羹」無望的困境或被邊緣化而從此短少競爭力，看來像是反資本主義所衍生的新問題，但不這樣大家就會步上不可再生能量趨於飽和而使地球陷於一片死寂的末路；因此比較原先所存在會走向滅絕的問題，後面這個問題可以保障某種程度的生存明顯是最輕微的。再說就資本主義背後所隱藏的邏輯來看，它原是西方人要藉以顯示在塵世的成就而圓滿一己的宗教信仰，但當它越演越烈到騎虎難下的地步後，他們就會豁出去而不想止步，並且把別人拖下水一起承擔敗事的後果。此外，因為西方人所具強勢主導性不是他方世界可以併比，所以他們就反過來自我膨脹為上帝第二（Reinhold Niebuhr，1992：58），不斷地羼雜在殖民行為中而高高在上的宰制著別人。在這種情況下，非西方世界中人倘若不自我奮起，那麼就只能永遠奴事而撿拾對方的殘餘，這樣還有什麼光采可說？因此，反資本主義也就是反尊嚴掃地以及對必要自主前途的覺悟！還有從資本主義表面的病症來看，它以自由貿易為名，強迫大家消費且不停供需，終究是為成就西方人致富而獲得上帝救贖的榮耀；非西方世界中人莫名其妙被捲進去參與窮耗資源的行列，到頭來卻只是待宰的羔羊，完全成了人家跨國企業的犧牲品。現在由於全球耗能快速，生態危機嚴重，西方人又想出綠色經濟來唬弄人，自己仍穩穩的操

縱著資本主義的進程，而相關的浩劫卻反要非西方世界中人一起來共業承受。所以說該綠色企業仍然改變不了生態浩劫的延續，主要是那種偽裝式的綠能思維還是強調「再利用」和「開發新能源」（而不是從根源上杜絕），對於已經千瘡百孔的地球根本無能修補；況且為了開發新能源，還得投入更多的人力、物力和財力，只會迫使地球繼續邁向不可再生能量趨於飽和的臨界點，大家的生存權依舊備受威脅。因此，只要資本主義存在一天，這個世界就休想有可以恆久託負的希望。這麼一來，終結於一個在地思考，就是建立在「苟活未必比不活好→從每一個在地反資本主義而定點串聯→讓資本主義無處作用而自動斂跡」的新邏輯基礎上。它的勢必減少人口以棄絕對資源的大量依賴，則可以從自然退出和教育啟導雙管齊下讓生靈緩著趕來或重返現實界湊熱鬧；這是一個不再有可以美好想望的世界，大家不必為著倖得奢華生活而汲汲於奔赴，從此真的各安所往，讓世界少去擁擠和得以喘息！而君子作務所要集中開啟自我勝場的紀元，就可以在這方面著力，以確保氣化觀型文化在當代所能轉發揮超卓益世的功效。其次是強化災難靈異學。通常災難的發生，可以解釋為是靈界為兩界失衡得回歸秩序化而作的調整；而災難種類多及死亡多樣化，代表靈界所採取的手段乃多管齊下，為的是因應靈界分項負責者的不同能耐。換句話說，現實界的存在體有多複雜，靈界的存在體也比照、甚至還要複雜許多，因此靈界要發動災難就得由決策者召集相關存在體共商對策以及分派任務，然後分頭依需或依便去執行，所見災難／死亡才會有那麼多形態（還包括死亡的遲速在內）。這樣說並不代表靈界是一個完美的世界，它一樣會有鬥爭（常被形容為神和魔鬥或神和神鬥或魔和魔鬥）以及眾暴寡或大欺小的現象，但那是不死靈（精氣）的相互抗衡，彼此不會有什麼性命損失。只有現實界的存在體才有傷亡或喪失等情事。因此，

靈界的存在體以無肉體負擔來操縱有肉體負擔的現實界的存在體，就是一個純剋服或純馴服的歷程；而祂們的維持兩界失衡訴求（不讓現實界過度發展），自然就成了整治現實界最好的藉口。這種整治，也許還會有配套措施。如：

> 每隔一段時期，人世間自會韻律般週期性發生苦難……大約以戰爭包括種族信仰、瘟疫病、天災氣候、火山爆發、海嘯、水災、風災和火災等舒緩負荷的壓力。這時候靈界會派出說法者投胎於人世間教導世間人們，安定世間人，以平凡的肉身置於人羣各階層有科學家、哲學家、軍事家、政治家、宗教家。一旦隱入肉身投胎出世為人，都負有生的任務；任務達成就可返回靈界，休息後再準備出發。（吳柄松，2003：84～85）

如果配套措施失靈了，那麼直接發動災難以為補救，也就是順理成章的事。但這種說法的可信度不高，因為災難本身的形成多有現實界存在體的為孽在先，而這一為孽又是靈界從中操縱的，這樣就會成循環論證（等於沒有說什麼）。因此，整體上還是要歸諸靈界的布局。至於為什麼要作這類的布局，那就得還原到靈界就是一個權力場的觀念上來。換句話說，大家都在玩權力遊戲，相關規則的訂定但在強勢的一方，而被犧牲的就是一些多餘的籌碼；以致所謂的恢復秩序，只不過是暫時歇戰的代名詞，靈界永遠都想伺機取得掌控權（包括休兵協商從現實界支取勝利品在內）。依據這一點，所有災難的發生以及多管齊下的制裁措施，就顯不出有多內幕驚人了（真正可觀的是靈界內部的鬥爭）。到頭來，只是人類在自慣災難；而一切的收斂或自制思慮，也就順了靈界的免續戰期待。這在某種程度

上還是有不惹惡氛逆心的好處；否則就得常陷混戰更為失序的低劣環境中！而由此可見，有人得到訊息所說的設定節目，就是這種權力遊戲的飾詞：

> 近十餘年來，靈界一再不斷地傳達「二十一世紀是個亂世」這樣的訊息……除了大自然的天災地變，如地震、雪災和風災之外，全世界經濟的突然崩跌、油價的暴漲暴跌、西藏的暴亂、韓國的牛肉危機、印度的恐怖攻擊、泰國的政治傾軋……等等，都來得令人措手不及。（向立綱，2009：序二 10～11）

> 靈界明確的說，從現在到 2025 年，不會有第三次的世界大戰，也不會有世界末日的發生。不是百年前的預言不準，而是靈界已有新設定。（向立綱，2010：293）

靈界所以要這樣設定戲局，說穿了無非就是博弈心理的再現（不然幹嘛如此費心安排戲目呢）！不想玩的靈，只好一邊站，讓權力去那些躍躍欲試的罩體中穿梭。而換個角度看，靈界一旦設定了亂世，就有名目可以光明正大的把靈體從人的身上收回去，以致那些不願蹚混水的靈界存在體才會徹底死心，不跟著同流合污而玩這種虛矯的遊戲！而回過頭來瞧，靈界動輒製造一些災難以顯威能，手段幾乎都靠靈異。像 911 美國世貿大樓被人劫持民航機撞毀在濃煙中有睨視冷笑的鬼臉（O'MARA Foundation，2005：64）；臺灣 88 水災時從衛星雲圖可以看到巨靈在上空潑水（個人新聞臺，2009）；1999 年 2 月 15 日臺中衛爾康西餐廳大火在第一廣場上方出現幽靈船（希拉蕊，2007：96）等等，無不令人驚奇而益發相信靈界的策畫執行力。

由於災難都從靈異中透出，相關的理解也得轉向來發揮，所以可以
確立這是專屬的災難的靈異解釋模式。災難的靈異解釋模式的完善
化，就是災難靈異學的完成；而這除了上述的廣泛例解及舉證，還
得解決一個關鍵性的問題，就是憑什麼靈界可以對人這樣予取予
求？換句話說，人要有被操縱的弱點，靈界才能發動災變奪走人命
以為成就所謂的支配大業（權力場的坐實）！現在就來處理這個問
題：大體上，靈體從入胎後就一直在肉體內活動，如果沒有外靈協
助或促動，那麼他是不可能離開肉體而終至肉體的死亡。所謂「不
管臨終者是誰，靈界一定都會派領路的靈體過來，這件事毫無例
外⋯⋯領路的靈會幫忙臨終者的靈體從肉體中分離出來。如果這個
人是躺在床上，那麼他的靈體就會脫離肉體而坐起來，但肉體還是
一樣留在床上躺著」（史威登堡研究會，2010：78~79），就是在說這
種情況。因此，人的臨終到了與否，都會有靈界給訊息，好比「許
多死亡的見證者都指出，他們在死者臨死前都曾經看過死者已過世
的朋友和家人——前來歡迎這位新成員隨同他們加入『另一個世界』
的生活⋯⋯（有些）會被告知：『時候』還沒到，他們必須回到人世
間。雖然百般不願，他們最終還是都回到自己原本的肉體上」（劉清
彥譯，2000：73~74）這類情形。而世上有些無頭人還可以正常活著
（慈誠羅珠堪布，2007：20~22），就是他們的靈體還未脫離肉體的
緣故（時候未到）。這樣靈界要以集體制裁的方式平衡生態，只要藉
災變乘便拉出或撞擊人身上的靈體，就可以達成毀棄肉體而恢復秩
序的目的。這也就是為什麼有人歷經千災百難都還活著而有人才一
遇變故就當下死絕的原因所在，畢竟靈界在暗處有可以穩穩操縱人
生死的便利，誰被選中了誰就難以擺脫。有了這個前提，各種靈異
／災難的發生形成，也就都各就定位而不必再有可疑慮的地方。但
即使如此，災難靈異學的成立還是會有一些非本質性的難題在挑戰，

包括案例的量化不足和靈界的暗示災難太少以及人的愚昧太多（倘若也盡是靈界的布局，那麼我們就會想不透靈界為什麼這樣樂此不疲的戲謔不停）等等。這就需要再探查下去，直到它足夠鞏固一門新學科的堅實基礎為止。而不論如何，只要災難靈異學得以強化建構，對於君子作務所要集中開啟自我勝場的新紀元來說，則不啻又多了一項利器，可以讓氣化觀型文化的救世功能優先被世人所看見。

再次是開啟新靈療觀。這不妨從可能的輪迴觀念談起：原則上，輪迴圈是一個無止盡的權力場域。根據 Pierre Bourdieu 的說法，場域不是四周圍以籬笆的場地，也不是領域的意義，而是一種力場。這是由各種社會地位和職務所建構出來的空間，它的性質決定於這些空間中各人所佔據的社會地位和職務；而不同的地位和職務，會使建立於職務佔有者之間的關係呈現不同性質的網絡，因而也使各種場域的性質有所區別（邱天助，1998：120）。而這在兩界循環互進的輪迴演現中，靈靈互涉或靈靈互槓的權力衝突，也因為靈體本身的質差而不可能廣為化解於無形。因此，相關的解脫（不限於佛教式的槁木死灰或不起念頭），也就要在這個空檔來規模出路。這總說是一個強為啟靈的策略，先在前提上確立靈體的相對自主而非依附性。而這可以有架構作為思慮的依據：就是將任何一個存在體所能顯現的質能，區分為強勢強者、弱勢強者、強勢弱者、弱勢弱者等四種類型。當中強勢強者只極少數人為可能（且不免於結夥壯勢）；強勢弱者為現實統治階層的常態；弱勢弱者則見於普羅大眾；只有弱勢強者為社會中的菁英所扮演。這樣靈體要保持自己的存在優勢，就只能排棄依附（強勢強者和強勢弱者都在這個範疇）或自我闇昧（弱勢弱者所屬），而往最少攀援或最多本事的路途邁進。它雖然必須游走邊緣以取得多邊權力位置，但在沒有更好的「自處之道」前這還是唯一的選擇。而以弱勢強者的姿態面世，即使無法跟強權（就

是強勢強者或強勢弱者）抗衡，但它至少保存了可以緩和輪迴的壓力而不再栖栖惶惶於心計。這麼一來，相關的啟靈工作也就可以從不受靈靈互涉或靈靈互槓的靈異制約開始。它依次要練就幾樣本事：第一，相敬兩安。這是指靈靈在互不侵犯的原則下可以維持一個相當和諧的局面；而再進一層到相互禮敬的地步則不啻要更穩定兩界的秩序化互動。平常的靈靈互槓，有相當部分起因於互敬的缺乏。現在人想要維持正常的生活營運，捨棄先敬靈界存在體的禮數（反奢求靈界存在體先敬人）而冀得兩安，顯然是不大可能的事。換句話說，先敬靈界存在體的禮數到了，靈界存在體大概也沒有什麼理由不理會這種禮數而反變本加厲的凌虐人。第二，無求自高。這是指外靈所以要給人製造痛苦或恐懼的機會，在某種程度上是料定人有所企求而應機盯上以索得被利用的承諾；而只要無所企求，中間的紐帶自絕，相關的靈異禍害自然就難以施展。這在現實中已經是一種人倫的鐵律，轉向跟靈界互動後理當一如常態。也就是說，求人所徵候的自己能耐不足以及位卑勢微等汗顏事，無異是一則自降格調一則屈服取辱，都會讓自我處在隨時任人操控的情境而不得自在。反過來，無所求助一旦獲得堅持，所保住的尊嚴也必然會自我提高身價。這樣的規範延伸到靈界，諒必也會自成一種理則；而所有的靈異恐懼，也就因為能夠如此自制而自動減去，從此不再「心虛以對」（人有所企求就會駭怕靈界存在體反噬）、甚至莫名其妙的坐以待斃。第三，修養護體。這是指靈異恐懼所可能被加害的己身在修行鍊養有成的情況下，會因為體健得以自保而無形中化解了來自靈異的種種壓力。當中修行所帶有宗教性的，也許會得到靈界存在體的庇佑而反使自己有恃無恐；而鍊養所摶成的氣盛靈活姿態，也有可能阻絕異物加身而使自己更有信心不再恐懼靈異。這是緣於靈靈互槓機制面的控制所不能免除的一種釜底抽薪式作法，一來保

護自己不受他靈所害；二來還有可能成為回饋靈界存在體的典範性
表現。換句話說，在靈靈互通的前提下，自己一旦鍊養有成，爭相
學習模仿的效應勢必會從現實界延伸到靈界，從而為自己樹立起一
個可以被爭睹歆羨的楷模。而這種得意事的持續發燒，也就是自我
轉優勢且立於不敗之地的一大保障。第四，練才全身。這是指靈異
恐懼所擔心失去的東西（如親情、愛情、生命、財富、地位、甚至
從他人處感染來的恐懼等），都可以由練得的才能得著彌補而從此大
可縱身大化中；這時已經到了生命本身最富足的階段，應該是最有
本錢不憂不懼的了。縱然才能的累世益增性（也就是靈體的恆久存
在性會讓才能經驗隨著不斷地過渡）可以保證每一次第的存在都享
有榮光，但它的確否益增卻是全身的一大考驗。倘若說人上有人（或
一山比一山高）是相對上成立的話，那麼努力晉身為人上人的標的
永遠有效。而就憑著這一永不懈怠的自我試煉才能，導致所締造的
成就（如文學藝術的創作、社會制度的發明和各學科知識的建構等）
可以睥睨一切。這樣一個人來到世界的使命（姑且這樣認定），也就
有著充分且完美的達成，人／神／鬼等都會同感雀躍（即使中間夾
有嫉妒成分，終而也會因為該成就的光芒耀眼而被稀釋或被掩蓋過
去）。所有的靈異恐懼在此刻一定會減到最低、甚至自動消失於無形
（周慶華，2006：123～125）。從相敬兩安到無求自高到修養護體到
練才全身等，乃全然不期待外援和不夥伴作威作福的弱勢強者的表
現。這是一個新靈療的方案，著重在預防勝於治療的啟靈美學，讓
原靈病的註定悲劇性轉成自我療癒的文化崇高化（它的剩餘心力可
以用來參與文化的創新）。因此，如果說既有的靈療都無法有效的化
解靈病的困擾，那麼新啟靈式的靈療觀則可以後出轉精來填補該空
白而取得最佳的療效。正因為靈體的質差已經無法弭平，以致所有
靈體只能依上述的方案踐行而自我優質化。這樣在儘可能的範圍內

沒有了需要頻密靈靈互槓的機會，輪迴就會緩和下來而不再急切更迭（彼此為了索討或寬恕而勤於穿梭兩界）、甚至還可以減少因為逃避或恐懼等因素轉世過多而造成兩界傾圮失衡的弊害。至於有可能的靈體傷殘情況，如「西方靈學研究這方面死亡的報告甚多，他們認為自殺或他殺會產生靈魂的暈迷和創傷，變得靈魂萎縮和靈魂麻痺，將來倘若再轉世為人，是一位先天傷殘的畸型人，或是兇狠粗暴無人性的人」（盧勝彥，2006：160）這段話所述，這都屬於養護不善的範疇（不像其他靈靈互槓所隸屬倫理虧欠的範疇），其實也可以由上述的新靈療方案去試為改善（包括有些因執念過深而釀成相關的傷殘一直不去在內）。此外，有關兩界失衡使得現實界人口過剩而耗能無度的問題，也因為大家識見新具而讓輪迴得到舒緩一併加以解決了。而這經由君子作務所體現的氣化觀型文化（兼及早就融入的局部緣起觀型文化），也正好可以集中在這一方面來一起開啟自我勝場的紀元，以作為濟世所需的資源（周慶華，2011a：352～364）。

第四節　旁衍典範中允許有剩餘情節

　　細項內的餘絮，除了前兩節所述那些，還有一個旁衍典範中允許有剩餘情節也得一併加以處理。旁衍典範原先說的是給君子學建立邊境采邑而讓才藝介入來新塑君子的雅緻身分（詳見第八章），這在作為連動式說詞上應是無可再添一理了。但又不然！有關該才藝如何表現得足夠出色或確有助於君子德能展演此一至為切要的事項卻還模糊化，因此另一個得「有所說而後可」的新期待也就要被激發或自我力促出來，好完滿論述本身不許缺漏的整全齊備要求。

　　大略上，才藝本職是一種詩性智慧的體現，它的涵養來自感性領受和理性思辨等能力的交互作用（周慶華，2004b：3～4），只要

強為催生且昇華有成就會開啟一種可以粉飾乾坤和筆補造化的美盛大業。所謂詩性智慧，是指能透過隱喻、換喻、借喻和諷喻等手段連結既有異質事物以創造全新事物（如文學藝術作品就是）而自然朗現的致思能力（Giambattista Vico，1997：186～188）。這早已被看作是人普遍具有的潛能（Claude Lévi-Strauss，1998；Hayden White，1999；Lucién Lévy-brühl，2007），並且大家也無不可以在諸如文學藝術所美化世界裏充分感受到它深長的魅力。當中有關感性領受和理性思辨等能力的交互作用最見關要；它所牽涉的是一個可賞鑑具美感的生命要據為成就（詳見第八章），必須不斷錘鍊才能保有自身多一面豐華。在這個前提下，相關的餘絮就是：如何讓感性領受和理性思辨等能力的交互作用提升它大可認知且有助於實踐的成效。

　　姑且以文學的體現為例。先行要分辨的是：此地所說感性／理性的對列只是相對取則，並不據為判斷優劣或人性具備的有無。這在文學上，由於文學作為一門學科，也已經是一種知識對象了（而有文學學或文學理論或文學哲學在討論），使得它在交流傳授上不能沒有理性思辨介入來檢視。也就是說，文學除了以藝術存有作為它的文學性所在，還有心理存有和社會存有一起伴隨，而這些在先決條件上就有可加以理性認知的成分；只是文學的賞鑑特徵具有不定情感向度，卻又不是理性思辨所能全數把握，以致還得仰賴感性直覺來機遇捕捉。好比構設「無色的綠思想喧鬧地睡覺」和「她拳頭般的臉緊握在圓形的痛苦上死亡」這類的詩句（Raymond Chapman，1989：1～2），它所刻意製造的矛盾／張力（既「無色」又是「綠」；睡覺是安靜卻「喧鬧」；痛苦沒有形狀反帶「圓形」），固然是為理性思辨能力量身打造而可以期待理性思辨能力來發揮所長，但它整體上所營造出來的「諧趣」（隱喻茂長的思緒）和「詭異」（隱喻死亡的絢美）氣氛卻得由感性領受去直接獲得。而這兩種心理機能，在

相當程度上是無法相互取代的。這可能會讓耽於理性天地的人深感不解。但也無妨，我們還是可以逕為設論而自鑄偉詞的。正如「時間的熾熱一直持續到睡眠為止」這被哲學辭典的作者舉為「類錯誤」（不相關的意義在語義上的錯誤歸類，結果造成荒謬的敘述）的例子（Peter A. Angeles，2001：59），卻形同詩句而可以比照上面的作法由理性來指出它「故意誤置範疇以造成多重詩意效果」；但說到要領受當中所象徵的「無止盡的煩躁」樣子，那就不是理性所能多贊一詞，而得由感性直接去把捉。雖然有人極力辯解過賞鑑經驗的產生都來自理性（知覺）而跟感性（感覺）無涉（姚一葦，1993：127～172），但我們還是可以依便從新限定：讓理性去管語意的施設和接收，而讓感性去管情境的營造和體會，彼此各為作用而不須相互遷就。理論上是這樣說，實際上人的理性和感性的交迸發揮作用，卻也是可能或可以有的事。因此，最後有關感性和理性的消長就純是比例的問題，只不過在賞鑑領受上感性要佔重要地位罷了（周慶華，2016b：197～198）。這樣對於史上某些頗不上道的意見，大家就得引以為戒。好比有兩個案例所流露的：

> 一位學識良好的醫生，他發表了一項舉世聞名的宣言說，人不可能有「意識」這種東西，因為他已經解剖了許多人體，而從來沒有發現過人有意識。（J. M. Bocheński，1987：57）

> （程頤曰）《書》曰：「玩物喪志。」為文亦玩物也……古之學者，唯務養情性，其他則不學。今為文者，專務章句，悅人耳目；既務悅人，非俳優而何……且如今言能詩無如杜甫，如云「穿花蛺蝶深深見，點水蜻蜓款款飛」，如此閒言語道出作甚？某所以不嘗作詩。（朱熹編，1978：262～263）

前者否定意識的存在等於不承認人有理性和感性能力（感性能力也得在意識中受到調節停候一類心理機能的制約），太過無厘頭；後者詆斥杜甫詩為無益道德教化則可見論者自己感性能力的匱乏（無緣浸淫在該詩所內蘊一段閒情逸致的優美境地），也很教人詫怪！這些都不是要成就兼具雅緻身分的君子所宜重蹈覆轍而無端招惹他人物議訕笑的行徑。

尋常所說的剩餘情節，指的是故事敘述所遺留未處理的部分（不論是刻意留白還是無心漏失）（David Herman 主編，2002：14～15；胡亞敏，2004：133～135；申丹，2014：334～335）。它不同於 Karl Marx 所說剩餘價值的剩餘觀。後者是指賤賣貴買所得的利潤（有別於一物換一物的交換價值），又包括絕對剩餘價值（指當經濟組織和工藝技術固定不變下所產生的資本或剩餘價值）和相對剩餘價值（指經由工藝技術的進步而減少工人工資的狀態下獲取）等（蔡文輝，2006：106～108），這並無關本脈絡的取義。換句話說，此地也是有所擬比於前者，而將君子旁衍的雅緻身分少彰明的細節予以交代清楚（已盡述於上頭），以便君子學的終極理論可一併據為完善化。

第五節　相關的終極理論依次完成

歷經〈君子作為方法〉的確立，以及〈君子學的歷史顯影〉的掀揭、〈現今社會對君子學的潛在需求〉的規模和〈君子學的方法論推衍〉的肯定，然後依序進行〈對比君子學〉／〈典範轉移後的君子學樣貌〉／〈演繹操作君子學的進程〉／〈建立君子學的邊境采邑〉／〈繁衍多姿的君子學總趨勢〉等眾方法論實踐展演，終於備有了一整套相關君子學的朗闊理論。這套理論在現實中還未見能超

越它或取代它的說詞，所以就姑且稱它已到終極理論的層級。由於
此終極理論在經過詳為評估後可知它確有對治舉世倫常失序及其能
趨疲危機的功效，以致章標中的「可能」一詞得自動轉成「足夠」
義（而不再停留於不確定及物對象的階段），前後論說才能相應契合。
而此子項的出示，也已不是在比照前面幾節當它是餘絮（得加以處
理），而是要收攏對此套終極性理論作一後續相關效應的技術面期
許。

　　這一期許，顯然是為了讓本終極理論的「依次完成」性得以獲
致深刻的說明。倘若因此也要把它強列入細項內的餘絮範域（必須
依慣例給予補敘），那麼此依次完成性就是一個未了的課題，也無妨
改觀並在這子項的討論中權且加以安置。這就得從前面已經敘過的
「因應倫常失序及其能趨疲危機的歸結作法」說起：既然君子作務
都得到了定性定量，那麼它就毫無疑問的依次完成了君子學終極理
論；只是此終極理論要由我們來展演廣被，勢必會面對一個用武了
卻成效還在宕緩慢蘊中的困境（這只看世人普遍搭上全球化列車而
一副騎虎難下的模樣，就知道要藉君子作務來扭轉局勢將會多麼的
艱鉅），這時又將如何看待自處？也因此，君子學終極理論的理論本
身是依次完成了，但該理論的接受理論又怎樣？這如果不能接續將
它補足，那麼所謂的依次完成性恐怕就會缺一角而有虧信用。

　　雖然這幾近是不可或缺連帶要有的補說帖，但有關它的取向卻
不便從接受者角度予以擬定（那將會無從證驗），而得由倡導者在實
踐過程中不斷地自我覺察來試為形塑。這一部分，完全得在對外期
待中考量所可以致力處。而這想合理化，則有物理學史內較新的混
沌理論、經濟學史上較後出的複雜理論和科普書中的小世界理論等
可以借鑑。當中混沌理論，是非線性系統理論的一種。它指出整個
世界並不像過去科學家所說的那麼井然有序，而是處於變動不定的

混沌狀態。這透過對流動的大氣、盪漾的海洋、裊繞上升的炊煙、浴缸內冷熱水的對流、野生動物的突兀增減以及人體心臟的跳動和腦部的變化等現象的觀察，就可以得到證實。因此，不論以什麼作為介質，所有的行為幾乎都遵循著混沌這條新發現的法則。而這種體會也逐漸在改變企業家對保險的決策、天文學家觀測太陽系和政治學者討論武裝衝突壓力的方式；晚近相關的研究更涉及數學、物理、力學、天文、氣象、生態、生理、社會、經濟和政治等多個學科領域，使得混沌一時間成了各種系統的宏觀共相（James Gleick，1991；John Briggs 等，1994；顏澤賢，1993；劉華傑，1996）。混沌這一本是泛指無序和雜亂狀態的語彙，在學理上的定義已因相關的研究而有了嶄新的意義。日本早稻田大學理工學院教授相澤洋二簡釋混沌為「凡是在數學、物理學方面已經確知它的原理而仍無法進行預測的現象」；混沌獲得這一新義而被視為包含大量的資訊、耗散能量的從新組合和科學中的深層結構等正面意義（邱錦榮，1993）。換句話說，混沌不再指無序和雜亂，而是更高層級的秩序（相對於一般線性系統來說）。它會自我組織成秩序，又會從秩序回復為混沌狀態；它不但是秩序的先行者，也跟秩序構成互補的關係（反過來說，任何一個紊亂現象的背後，也當有某種秩序的存在）。這裏有兩個現成的例子：

> 印地安社區的議事廳需要一個新屋頂，它東漏漏、西漏漏了好一陣子，狀況越來越糟……直到某天早上，有個男人站在屋頂上，拆下老舊的木瓦，地上有好幾綑新的、手劈的木瓦……然後過了一會兒，另一個傢伙經過，看到在屋頂上的男人，並走上前來……不一會兒，他拿著一把榔頭或短斧，或許一些釘子和一、二卷防水紙回來。到了下午，已經有一

> 羣人在屋頂上忙碌工作⋯⋯兩、三天後，整個工作完成了。
> 最後，大家在「新」的議事廳裡，舉行了一場盛大的慶祝會。
> （John Briggs 等，2000：81～82）

> 當一名庫格族獵人帶著特別豐盛的戰利品回家而跟家人分
> 享時，他的鄰居不但不會為此感謝，反而會加以貶抑。他們
> 的解釋是：「當年輕人獵得很多的肉，他會開始自認為是個領
> 導者或大人物，覺得其他人是他的奴隸或屬下。我們無法接
> 受這種想法。拒絕讓他自我膨脹，是為了避免有一天驕傲之
> 心會讓他殺了別人；所以我們總是把他獵來的肉說得一文不
> 值。藉著這種方式讓他的心冷靜下來，變得溫和。」（John
> Briggs 等，2000：51～52）

前者就是一種由混沌到秩序的現象（由屋漏沒有人管到一名男子帶
頭而將屋漏修好，展現了自我組織成秩序的狀況）；而後者就是一種
由秩序到混沌的現象（由年輕獵人的捕獲獵物迴響到由村人的紛紛
冷漠對待而使該榮譽頓時消散，展現了自我紊亂為混沌的狀況），充
分顯現混沌和秩序相互依存的關係。而這種關係，也無異在預告著
秩序的不確定性以及混沌的非恆常性，彼此都可能在一些變項的介
入下而產生互轉或互換的調節機能。就因為有這個緣故，所以要限
定事物所預設的秩序性，只要為它輸入一個變項（如對前兩點的強
力否定之類），很可能就會出現難以逆料的混沌現象（這種現象，可
以用相關論者所提及的「如美國麻薩諸塞州的一隻蝴蝶撲搧一下翅
膀，可能引起遠在印度次大陸的一次氣象大變化」（James Gleick，
1991：12～13）這一蝴蝶效應來作比喻。這時我們就得有重回未限
定事物前「元事物」時代的心理準備，而不必然它可以真正的限定

成功。而複雜理論，是在混沌理論的基礎上或超越混沌理論而發展出來的新思潮，它所彰顯的特點是「走在秩序和混沌邊緣」。論者認為所有的複雜系統都有一種能力，能使秩序和混亂達到這種特別的平衡：

> 在這個我們稱為「混沌邊緣」的平衡點上，系統的組成分子從來不會真正鎖定在一個位置上，但也從來不會分解開來而融入混亂之中……在混沌邊緣，嶄新的想法及創新的遺傳形態永遠在攻擊現狀，儘管是最警衛森嚴的舊勢力都終將瓦解。在混沌邊緣，美國長達數世紀的奴隸制度和種族隔離，突然就在 1960 和 1970 年代向民權運動豎起白旗；1970 年代紅透半邊天的蘇聯共產政權，一夕之間在政治騷動中崩潰。也在混沌邊緣，無數世代中循序漸進的物種演化，也突然出現大規模的物換星移。（M. Mitchell Waldrop，1995：7）

這一新思潮，打破了從 Isaac Newton 以來的科學觀念，也吸引了包括諾貝爾獎物理大師、離經叛道的經濟學家和紮馬尾的電腦天才等在內的許多人才盡瘁於斯的窮為鑽研；他們的革命性作為，多少已經改變了經濟、生物、數學、認知科學和人類學等多種學門的面貌。相對的，混沌理論就顯得有點不足；它被認為不夠深入：「混沌理論告訴你簡單的行為規則能產生極為複雜的變化；但儘管碎形的圖案美麗非凡，混沌理論事實上對生命體系或演化的基本原則談得不多，也沒有解釋從散亂的初始狀態如何自我組織成複雜的整體。更重要的是，混沌理論沒有回答它念念不忘的老問題：宇宙中為何不斷形成結構和秩序。」（M. Mitchell Waldrop，1995：389）特別有啟發性的是，複雜理論應用在經濟學上，改變了舊經濟理論一貫主張的負

回饋或報酬遞減觀念，而提出正回饋或報酬遞增的新說法。以往所見的負回饋或報酬遞減的經濟學教條，無異暗示著「第二塊糖的味道一定沒有第一塊好，兩倍的肥料不見得會得到兩倍收成；無論任何事情，只要你做得越多，就會越來越沒有效用，越來越無利可圖，或越來越不好玩」；而最後的結果都是一樣的，「負回饋使小的混亂不至於失控而瓦解物理系統，報酬遞減也確保沒有一家公司或一個產品會大到霸佔整個市場。當人們厭倦了吃糖，他們就改吃蘋果或其他東西。當所有最好的水力發電的地點都已經充分利用，電力公司就開始建造火力發電廠」（M. Mitchell Waldrop，1995：39）。但正回饋或報酬遞增就是這樣，它能把一些微不足道的偶發意外，擴大成不可扭轉的歷史命運：

> 年輕的女演員純粹因為天份而成為超級巨星嗎？很少如此，那往往只是因為演了一部熱門的片子，使她知名度暴漲，事業扶搖直上；而其他才藝相當的女演員卻仍在原地踏步。英國殖民者羣集於寒冷、多暴風、且多岩石的麻薩諸塞灣沿岸，是因為新英格蘭的農地最肥沃嗎？不！只不過是因為麻薩諸塞灣是清教徒當初下船的地方，而清教徒選擇在這裏下船是因為五月花號迷路了，找不到維吉尼亞作為落腳處。結果就是如此。而他們一旦建立起殖民地，就不會再走回頭路了；沒有人打算把波士頓再搬到其他地方去。（M. Mitchell Waldrop，1995：42）

而這顯現在經濟領域的，就是充滿了演化、動亂和意外的市場不穩定狀態（M. Mitchell Waldrop，1995：11～62）。這樣重視偶發性變項的結果，就是混沌和秩序的交替轉換再也不是原先所訂的規律所

能決定，它毋寧還得把機遇問題納入考慮，而給事物限定再配備一個「可能意外成功或失敗」的條件。而經過混沌和複雜這般的攪和後，我們就可以從新思考另取混沌和複雜的變合體來因應變局。理由是混沌理論的不足處固然是它只提到在開頭輸入小差異就會造成蝴蝶效應般的大變化，而無法進一步說明那一變化過程是怎麼可能的（而這在複雜理論中以偶發或意外的因素來解釋，特別有使人警省的作用）；但反過來看，複雜理論所示的一切都充滿著偶發或意外的不穩定狀態是否就是如此？也未必！這依然無從得著有效的保證（也就是有些事件的發生表面上看似毫無章法，實際上卻都有一定的理則；我們不能因為找不出該理則，就斷然否定該理則的存在）。這樣一來，複雜理論和混沌理論就得聯合為用，才能比較有效的解釋事物存在的規律。而這種狀況，可以統稱為混沌和複雜的變合體。這一變合體的運用，是把原不定變項的混沌理論納進複雜理論而專門選擇最有利的途徑來自我調適，然後希望它一舉成名。這中間仍舊會有無法掌控的成分（也就是複雜理論所說的偶發或意外的因素介入而造成他人不定認同的混亂現象）；但因為有萬全的準備和效應的預期，所以它還是可以自成一個王國而隨時能夠新人耳目。至於具體的作法，則有小世界理論可以讓我們參酌推衍。這種理論，試圖標榜「在無秩序的複雜中找出有意義的簡單性」，並且以一個鏈結經驗來開啟新聲：

在 1960 年代，美國心理學家米爾格蘭曾經想要描繪一個鏈結人和社區的人際連繫網。他在內布斯加州及堪薩斯州隨機選出一些人，寄信給他們。在信中麻煩他們把信轉寄給他在波士頓的一位股票經紀人朋友，但並沒有給他們他那位朋友的地址。為了轉寄這封信，他請他們只能把信寄給他們認識

的某個朋友，而這個收件人是他們認為在人脈上可能比較「接近」那位股票交易員的人。大多數的信最後都到了他朋友的手中，而且遠遠出人意外的是，這些信並沒有經過上百次的轉寄，而是只轉寄了約莫六次。（Mark Buchanan，2004：19）

所謂從新限定事物，大體上就是取這類精義改為主動的去勉作鏈結，並且不刻意冀求效應和容許小世界化。後者是因為所限定事物的推廣很難是一廂情願的，以致不刻意冀求迎合者也就成了所限定事物自我安頓的不二法門；而小世界化則是為了自我寬待而擇定的（也就是任何的影響力都有可能被高估，畢竟相關的鏈結通常都範圍狹小；因此所限定事物有施展不開來的情況，大家就得寬懷以對而給予高度的包容）（周慶華，2012b：232～237）。君子學終極理論的傳播推廣，也當這般自我定位。

縱是如此，君子學終極理論的持續實施，它的美意一旦被世人肯定了，難保不會被廣為傳揚（不論是靠口頭或書籍或其他同樣經濟且不耗能的媒介），而終成化解倫常失序及其能趨疲危機的一大助力。好比自然科學界興起的一個瀰（meme）概念，它原是 Richard Dawkins 從希臘字根的英文 mimeme 截取來的，為的是「希望讀起來有點像 gene 這個單音節的字」；並且「這字也可以聯想到跟英文的記憶（memory）有關，或是聯想到法文的『同樣』或『自己』（même）」，而方便賦予「文化傳遞單位」的意涵。（Richard Dawkins，1995：293）。因為它的科學基因的類比性，可以複製傳播，所以也被人稱作活性的「思想傳染因子」。（Aaron Lynch，1998：14）。前者，Richard Dawkins 認為可舉的例子太多了：

旋律、觀念、宣傳語、服裝的流行，製罐或建房子的方式都是（而正如同在基因庫中繁衍的基因，藉著精子或卵，由一個身體跳到另一個身體以傳播瀰庫中的瀰）；繁衍方式是經由所謂模仿的過程，將自己從一個頭腦傳到另一個頭腦。例如科學家如果聽到或讀到某個好的想法，他就將這想法傳給同事或學生，他會在文章裏或演講中提到它。如果這想法行得通，它就是在傳播自己，從一個頭腦傳到另一個頭腦。（Richard Dawkins，1995：293）

而後者，論者甚至把它比喻作流行病：「思想傳染因子就像電腦網路上的病毒軟體，或城市中的流行性病毒，會透過高效率的『程式設計』，規畫自身的傳染途徑，蓬勃發展。信念在很多方面會影響傳播，甚至可以引發不同的觀念『流行病』，展開一場不在計畫中，卻多采多姿的成長競賽。」（Aaron Lynch，1998：14）可見瀰早已不再中性化，它的新生力量正在穿透理論的氛圍而被扭轉成一種可以開啟前衛論述的動能；同時它的此般從新賦義，也使得瀰本身開始瀰化而廣被世人所沿用和探索不已（周慶華，2012b：237～238）。君子學終極理論的傳播倘若也能產生類似的效果，那麼它自然就會發揮莫大的影響力。這雖然沒得保證，但我們必須要有信心，推廣君子學終極理論也才有意義。而上述所謂依次完成性的待說需求，也就在這一取向形塑後理應給出了足夠的答案。

第六節　總匯為君子學的方法論實踐終階

出示可能的君子學終極理論一題予以總括，而將內在理路區分成「所謂的君子學終極理論／君子作務在此一次定性定量／因應倫

常失序及其能趨疲危機的歸結作法／旁衍典範中允許有剩餘情節／相關的終極性理論依次完成」等子項且接連論述完畢，也自是可看出君子學方法論實踐的終究有成。即使仍然可以比照前面幾章所陳列「構設君子學有成後可推衍的還很多……」一類話語而再下個論斷（畢竟君子學的方法論實踐不會有止限），但基於理論建構必須在約略理足意盡時告一段落（沒有人能夠沒完沒了的一直逞說下去），致使這最後的「總匯為君子學的方法論實踐終階」子項就真的要名副其實的定格了。也就是說，儘管往後再有推衍君子學的也無不可從此處尋隙對照取則或更進益致勝，但有關已克盡自我顯能任務一事是該到總匯為此終階名義所要的節概了。

　　正緣於終階覆頂成案了，所以不會也毋須有什麼未了義待圓要在這尾端另加論議，就讓前面所隨機增補的一切都自動來到此處隱存默發而不必再繁為絮叨了。唯一得加以說明的是：本脈絡所敘及的君子學方法論實踐全數屬於理論建構的範圍（實踐印證為所不能缺少的一環），而此理論建構進展到這裏必須境管，所以終階說成立（也就是不用再費心解釋它的語意了），而整個君子學也因此得以最新姿態自我光華的朗現，並將可望被有心人一起奉守著前去救渡世界的苦厄。

附錄：神仙教全護型生態觀

一、尋找神仙教

　　向來有關宗教的判定，大多以有否緣於崇拜一超凡人格神而來的「神道設教」為準則（Edward Cell，1995；William C. Tremmel，2000；William James，2004）。該宗教觀所強調的神聖感動，固然可以自成一種信仰體系（如猶太教、基督教和伊斯蘭教等），但也不能因此就否定別有基於迷戀偶像而出現的「有所宗以為教」一類教派（如佛教、儒教和道教等）。這類教派，會衍生成為對一些特殊對象（如科學、哲學、影視明星、甚至金錢等）的景仰（Leszek Kolakowski，1997；Gill R. Evans，2008；Ronald Dworkin，2016），終而顯現為有如神道設教般的密契經驗。當中神仙教（「神仙」乃複詞偏義，著重在仙義），依它的屬性正可歸在這種宗教範圍內。

　　只不過神仙教並非既定的通稱（古代僅以仙道或方士道看待），並且經常被兼併而為道教的一支（傅勤家，1988；南懷瑾，1993；卿希泰等，2006）；直到近世才有簡別分屬的倡議（余仲珏編著，1988；吳亞魁，2005；武國忠主編，2006）。因此，儘管有神仙教的事實，卻未見神仙教的名義，馴致在教理落實上還有待一番範限。換句話說，為了論述及其效驗所需，有必要從新來尋找神仙教。

　　神仙教作為一個教派，比照其他能備具教主、教義、儀制和器物等成分的典型教派來說，它的正當性（可獲得多數人的認同）也不遑多讓。也就是說，神仙教一樣有教主（如黃帝或太上老君）、教義（如《老子》、《莊子》、《列子》、《抱朴子》和《周易參同契》等）、儀制（如崇奉禱祝儀式）和器物（如煉丹工具）等，並無短缺問題。縱是如此，神仙教以追求長生為務，且多遠離市廛而隱居於僻靜處，

一起修鍊的人不是少數同好就是師徒傳續，至今仍為一鬆散的組織。於是尋找神仙教在比價上就不以廣徵實務為能事，而得趨向於彰顯它所內蘊的精神氣力，以便強看此時此刻它還深具的意義及其可以發揮的功能。

這是說古來都有修神仙術的人可不成文歸為一教派，但因為本身形式脫略而無從把它比擬於其他教派，以致從新發掘一事就只能著重在意義的重建。整個過程，除了要有相關陳跡的梗概模擬，還得將它內蘊的精神氣力推上歷史舞臺，而在對比顯能中賦予它時代所亟須維護生態一理方面的啟示作用。此一意義範限，既是事涉神仙教長久以來的實然演出（難以略去不提），又是建制新世紀人類不能維護生態缺憾下的應然轉向；逸出此謀略（尤其是後面這一格），就不知道舉世還有什麼前景可說。

二、神仙術的源流

溯及神仙教的起始，據文獻所載當不晚於黃帝時代。相傳黃帝曾問道於廣成子（廣成子也被葛洪《神仙傳》列為首傳）（葛洪，1988：1520），且嘗「采首山銅，鑄鼎於荊山下。鼎既成，有龍垂胡頷下迎」，最終則捨世屍解仙去（司馬遷，1979：468～473）。此後為求長生而孺慕尋索不死藥的風氣漸開，王公貴冑流行或茹芝草或餌丹鉛，儘冀能倖免一死。同時自詡為方士而競相奔走於公門的中介者（如秦時的韓終、侯公、石生和盧生等）（司馬遷，1979：252），也不絕如縷，從而益加促進此一教派在社會中形成強抵凡俗的風尚。

察考率先為該教派真能脫俗者圖繪形象的，首推《莊子》書。《莊子》書誌記有神人／真人／至人等，他們都是一派得道者的姿態，並且幾乎同稟只有教中人才能見著的超卓本事：

藐姑射之山，有神人居焉，肌膚若冰雪，淖約若處子。不食
五穀，吸風飲露。乘雲氣，御飛龍，而遊乎四海之外。（郭慶
藩，1978：15）

古之真人……入水不濡，入火不熱……不知說生，不知惡死；
其出不訢，其入不距；翛然而往，翛然而來而已矣……天與
人不相勝也。（郭慶藩，1978：103～104）

至人神矣！大澤焚而不能熱，河漢沍而不能寒，疾雷破山風
振海而不能驚。若然者，乘雲氣，騎日月，而遊乎四海之外。
死生無變於己，而況利害之端乎！（郭慶藩，1978：45～46）

這不論是不食五穀還是乘風御龍或是水火無妨，一概顯現出凡眾所
無能為力的一面，而著實徵候著一旦入道就有機會晉升為此般人上
人。《莊子》書的這一發微，無異成了後世追求神仙美夢的先聲：凡
是嚮往不死境界的人，莫不以此類能耐為所崇尚標的，因而引出了
甚夥可以致效的成仙方術。
　　當中葛洪《抱朴子・內篇》正開啟了一種最有可能「一步登天」
的煉丹途徑。他在另撰《神仙傳》曾經說過「欲舉形登天上補仙官，
當用金丹……其次當愛養精神，服藥草可以長生，但不能役使鬼神，
乘虛飛行」（葛洪，1988：1520），所以他就戮力於搜羅古來丹道而
鎔裁為〈金丹〉一篇以述此中奧：「夫金丹之為物，燒之愈久，變
化愈妙……金丹入身中，沾洽榮衛，非但銅青之外傅矣」、「一轉之
丹，服之三年得仙……九轉之丹，服之三日得仙」（葛洪，1983：13、
16～17）。由於有此一奠基，煉丹術也就進駐了神仙教風傳方便得道

的取經核心，牢固佔有著最希罕且屬祕技的捷徑地位。

　　雖然丹道的發展啟動了神仙術的精研專車（黃帝鑄鼎煉丹有成在先，無數方士繼踵鍛燒在後，宛如一部櫛比連縣的專屬列車），而間有效驗者所道出的豪語「我命在我，不在於天」（張君房輯錄，1996：467）也給了眾生登遐的信心，但此事畢竟會牽涉諸多誤食殞命和耗時靡費等問題，終究沒能轉使自我擁有恆久主導成仙的優勢。當中有關誤食殞命部分，僅見於帝王而著錄在案的，就有秦始皇、漢武帝、北魏武帝、北魏明元帝、南齊武帝、唐太宗、唐憲宗、唐穆宗、唐敬宗、唐武宗和唐宣宗等人（徐儀明，1997：190～198）；而有關耗時靡費部分，也可從葛洪自述艱況以見一斑：

> 余貧苦無財力，又遭多難之運，有不已之無賴；兼以道路梗塞，藥物不可得竟，不遑合作之。（葛洪，1983：71）

這麼一來，煉丹一途在恐有依憑無著的情況下，也就逐漸要被人當成禁忌看覷了。換句話說，即使後來仍有人不死心在嘗試煉丹（今尚能在浙江葛嶺、廣東羅浮和四川葛仙／丹景諸山等處見著古代煉丹遺跡），而致效者也儘可高唱神奇「一粒靈丹吞入腹，始知我命不由天」（陳禾塬，2007：3）或「我命在我不在天，還丹成金億萬年」（徐儀明，1997：52），但昔時丹道的高峯還是一去不返了。繼起的神仙術，則轉向內丹修煉（並稱前者為外丹以示區別）。它主要由唐宋間的全真派在倡議推廣，儼然有著一股革弊啟新的宏闊氣勢。

　　煉丹術的起手式，全然擺脫外在物質而以「煉精化氣，煉氣化神，煉神還虛」一套功夫因應（徐兢等，1989；洪丕謨編，1991；戈國龍，2004），所得迴響自不在話下。後世所有的紹承，絕大多數就以此道相標榜，不畏仙途迢遙（內丹的成仙時效遠不及外丹快速）

而儘可能引導世人再次識真自驅長生。

三、外丹轉內丹後神仙術開始優待生態化

　　事實上，古人在摸索成仙路徑上已儘多方案迭次展現，除了上述服食／鍊養二途，還有辟穀、導引、符籙、齋醮和科教等，都曾發生過長為試驗期效的可感情事。只是那些術數仍然在倚恃（另類）外物或自檢難以優化，短絀於神仙成就的道理明著。於是專注在內丹術的足夠扭轉風尚上，也就變成一波要重許神仙教可裨益生態維護的最切軸線。

　　換個角度看，由丹道所形成的神仙教統系，從唐宋後就一直被模塑傳述著（當中不可否認有相當程度是受到外來佛教傳燈續派的刺激）。如「（〈上陽子金丹大要〉稱）金丹之道，黃帝修之而登雲天，老君修之是為道祖……自河上公五傳而至伯陽真人，祖天師得伯陽之旨，丹成道備，降魔留教，仙翁濟幽，旌陽斬蛟，是皆逢時匡世救劫，斯乃真仙之餘事耳。華陽玄甫、雲房、洞賓授受以來，深山妙窟，代不乏人。其間道成而隱，但為身謀，不肯遺名於世間者，豈勝道哉……燕相海蟾受於純陽，而得紫陽，以傳杏林、紫賢、泥丸、海瓊，接踵者多。我重陽翁受於純陽，而得丹陽，全真教立；長春、長真、長生、玉陽、廣寧、清淨諸老仙輩，枝分接濟，丹經妙訣，散滿人間」（洪丕謨編，1991：1842），這所開列自黃老以下歷經河上公、魏伯陽、鍾離權、呂洞賓，以迄內丹學南北二宗各家祖師的承續脈絡，就是一種典型的作法。它所要彰顯的已不侷限於自有根柢足可立世，更為了能夠據此繼為開枝散葉；而貫穿這兩種念頭的，則毋乃是那漸行透露出來的後設生態向背敏感。

　　此中緣由主要在於累世詆斥神仙術無驗或耗費的言論溢目盈耳

（以所縮結於史誌文獻考略的如《漢書‧藝文志》、《隋書‧經籍志》和《文獻通考‧經籍考》等所作評騭可見一斑）（陳榮捷，1987：187～197；傅勤家，1988：240～242；文史知識編輯部編，1992：183～190），教中人自然得有策略對治才能續為推廣；而所選定不再有絲毫耗費的內丹一途，就恰好可藉為堵住那些「悠悠之口」。這樣不但保住了承祧傳教的權利，而且還給己身預留了優為寄存的空間。後者是說，當你能夠不索求於物質世界而讓遠近生態如如存在，你也因此得以適性居間而毋須戒慎人嘴誅伐或憂愁自然反撲。這當是倡導內丹術的人經過深切思慮所致，結果則連帶保障了神仙教一脈歷久不衰。

　　神仙教從起始外丹燒煉尚涉及採集材料和購置設備等有虧生態（光後者就有作屋／立壇／安爐／置鼎／蒸餾／研磨／昇華／泥法等場範所費不貲）（張覺人，1985：13～16），轉成內丹修鍊後一舉擺落對物質的依賴耗用，已結實的自為一方外集團，名士輩出且研術著述不輟（如魏伯陽《周易參同契》、張紫陽〈悟真篇〉、石泰〈還源篇〉、薛式〈復命篇〉、陳楠〈翠虛篇〉、陳致虛〈金丹大要〉和張三豐〈論大道〉等都是此中力作）。自此神仙術終獲國人所崇仰而變成對生態最善維護者（印度有極端瑜伽行者，或穿頰釘舌，或埋身土中，絕去衣食居所而放浪羣社中，看似比神仙教中人更不擾動生態，實則那還得勞動他人代為驅趕禽獸才免被噬嚙害命，終究不如專習神仙術的人可以一邊自我保衛一邊守護生態精緻），實可大為慶賀！

四、自成一教派的救亡圖存努力

　　神仙術所以會被國人多方崇仰，乃有一命限／境限亟待克服的

想望在背後支持著。這一方面緣自對得道者的反觀而誘引出該意欲；另一方面則因己身實有困處蹇運經驗而難免要如此耽念。前者可仿效的脫卸者盡是這般模樣：

> 仙人者，或竦身入雲，無翅而飛；或駕龍乘雲，上造天階；或化為鳥獸，游浮青雲；或潛行江海，翱翔名山；或食元氣，或茹芝草；或出入人間而人不識；或隱其身而莫之見。（葛洪，1988：1521）

> 若夫仙人，以藥物養身，以術數延命，使內疾不生，外患不入，雖久視不死，而舊身不改。苟有其道，無以為難也。（葛洪，1983：3～4）

二則文中所描繪的不是除卻境限就是已了命限（跟前引《莊子》書所述神人／真人／至人的情況類似），豈能不讓人既羨且慕而以同蹈晉升路為所嚮嚮？後者則雅不願掉入「死生存亡，窮達貧富，賢與不肖毀譽，饑渴寒暑，是事之變，命之行也」（郭慶藩，1978：96）此一遭控深淵，終身累累纏礙，以致戀著仙道只是適切而已！

這一信念，歷經明清兩代因政治抑制或俗迫壓力或承繼失當而轉隱性沈寂，一直到清末民初才再見神仙教的振興。當時有以陳攖寧為首的體證參究團隊在倡導新仙學，旗幟甚為鮮明：它把原道教所一致關心的「與道同不朽」理念特為標出，企圖自立一門新的學問（李養正，1993；胡海牙編著，1998；田誠陽編著，1999）。宣導人陳攖寧在所屬的《揚善半月刊》和《仙道月報》等刊物撰文發微，且頻獲時人的迴響。

該仙學的提出，多有以對治來自西方的科學禍害為出發點（詳

後），頗具曠古罕聞性（所以大家才稱它為新仙學）。而就所引發的風潮來看，陳氏的嘗試一併蘊涵有為力矯時弊的諸多用意，也理當要受到眾人的矚目：首先是他覷見了仙道不宜湮沒不顯揚：「宇宙間為什麼要生人生物，這個問題最難解答，留到後來再研究，我們現在所急需知道的就是用什麼方法可以免除老病死之苦……因為有以上的缺點，仙家修鍊功夫遂注重肉體長生，欲與老病死相抵抗。」（武國忠主編，2006：363）而這種為抵抗老病死的仙道由來已久，國人如果自我棄捨仙道，就無異是將自家無盡藏拋棄而沿門托缽學貧兒去乞討了。

其次是他有感於明清以來學仙事在道教內部護持不力以及屢遭儒釋二教排擠而亟欲獨立自營仙學一脈：「中國仙學相傳至今，將近六千年……後人將仙學附會於儒釋道三教之內，每每受儒釋兩教信徒之白眼，儒斥仙為異端學說，釋罵仙為外道魔民。道教徒雖極力歡迎仙學，引為同調，奈彼等人數太少，不敵儒釋兩教勢力之廣大，又被經濟所困，亦難以有為。故愚見非將仙學從儒釋道三教束縛中提拔出來，使其獨立自成一教，則不足以縣延黃帝以來相傳之墜緒。」（武國忠主編，2006：1299）儒釋道仙從此分劃易疆。雖然陳氏晚年迫於時流的壓力又主張仙道合一（龔鵬程主編，1996：137），但這一在二十世紀上半葉縱橫馳騁宗教界的仙派學說仍然聲勢赫赫在目而迭見異彩。

再次是他從新規模了一套丹法和鍊氣養生的方案，不拘一格，卻又別有自家風貌。所謂「陳攖寧先生倡導的仙學理法，打被了宗教藩籬的界限。他不侷限於出世、入世，不侷限於道家、道教、儒教和佛教，不侷限於清靜、雙修，不侷限於內丹、外丹，不侷限於山林、鬧市，不侷限於自渡、渡人，不侷限於宗教、科學」（田誠陽編著，1999：19），正點出了新仙學另樹一幟以便參贊世務的實況。

　　此外，陳氏還以「務實不務虛；論事不論理；貴逆不貴順；重訣不重文」等四項原則給新仙學定調（武國忠主編，2006：506）。而在「務實不務虛」方面，則試圖跟科學的實證精神相頡頏。所謂「其實，所謂神仙者，必有確鑿之根據」（武國忠主編，2006：1167）、「神仙之術，首貴長生，唯講現實，極與科學相接近，有科學思想科學知識之人，學仙最易入門」（武國忠主編，2006：821）等，都說到新仙學的不能不入時性（以便取信於人）。

　　大體上，新仙學的不違科學精神頗受時人關注而樂於參與討論；《揚善半月刊》所刊載偌多讀者迴響和書信問答中就有不少這類的篇章。而總看這一波的新仙學思潮，在成仙的想望及其得備具的條件上並未超出前行代人所勾勒三元德命的範圍；但因為同樣實質的仙階杳渺一轉向調息深求（陳氏有〈靜功總說〉、〈靜功問答〉等文在教示此道）（武國忠主編，2006：1554～1568），終而成就了一種清心益壽的靜功療法，為時人所普遍推崇，且風尚還延續到二十世紀後半葉海峽兩岸的社會（陳氏的徒眾在大陸紹述新仙學的觀念不輟，自然不必多說；來臺的辦真善美出版社和編《仙學》雜誌廣為傳揚長生學，也相當可觀）（周慶華，2013：218～221）。

　　新仙學轉向靜功，所開啟的實證益生道路，論者在考察後所給的評價多聚焦在它的「開創」性上（余仲珏編著，1988：2；卿希泰主編，1996：415；田誠陽編著，1999：25）。這不能說有什麼問題，但也不盡能掌握新仙學的精髓。也就是說，新仙學的提倡還有一個「抗衡科學」的終極理想，並未被深透和重視。

　　幾乎可以肯定：陳攖寧對丹法的廣為鑽研（他有〈參同契講義〉、〈黃庭經講義〉、〈口訣鉤玄錄全集〉、〈金丹三十論〉、〈最上乘天仙修煉法〉、〈最上一乘性命雙修二十四首丹訣串述〉和〈女功正法〉等多樣討論內外丹道的著作或徵錄）（武國忠主編，2006：1～512），

不會僅止於關注泛泛的益生而已，它還要能夠到達成仙的地步，才是他的最終懷抱所在；尤其是修鍊到陽神可以出體變化飛昇為上乘（也就是他所新稱的「天仙」本事）。如此一來，他的「仙學報國」理想才有落實的機會。換句話說，近代以來國人的積弱不振以及列強的環伺欺凌，都因一個「科學有無」所直接造成的；而新仙學的倡導，就是為了抗拒科學的毒害才堆出的：

> 修成地仙可以免除老病死之苦，而不能抵禦槍炮子彈，因為他尚有肉體之累……修成神仙可以不畏槍炮子彈，設不幸遇著幾百磅炸彈之力，恐亦不能抵抗，因為他尚有氣體存在……修成天仙純粹的一片靈光，非但不畏炸彈，縱將來地球毀滅亦不受影響，所以我輩修鍊當以天仙為目的。（武國忠主編，2006：378）

> （答錢心）你若要救國，請你先研究仙學。等到門徑了然之後，再出來做救國的工作。那個時候，你有神通，什麼飛機、炸彈、毒氣、死光，你都可以不怕。此刻專在宗教上辯論，把精神白費了，未免可惜……我勸君還是走神仙家實修實證這一條路罷。將來或者尚有戰勝科學的希望。（武國忠主編，2006：1219）

這不就很明顯的道出了以成仙來對治科學的旨趣！它的更甚以一物克一物而讓科學禍端從根本上失去作用力的想法，雖然天真卻也實在不過（不然國人有什麼能耐可以抵抗外侮兼常保存在的優勢呢）。而這在當時一提出，立刻有人附和、闡發和推廣（當中王又仙〈科學與仙學之比較〉和淨心子〈科學應和仙學合作說〉二文特別有看

頭）（武國忠主編，2006：899～923）。這種對治科學說跟前面所提
到的新仙學講究科學實證精神似乎不太協調。卻又不然！新仙學只
在重實效性一點通於科學罷了，它並不像科學那樣不斷地利用物質
而導致資源枯竭、環境惡化、生態失衡、溫室效應、臭氧層破壞和
核武恐怖等後遺症（Raj Patel，2009；Henry Pollack，2010；Maude
Barlow，2011；Naomi Oreskes 等，2016；Erik Loomis，2017；Zygmunt
Bauman，2018）。二者在求實證上為一，而在運用目的上則判分天
壤。

　　很明顯這又是一波救國論的新風潮。但它比起同時代國人的救
亡圖存作法，卻又有著更切實際而反不被抬高檔次的憾恨在！大家
知道，西方強權從近世理性啟蒙連帶工業革命後，就一直以船堅炮
利轟開他方世界的大門而取得支配剝削的主宰權；國人原不是同一
個思路而無法跟進，就始終處於挨打的局面。值此存亡危急的時刻，
誰都不忍看到國格淪喪、生靈塗炭，於是有改革家發出「**師夷之長
技以制夷**」的籲請；有實務家另謀「**中學為體，西學為用**」的蹊徑；
有新儒家力主「**道德主體轉出知性主體**」的生路，皇皇言論，無不
打動更多趨新或嗜動人士的心。然而，這些反制／仿效／融鑄外來
文化等策略，輾轉演變至今，在西方強權主導的全球化浪潮下，海
峽兩岸都被收編成為世界經濟體系的一環，再也沒有可以說「不」
的本錢或餘地（周慶華，2016a：24～25）。這時誰會想到當年新仙
學宣導者如何的要以成仙理想來徹底擺脫西方強權的壓迫和牢籠
呢！因此，從這一點看，新仙學的提出才真正是拯救自我兼避免舉
世一起步上能趨疲臨界點而使地球限於一片死寂末路的好對策。縱
然它的成效還有待大力提高；但不順著這個方向去考慮，似乎也沒
有更妥適的辦法可以自救濟世。這種具有高度價值的文化情懷，理
應深受重視卻始終未被後人悉心採納而勉為踐行（只有新仙學家的

接班人選擇「狹路」在一博喝采），馴致越後越淪為一體西化且不知止境的難堪下場（周慶華，2013：221～225）。

五、新仙學未竟的志業

追踪至此，已經可知神仙教發展到新仙學階段本最迫切或應機要開啟新猷的（緣於自我社會遭逢即將全面陷溺的千古大劫難），但不意相關學說及其教派集聚卻因中共政權竄起予以打壓而重挫（吳亞魁，2005：155～160）；更有唯物科學被強行引入迫使仙道思想轉向一般練功養生而造成不死術強項莫名消沈。此外，陳攖寧徒眾部分來臺發揚師說但也氣勢短暫而沒落迄今（前面說到海峽兩岸紹述傳揚新仙學的踴躍現象，乃指初期情況，後來則隨著社會風氣益加追躡西方科學成就而更見受挫蕭條）。晚近另有四川縉雲山白雲觀在復振潛修辟穀神仙術及一些練功團體有心在遙應長生觀念（李洪志，2001；湛若水，2007；樊馨曼，2014）；但都嫌格小，離整體神仙教亟待宏謨展布的目標尚遠，不啻是此波新仙學應許而未竟的志業。

這種志業未竟所能給我們的省思在於：新仙學家晚年或因畏禍而不再續彈成仙舊調，而所有繼志的跟隨者和研究者憚於西方科學威勢也避談神仙美夢，使得新仙學的成仙理想在當今是無由再行彰顯了。但事情又不能如此不明不白的任它長久闇默下去，我們總得想點辦法看看有什麼出路可以勉力一試。而這不妨藉一位論者解釋神話背後的意義來發微：

> 在原始思維中，死亡絕對沒有被看成是服從一般法則的一種自然現象。它的發生並不是必然的而是偶然的，是取決於個別的和偶然的原因，是巫術、魔法或其他人的不利影響所導

　　致的……在某種意義上，整個神話可以被解釋為就是對死亡現象的堅定而頑強的否定。（Ernst Cassire，1989：131～132）

　　這在往後的變化狀況，除了中國傳統氣化觀型文化還保有這一不死的信仰，其餘如現存的西方創造觀型文化和印度佛教所開啟緣起觀型文化等都退化成對肉體必死的堅信和焦慮。但遺憾的是，叫囂者眾多，氣化觀型文化傳統難得一見的不死信仰也日漸渙散，只剩下相關的文獻記載在聊供人憑弔。這麼一來，我們將會發現幾個事實：

　　第一，從不死信仰的正面意義來看，擁有這種信仰的人都知道長生久視不容易，所以各種作為（包括環境的營造和手段的採用）都要不斷地成長，並且要向生命的深層面去開拓（如懷德不深或行善不多可能有礙求道之類），而展現出一種雍容自若、氣度不凡又能進取的生命形態。過去的人，我們縱然不能目睹，但也無妨想像確有這個可能。而這一切如今不復可見後，所有的理想也就草草的隨著沈進歷史記憶的底層。

　　第二，當我們無意再從前人所採行的方術（如服食、鍊養、符籙、科教等）中精鍊一種較好的方術或別為開發新的方術，長生久視將更不可能。這樣我們所面臨的，就不是單純的一個成仙美夢的幻滅，而是某種潛能（可以用來成仙）的退化或永久的埋沒。

　　第三，當我們把注意力轉移到死亡的課題上時，美其名是要大家正視死亡且更珍惜生命。但死亡既然不可避免，那麼活著時豈不更增加一分急迫感（或危機感）？我們看當今人心所顯現熱中急功近利，難道不是「來日所剩不多」的恐懼心理在作祟？因此，關心死亡不但不能減低對未來的駭怕，而且還會更容易懷憂喪志。

　　第四，政府的各種施政策略，如果不能一悟而把為使人民的長生久視的因素考慮在內，那麼人民將不只是覺得成仙無望或更添死

亡恐懼，還很可能會憤而走上極端（不合作或存心破壞），跟他人同歸於盡。證諸當今人民的許多抗爭活動（不全是為了爭取眼前的權益），以長治久安為最大訴求，不難預見將來一旦生存機會減少或失去保障，一場全面性的動亂勢必不可避免。

　　可見成仙的理想固然很難達到，而以能夠成仙的觀點來規畫人生更不容易；但倘若不死信仰在當今式微後確是如上述這麼不堪，那麼期待一個嶄新思路（足以改善目前的狀況）的開闢，也就成了我們從現在起最不可或忘的緊要事。而緬懷當年新仙學家的讜論，還有得我們好好的三致其思，才不致平白錯過可以從新出發締勝的機會（周慶華，2013：226～227）。

六、總結神仙教全護型生態觀的益世啟示點線面

　　所以會有神仙教的出現，乃因為先存在靈肉分離觀及其靈體部分被認定為精氣的關係。這精氣（有別於一般駁雜的氣）主式具思感能力，為純體時稱作神；經過人身而後出去的稱作鬼；游離於物身間的稱作妖或魅（周慶華，2006：9）。它進駐人或物體內，人或物就依它賦形（也就是精氣殊類，有人或物形狀的，得著機緣隨受胎進駐人或物體內，就可以促成人或物長成相同形狀）。凡是先天備具或後天開啟靈眼的人，都可以如實感應瞧見（Michael Newton，2003；Sasha Fenton，2007；Mary Roach，2019；廖雨辰，2011；櫻井識子，2017；陶貓貓，2019）。至於有關它的來源，或歸諸上帝賜予，或歸諸無盡緣起，或歸諸陽精陰精化合（周慶華，2011c：128～134），全無準的且多矛盾（彼此都無法解決那第一序的創造／緣起／氣化如何可能的問題），不如加以擱置而只根據可察覺的現實情狀給予論說（此地也不及細辨當中氣化觀在理則上最接近該精氣的

存續卻又尚差一間）。

　　由於古代國人早就意識到靈體在人身內會有脫離的可能（脫離不返肉體就死亡），而人又沒有別的本事足以使自己恆久活著，因此就試著煉丹來服食，以便從中收束護住靈體不讓它逸失，肉體就不會死亡。至於該丹藥多採自密度特高的金、銀、鉛、汞等金屬，當是看重它們結合在一塊可以產生強吸附力（一如磁石或犀牛角粉末那般），而給靈體緊相縛著。這點本經試驗有成（才會有那麼多致效者相繼在吐屬心路歷程），卻未見於史上相關典籍的點撥摹寫，而今人摻和討論又不知有此一關節（張覺人，1985；徐儀明，1997；陳國符，1997）；以致連帶遺誤到一些西方漢學家的錯會：他們滿以為「對上清派宗師陶弘景的煉丹活動的研究表明，它們跟末世信仰有連繫（也就是說在末日災難到來之際，有拯救道士的煉丹方法）。似乎上清派煉丹家也完全明白他們的產品（含汞、鉛和砷等）有毒，他們中的一些人要透過一種儀式性的自殺，升到上清派天堂的星官的高位」（Seidel Anna，2002：58）。其實全是望文生義；殊不知服丹全為了長生，怎會是求速死！換句話說，古人不可能不知道那些材料含有劇毒會要人命，但在經過不斷燒煉後（每燒煉一次叫一轉）已然去毒，根本無妨服食者的性命安全。如果有人服後不適而發生暴斃或癱瘓現象，那就得追究燒煉工序是否有誤或嚥食是否得法，不必橫生枝節倒過來怪罪丹藥無效。

　　正因為丹藥的功能在護住靈體，而一旦靈體不脫離很可能也會帶動輕舉肉體，逐漸在變化飛昇上展現實力（變化是因為可以快速移動而隱現自如；飛昇則是身輕如燕而能夠高翔遠蹈），所以大家要前仆後繼的來本範域問津仿效。但當這種只靠服丹的便宜行事反易奪命或傷殘例子一開，難免就會有人想到或可另起爐竈，嘗試其他一樣有效的長生方案。而內丹，應該就是這項努力的成果。它以擬

比金丹燒煉作法，勤練氣功到身內結丹丸強攀靈體或靈體自我成丹緊附肉體，終而得到相同的久視不朽和來去自適等效應（至如前引陳攖寧所說的可修鍊變成一片靈光，乃屬玄奇設想，不必當真）。

上述這個理路，諒必是由新仙學應驗於現實生活的（畢竟是它在近代率先喚起大家的成仙美夢），卻因戰亂人禍世途多阻而短少正績，不能不致以嘆憾！差堪告慰的是：總的來看，新仙學在中土的倡議推行，跟整個時代國族因應外來文化的衝擊有密切的關係；它的力拚拒外自主的作為，也很明顯帶有傳統文化「創造性轉化」欲求的印記。換句話說，新仙學專挑成仙一理對治西方科學的逞威致禍，在先天上就有「不可退卻」的防衛機制在起作用；而相較於其他救亡對策的形塑，新仙學在後天上雖然緩不濟急卻又是最有可能竟功的一支。今後只要有需要思考「國家往何處去」的課題，新仙學道地的民族色彩依然會站在高處向我們招手（周慶華，2013：228）。而連此整體上所顯示出來的神仙教作為，也已經自蘊了一種可稱為全護型生態觀。這種生態觀在面對西方創造觀型文化所興作帶動全球化造成的能趨疲危機時刻特別有對治化解的功效：它已在中國傳統氣化觀型文化中醞釀秀出，將來還要大為倚賴它一起拯救世界危殆而重現自我所屬文化先前尤能維護生態的榮光（周慶華，2012a；2017；2020b）。

這樣就可以總攝神仙教全護型生態觀：在起點上，個人修鍊到能克服命限和境限，形體束縛將不再成為懸念；而進入終點，則自成一片最少需求物質以至於最少擾動生態的諧和優著景象；然後此一完存生態的作為可以從新推廣轉為救渡世界而延緩地球陷於死寂臨界點的到來，因而堅實或具結了點線面兼備的益世啟示。

參考文獻

小暮陽三著，劉麗鳳譯（2002），《圖解基礎相對論》，臺北：世茂。

王弼（1978），《老子道德經注》，新編諸子集成本，臺北：世界。

王文方（2008），《形上學》，臺北：三民。

王先謙（1978），《荀子集解》，新編諸子集成本，臺北：世界。

王竹語（2009），《尋找一首詩》，臺中：好讀。

王岳川（1994），《藝術本體論》，上海：三聯。

王海山主編（1998），《科學方法百科》，臺北：恩楷。

王勤田（1995），《生態文化》，臺北：揚智。

文崇一（1989），《中國人的價值觀》，臺北：東大。

文史知識編輯部編（1992），《道教與傳統文化》，北京：中華。

戈國龍（2004），《道教內丹學溯源》，北京：宗教文化。

孔穎達等（1982a），《周易正義》，十三經注疏本，臺北：藝文。

孔穎達等（1982b），《禮記正義》，十三經注疏本，臺北：藝文。

水島治郎著，林詠純譯（2018），《民粹時代：是邪惡的存在，還是改革的希望？》，臺北：先覺。

申丹（2014），《敘事學理論探賾》，臺北：秀威。

田茜等（2004），《十個人的北京城》，臺北：高談。

田誠陽編著（1999），《仙學詳述》，北京：宗教文化。

司馬遷（1979），《史記》，臺北：鼎文。

矢內原忠雄著，張漢裕譯（1992），《基督教入門》，臺北：協志。

史威登堡研究會著，王中寧譯（2010），《通行靈界的科學家：史威登堡獻給世人最偉大的禮物》，臺北：方智。

朱熹編（1978），《河南程氏遺書》，臺北：臺灣商務。

朱熹編（1986），《近思錄》，臺北：臺灣商務。

朱建民（2003），《知識論》，臺北：空中大學。

朱耀偉（1994），《後東方主義——中西文化批評論述策略》，臺北：駱駝。

向立綱（2009），《靈體、靈性、靈媒：活靈活現第三部》，臺北：萬世紀身心靈顧問。

向立綱（2010），《人與神：活靈活現第四部》，臺北：萬世紀身心靈顧問。

辻原康夫著，余秋菊譯（2006），《服飾的世界地圖》，臺北：玉山社。

阮元（1980），《經籍纂詁》，臺北：宏業。

邢昺（1982），《論語注疏》，十三經注疏本，臺北：藝文。

吳思（2009），《潛規則：中國歷史上的進退遊戲》，臺北：究竟。

吳亞魁（2005），《生命的追求：陳攖寧與近現代中國道教》，上海：上海辭書。

吳柄松（2003），《生死簿之物語》，桃園：吳柄松。

吳錫德（2010），《法國製造：法國文化關鍵詞 100》，臺北：麥田。

何新（2012），《1995 年舊金山會議祕密決議：消滅「劣等人種」》，新北：人類智庫數位科技。

何秀煌（1988a），《文化‧哲學與方法》，臺北：東大。

何秀煌（1988b），《記號學導論》，臺北：水牛。

呂大吉（1993），《宗教學通論》，臺北：博遠。

呂亞力（1991），《政治學方法論》，臺北：三民。

余仲珏編著（1988），《陳攖寧先生傳略》，上海：上海翼化堂。

余秋雨（2015），《君子之道》，臺北：遠見天下。

余英時（1984），《中國知識階層史論（古代篇）》，臺北：聯經。

希拉蕊（2007），《非死即傷的惡靈實錄》，臺北：可道書房。

李洪志（2001），《轉法輪》，臺北：益羣。

李國文（2007），《文人遭遇皇帝》，臺北：御書房。

李瑞華主編（1996），《英漢語言文化對比研究》，上海：外語教育。

李養正（1993），《當代中國道教》，北京：中國社會科學。

李霖燦（1991），《西湖雪山故人情》，臺北：雄獅。

汪信硯（2010），〈全球化與反全球化──關於如何走出當代全球化困境問題的思考〉，於《北京大學學報（哲學社會科學版）》第47卷第4期（33～35），北京。

汪修榮（2011），《民國風流》，新北：新潮社。

沈致遠（2004），《科學是美麗的──科學藝術與人文思維》，臺北：商周。

沈清松（1986），《解除世界魔咒──科技對文化的衝擊與展望》，臺北：時報。

沈清松（1987），《物理之旅──形上學的發展》，臺北：牛頓。

沈清松編（1993），《中國人的價值觀──人文學觀點》，臺北：桂冠。

沈國鈞（1987），《人文學的知識基礎》，臺北：水牛。

伽梵達魔譯（1974），《大悲心陀羅尼經》，《大正藏》卷20，臺北：新文豐。

求那跋陀羅譯（1974），《雜阿含經》，《大正藏》卷2，臺北：新文豐。

林天民（1994），《基督教與現代世界》，臺北：臺灣商務。

林品章（2008），《方法論：解決問題的思考方法》，臺南：中華民國基礎造形學會。

邱天助（1998），《布爾迪厄文化再製理論》，臺北：桂冠。

邱錦榮（1993），〈混沌理論與文學研究〉，於《中外文學》第21卷第12期（57～59），臺北。

周文欽（2002），《研究方法──實徵性研究取向》，臺北：心理。

周敦頤（1978），《周子全書》，臺北：臺灣商務。

周慶華（1997），《語言文化學》，臺北：生智。

周慶華（2000a），《中國符號學》，臺北：揚智。

周慶華（2000b），《文苑馳走》，臺北：文史哲。

周慶華（2002a），《死亡學》，臺北：五南。

周慶華（2002b），《故事學》，臺北：五南。

周慶華（2003），《閱讀社會學》，臺北：揚智。

周慶華（2004a），《語文研究法》，臺北：洪葉。

周慶華（2004b），《文學理論》，臺北：五南。

周慶華（2004c），《創造性寫作教學》，臺北：萬卷樓。

周慶華（2005），《身體權力學》，臺北：弘智。

周慶華（2006），《靈異學》，臺北：洪葉。

周慶華（2007a），《語文教學方法》，臺北：里仁。

周慶華（2007b），《走訪哲學後花園》，臺北：三民。

周慶華（2007c），《紅樓搖夢》，臺北：里仁。

周慶華（2008），《從通識教育到語文教育》，臺北：秀威。

周慶華（2009），《文學詮釋學》，臺北：里仁。

周慶華（2010），《反全球化的新語境》，臺北：秀威。

周慶華（2011a），《華語文教學方法論》，臺北：新學林。

周慶華（2011b），《語文符號學》，上海：東方。

周慶華（2011c），《生態災難與靈療》，臺北：五南。

周慶華（2012a），《文化治療》，臺北：五南。

周慶華（2012b），《華語文文化教學》，新北：揚智。

周慶華（2013），《微雕人文——歷世與渡化未來的旅程》，臺北：秀威。

周慶華（2016a），《走上學術這條不歸路》，新北：生智。

周慶華（2016b），《文學經理學》，臺北：五南。

周慶華（2017），《解脫的智慧》，臺北：華志。

周慶華（2019），《走出新詩銅像國》，臺北：華志。

周慶華（2020a），《靈異語言知多少》，臺北：華志。

周慶華（2020b），《跟君子有約：在全球化風險中找出路》，臺北：
　　華志。

周慶華（2020c），《《莊子》一次看透》，臺北：華志。

周慶華（2020d），《新說紅樓夢》，臺北：華志。

武國忠主編（2006），《中華仙學養生全書——陳攖寧先生對健康長
　　壽學說作出的獨特貢獻》，北京：華夏。

范錡（1987），《哲學概論》，臺北：臺灣商務。

施護譯（1974），《初分說經》，《大正藏》卷 14，臺北：新文豐。

洪丕謨編著（1991），《道藏氣功要集》，上海：上海。

胡亞敏（2004），《敘事學》，武漢：華中師範大學。

胡海牙編著（1998），《仙學指南》，北京：中醫古籍。

柯雄文著，李彥儀譯（2017），《君子與禮：儒家美德倫理學與處理
　　衝突的藝術》，臺北：臺灣大學。

俞劍華編（1984），《中國畫論叢編》，臺北：華正。

馬鄰冀（1996），《伊斯蘭教概論》，臺北：臺灣商務。

南懷瑾（1993），《中國道教發展史略》，臺北：老古。

香港聖經公會（1996），《聖經》，新標點和合本，香港：香港聖經公
　　會。

香港嶺南學院翻譯系編（1996），《學科‧知識‧權力》，香港：牛津
　　大學。

海天（2014），《2020 中國與美國終須一戰——當中國的復興之路遇
　　上美國的重返亞洲》，臺北：如果。

海野弘著，黃靜儀譯（2011），《祕密結社的世界史》，臺北：麥田。

徐兢等（1989），《中國氣功四大經典講解》，杭州：浙江古籍。

徐少知（2010），《儒林外史新注》，臺北：里仁。

徐儀明（1997），《外丹》，香港：中華。

孫奭（1982），《孟子注疏》，十三經注疏本，臺北：藝文。

孫詒讓（1978），《墨子閒詁》，新編諸子集成本，臺北：世界。

席汝楫（2003），《社會與行為科學研究方法》，臺北：五南。

卿希泰主編（1996），《中國道教史》，成都：四川人民。

卿希泰等（2006），《道教史》，南京：江蘇人民。

袁定安（1996），《猶太教概論》，臺北：臺灣商務。

殷海光（1989），《思想與方法》，臺北：水牛。

個人新聞臺（2009.8.11），〈八八水災，明天過後……〉，網址：
　　http://mypaper.pchome.com.tw/ctot/post/1313600948，點閱日期：
　　2011.5.1。

張法（2004），《美學導論》，臺北：五南。

張程（2013），《衙門口：為官中國千年史》，臺北：遠流。

張湛（1978），《列子注》，新編諸子集成本，臺北：世界。

張潮著，周慶華導讀（1990），《幽夢影》，臺北：金楓。

張伯行輯訂（1982），《朱子語類》，臺北：臺灣商務。

張君房輯錄（1996），《雲笈七籤》，臺北：自由。

張家銘（1987），《社會學理論的歷史反思》，臺北：圓神。

張覺人（1985），《中國古代煉丹術——中醫丹藥研究》，臺北：明文。

脫脫等（1979），《宋史》，臺北：鼎文。

康樂等主編（1981），《歷史學與社會科學》，臺北：華世。

陳禾塬（2007），《丹道修煉與養生學》，北京：社會科學文獻。

陳秉璋等（1988），《邁向現代化》，臺北：桂冠。

陳秉璋等（1990），《價值社會學》，臺北：桂冠。

陳破空（2015），《全世界都不了解中國人》，臺北：前衛。

陳國符（1997），《中國外丹黃白法考》，上海：上海古籍。

陳榮捷著，廖世德譯（1987），《現代中國的宗教趨勢》，臺北：文殊。

馮其庸等（2000），《紅樓夢校注》，臺北：里仁。

郭慶藩（1978），《莊子集釋》，新編諸子集成本，臺北：世界。

陶貓貓（2019），《見鬼之後：通靈港女陰陽眼實錄與靈譯告白》，臺北：時報。

焦桐主編（2009），《味覺的土風舞：「飲食文學與文化國際學術研討會」論文集》，臺北：二魚。

揚雄（1978），《法言》，新編諸子集成本，臺北：世界。

傅大為（1991），《知識與權力的空間——對文化、學術、教育的基進反省》，臺北：桂冠。

傅大為（1994），《基進筆記》，臺北：桂冠。

傅勤家（1988），《中國道教史》，臺北：臺灣商務。

曾仰如（1987），《形上學》，臺北：臺灣商務。

黃宗羲（1987），《明儒學案》，臺北：華世。

黃漢耀譯著（1991），《文明也是災難》，臺北：張老師。

黃慶明（1985），《實然應然問題探微》，臺北：鵝湖。

湛若水（2007），《氣的原理：人體能量學的奧祕》，臺北：商周。

項退結（1981），《現代中國與形上學》，臺北：黎明。

路況（1993），《虛無主義書簡——歷史終結的游牧思考》，臺北：唐山。

葛洪（1983），《抱朴子》，新編諸子集成本，臺北：世界。

葛洪（1988），《神仙傳》，增訂漢魏叢書本，臺北：大化。

葛荃（2002），《立命與忠誠——士人政治精神的典型分析》，臺北：

星定石。

葉乃嘉（2006），《研究方法的第一本書》，臺北：五南。

葉霞翟（2013），《天地悠悠》，臺北：幼獅。

董仲舒（1988），《春秋繁露》，增訂漢魏叢書本，臺北：大化。

鳩摩羅什譯（1974），《中論》，《大正藏》卷30，臺北：新文豐。

慈誠羅珠堪布著，索達吉堪布譯（2007），《輪迴的故事》，臺北：橡樹林。

廖雨辰（2011），《我的通靈經驗》，臺北：采竹。

趙雅博（1979），《知識論》，臺北：幼獅。

臺大哲學系主編（1988），《當代西方哲學與方法論》，臺北：東大。

劉劭（1978），《人物志》，新編諸子集成本，臺北：世界。

劉昫等（1979），《舊唐書》，臺北：鼎文。

劉軍寧（1992），《權力現象》，臺北：臺灣商務。

劉清彥譯（2000），《死後的世界》，臺北：林鬱。

劉華傑（1996），《混沌之旅》，濟南：山東教育。

劉福增主編，胡品清譯（1988），《羅素論中西文化》，臺北：水牛。

蔡文輝（2006），《社會學理論》，臺北：三民。

蔡東杰（2009），《民主的全球旅程——從歐洲走向世界》，臺北：五南。

樊馨曼（2014），《世上是不是有神仙：生命與疾病的真相》，臺北：橡樹林。

黎明文化公司編輯部編（1988），《王陽明傳習錄及大學問》，臺北：黎明。

盧勝彥（2006），《輪迴的祕密——六道輪迴的真面目》，桃園：大燈。

曇無讖譯（1974），《大般涅槃經》，《大正藏》卷12，臺北：新文豐。

戴旭（2010），《肢解中國——美國的全球戰略和中國的危機》，香港：

新點。

戴德（1988），《大戴禮記》，增訂漢魏叢書本，臺北：大化。

韓嬰（1988），《韓詩外傳》，增訂漢魏叢書本，臺北：大化。

蕭曦清（2013），《英國人入門》，臺北：博雅。

聶作平（2013），《皇帝不可愛，國家怎麼辦》，臺北：遠流。

關紹箕（2003），《後設語言概論》，臺北：輔仁大學。

顏澤賢（1993），《現代系統理論》，臺北：遠流。

櫻井識子著，龔婉如譯（2017），《與神連結：靈能世家親身實證！
　　這樣聽見神的聲音》，臺北：方智。

龔鵬程主編（1996），《海峽兩岸道教文化學術研討會論文》（上冊），
　　臺北：學生。

Aaron Lynch 著，張定綺譯（1998），《思想傳染》，臺北：時報。

Adam Smith 著，謝林宗譯（2007），《道德情感論》，臺北：五南。

Alex Callinicos 著，宋治德譯（2018），《論平等》，臺北：唐山。

Allen Rubin 等著，趙碧華等譯（2003），《研究方法：社會工作暨人
　　文科學領域的運用》，臺北：學富。

Alvin J. Schmidt 著，汪曉丹等譯（2006），《基督教對文明的影響》，
　　臺北：雅歌。

André Fourçans 著，武忠森譯（2007），《這就是你面對的全球化》，
　　臺北：博雅。

Andrew Vincent 著，羅慎平譯（1999），《當代意識形態》，臺北：五
　　南。

Anselam Strauss 等著，吳芝儀等譯（2001），《紮根理論研究方法》，
　　嘉義：濤石。

Aristotle 著，李真譯（1999），《形而上學》，臺北：正中。

Arthur M. Okun 著，許晉福等譯（2017），《平等與效率：最基礎的

一堂政治經濟學》，臺北：經濟新潮社。

Bee Wilson 著，周繼嵐譯（2012），《美味詐欺：黑心食品三百年》，新北：八旗。

Bertrand Russell 著，邱言曦譯（1984），《西洋哲學史》，臺北：中華。

Bill Emmott 著，葉佳怡譯（2018），《西方的命運：維繫人類文明的普世價值該何去何從？》，臺北：商周。

Bill Mckibben 著，曾育慧譯（2011），《地球‧地殊：如何在質變的地球上生存？》，臺北：高寶國際。

Brian Wilson 著，傅湘雯譯（1999），《基督宗教的世界》，臺北：貓頭鷹。

Bruce Schneier 著，韓沁林譯（2016），《隱形帝國：誰控制大數據，誰就控制你的世界》，臺北：如果。

Cathy O'Neil 著，許瑞宗譯（2017），《大數據的傲慢與偏見：一個「圈內數學家」對演算法霸權的揭發與警告》，臺北：大寫。

Chantal Mouffe 著，林淑芬譯（2005），《民主的弔詭》，臺北：巨流。

Charles Jencks 著，俞智敏等譯（1998），《文化》，臺北：巨流。

Chris Barker 著，羅世宏譯（2004），《文化研究——理論與實踐》，臺北：五南。

Christopher Hitchens 著，劉永毅譯（2009），《上帝沒有什麼了不起：揭露宗教中的邪惡力量》，臺北：小異。

Christopher Norris 著，劉自荃譯（1995），《解構批評理論與應用》，臺北：駱駝。

Clark Kerr 著，楊雅婷譯（2009），《大學的功用》，臺北：韋伯。

Claude Delmas 著，吳錫德譯（1994），《歐洲文明》，臺北：遠流。

Claude Lévi-Strauss 著，李幼蒸譯（1998），《野性的思維》，臺北：聯經。

C. S. Lewis 著，汪詠梅譯（2016），《反璞歸真——純粹的基督教》，臺北：五南。

Dan Gardner 著，李靜怡等譯（2009），《販賣恐懼：脫軌的風險判斷》，臺北：博雅。

David Held 等著，林佑聖等譯（2005），《全球化與反全球化》，臺北：弘智。

David Herman 主編，馬海良譯（2002），《新敘事學》，北京：北京大學。

David McLellan 著，施忠連譯（1991），《意識形態》，臺北：桂冠。

David Runciman 著，梁永安譯（2019），《民主會怎麼結束》，新北：立緒。

David Van Reybrouck 著，甘歡譯（2019），《反對選舉》，臺北：聯合文學。

Debra M. Amidon 著，陳勁等譯（2008），《高速創新》，臺北：博雅。

Denis F. Owen 著，蔡伸章譯（2006），《生態學的第一堂課》，臺北：書泉。

Diane Macdonell 著，陳墇津譯（1990），《言說的理論》，臺北：遠流。

Earl Babbie 著，邱泯科等譯（2004），《研究方法：基礎理論與技巧》，臺北：雙葉書廊。

Edward Cell 著，衣俊卿譯（1995），《宗教與當代西方文化》，臺北：桂冠。

Edward Shils 著，傅鏗等譯（1992），《論傳統》，臺北：桂冠。

Edward de Bono 著，謝君白譯（1995），《水平思考法》，臺北：桂冠。

Eric Grzymkowski 著，王定春譯（2015），《這些話，為什麼這麼有哏？——名人毒舌語錄 1200 句》，臺北：本事。

Eric Hobsbawm 等著，陳思仁譯（2002），《被發明的傳統》，臺北：

貓頭鷹。

Eric Schlosser 著，張美惠譯（2005），《大麻・草莓園・色情王國》，臺北：時報。

Erik Loomis 著，陳義仁譯（2017），《外包災難：揭穿大剝削時代商品與服務背後的真相，透視資本詭計的高 CP 值迷思》，臺北：漫遊者。

Erik O. Wright 著，陳信宏譯（2020），《如何在二十一世紀反對資本主義》，臺北：春山。

Ernst Cassire 著，結構羣審譯（1989），《人論》，臺北：結構羣。

Fareed Zakaria 著，劉怡女譯（2015），《為博雅教育辯護：當人文課熄燈，大學正讓青年世代失去遠大未來》，臺北：大寫。

Felipe Fernández-Armesto 著，韓良憶譯（2007），《食物的歷史——透視人類的飲食與文明》，臺北：左岸。

Fred Inglis 著，韓啟羣等譯（2008），《文化》，南京：南京大學。

Gary Hayden 著，邱振訓譯（2016），《離經叛道的哲學大冒險》，新北：立緒。

Georg W. F. Hegel 著，先剛譯（2013），《精神現象學》，北京：人民。

George C. Homans 著，楊念祖譯（1987），《社會科學的本質》，臺北：桂冠。

George E. Moore 著，蔡坤鴻譯（1984），《倫理學原理》，臺北：聯經。

George Ritzer 著，王雲橋等譯（2006），《虛無的全球化》，上海：上海譯文。

Gervais Williams 著，劉復苓譯（2017），《當全球化停止轉動》，臺北：大是。

Giambattista Vico 著，朱光潛譯（1997），《新科學》，北京：商務。

Gill R. Evans 著，李瑞萍譯（2008），《異端簡史》，北京：北京大學。

Graeme Maxton 著，李芳齡譯（2012），《都是經濟學家惹的禍：我們生活糟透了，恐懼憂慮在升溫》，臺北：時報。

Hal Foster 主編，呂健忠譯（1998），《反美學：後現代文化論集》，臺北：立緒。

Harold Bloom 著，徐文博譯（1990），《影響的焦慮——詩歌理論》，臺北：久大。

Hayden White 著，劉世安譯（1999），《史元：十九世紀歐洲的歷史意象》，臺北：麥田。

Heidrun Merkle 著，薛文瑜譯（2004），《饗宴的歷史》，臺北：左岸。

Henry Pollack 著，呂孟娟譯（2010），《無冰的世界》，臺北：日月。

Ian Burton 等著，黃朝恩等譯（2010），《環境也是災害：你準備好面對了嗎？》，臺北：聯經。

Ian Buruma 等著，林錚顗譯（2010），《西方主義：敵人眼中的西方》，臺北：博雅。

Immanuel Kant 著，宗白華等譯（1986），《判斷力批判》，臺北：滄浪。

Immanuel Kant 著，鄧曉芒譯（2004），《純粹理性批判》，北京：人民。

J. M. Bocheński 著，王弘五譯（1987），《哲學講話》，臺北：鵝湖。

Jacques Derrida 著，張寧譯（2004），《書寫與差異》，臺北：麥田。

James Gleick 著，林和譯（1991），《混沌——不測風雲的背後》，臺北：天下。

Jared Diamond 著，王道還譯（2000），《第三種猩猩：人類的身世與未來》，臺北：時報。

Jared Diamond 著，廖月娟譯（2006），《大崩壞：人類社會的明天？》，

臺北：時報。

Jason Brennan 著，劉維人譯（2018），《反民主：選票失能、理性失調，反思最神聖制度的狂亂與神話！》，新北：聯經。

Jean Servier 著，吳永昌譯（1989），《意識形態》，臺北：遠流。

Jeff Lewis 著，邱誌勇譯（2005），《文化研究的基礎》，臺北：韋伯。

Jeremy Rifkin 著，蔡伸章譯（1988），《能趨疲：新世界觀——二十一世紀人類文明的新曙光》，臺北：志文。

Jeremy Seabrook 著，譚天譯（2002），《階級——揭穿社會標籤迷思》，臺北：書林。

Jim Holt 著，陳信宏譯（2016），《世界為何存在？》，臺北：大塊。

Joel Makower 著，曾沁音譯（2009），《綠經濟：提升獲利的綠色企業策略》，臺北：麥格羅‧希爾。

John B. Judis 著，李隆生等譯（2017），《民粹大爆炸：公民不服從，羣眾上街頭，美歐政局風雲變色的反思與警示》，臺北：聯經。

John B. Rawls 著，何懷宏等譯（1988），《正義論》，北京：中國社會科學。

John Bowker 著，商戈令譯（1994），《死亡的意義》，臺北：正中。

John Briggs 等著，王彥文譯（1994），《渾沌魔鏡》，臺北：牛頓。

John Briggs 等著，姜靜繪譯（2000），《亂中求序——混沌理論的永恆智慧》，臺北：先覺。

John Brockman 編著，章瑋譯（2016），《這個觀念該淘汰了：頂尖專家們認為會妨礙科學發展的理論》，臺北：商周。

John Horgan 著，蘇采禾譯（1997），《科學之終結》，臺北：時報。

John Howkins 著，李明譯（2010），《創意生態——思考產生好點子》，臺北：典藏藝術家庭。

John Plender 著，陳儀譯（2017），《資本主義：金錢、道德與市場》，

臺北：聯經。

John S. Mill 著，唐鉞譯（1962），《功利主義》，北京：商務。

Jonathan Barker 著，張舜芬譯（2005），《誰是恐怖主義：當恐怖主義遇上反恐戰爭》，臺北：書林。

Josef Joff 著，蔡東杰譯（2007），《美國的帝國誘惑》，臺北：博雅。

Joseph Rosner 著，鄭泰安譯（1988），《精神分析入門》，臺北：志文。

Joseph S. Nye 著，李靜宜譯（2011），《權力大未來：軍事力、經濟力、網路力、巧實力的全球主導》，臺北：天下遠見。

Joshua Kurlantzick 著，湯錦台譯（2015），《民主在退潮：民主還會讓我們的世界變得更好嗎？》，臺北：如果。

Jules Verne 著，顏湘如譯（2002），《環遊世界八十天》，臺北：臺灣商務。

Juliet B. Schor 著，陳琇玲譯（2010），《新富餘：人類未來 20 年的生活新路徑》，臺北：商周。

Karen Armstrong 著，林宏濤譯（2016），《血田：暴力的歷史與宗教》，臺北：如果。

Karl Popper 著，程實定譯（1989），《客觀知識———個進化論的研究》，臺北：結構羣。

Kay Deaux 等著，程實定譯（1990），《當代社會心理學》，臺北：結構羣。

Larry Downes 等著，羅耀宗譯（2015），《大爆炸創新：在更好、更便宜的世界中成功競爭》，臺北：遠見天下。

Len Doyal 等著，王慶中等譯（2000），《人類需求：多面向分析》，臺北：洪葉。

Len Fisher 著，林俊宏譯（2009），《剪刀、石頭、布：生活中的賽局理論》，臺北：天下遠見。

Lester C. Thurow 著，齊思賢譯（2000），《知識經濟時代》，臺北：時報。

Leszek Kolakowski 著，楊德友譯（1997），《宗教：如果沒有上帝……：論上帝、魔鬼、原罪以及所謂宗教哲學的其他種種憂慮》，北京：三聯。

Louis P. Pojman 著，江麗美譯（1997），《生與死——現代道德困境的挑戰》，臺北：桂冠。

Loretta Napoleoni 著，秦嶺等譯（2012），《流氓經濟：資本主義的黑暗與泥沼》，臺北：博雅。

Lucién Lévy-Brühl 著，丁由譯（2007），《原始思維》，北京：商務。

M. Mitchell Waldrop 著，齊若蘭譯（1995），《複雜——走在秩序與混沌邊緣》，臺北：天下。

Malcolm Waters 著，徐偉傑譯（2000），《全球化》，臺北：弘智。

Marc Dugain 等著，翁德明譯（2018），《裸人：數位新獨裁的世紀密謀，你選擇自甘為奴，還是突圍而出？》，臺北：麥田。

Mark Blyth 著，陳重亨譯（2014），《大緊縮：人類史上最危險的觀念》，臺北：聯經。

Mark Buchanan 著，胡守仁譯（2004），《連結》，臺北：天下。

Mark Johnson 著，林麗冠譯（2010），《白地策略：打造無法模仿的市場新規則》，臺北：天下遠見。

Mary Roach 著，貓學步譯（2019），《活見鬼！世上真的有阿飄？科學人的靈異世界之旅》，臺北：時報。

Martyn Oliver 著，王宏印譯（2005），《哲學的歷史》，臺北：究竟。

Maude Barlow 著，張岳等譯（2011），《水資源戰爭：揭露跨國企業壟斷世界水資源的真實內幕》，臺北：高寶國際。

Max Weber 著，于曉等譯（1988），《新教倫理與資本主義精神》，臺

北：谷風。

Michael Newton 著，曾怡菱譯（2003），《靈魂的旅程》，臺北：十方書。

Michael O'Sullivan 著，李斯毅等譯（2020），《多極世界衝擊》，新北：聯經。

Michel Villette 等著，洪世民譯（2010），《偉大的企業家都嗜血？從掠食者到商場英雄的成功之道大揭密》，臺北：財信。

Mortimer J. Adler 著，劉遐齡譯（1986），《六大觀念》，臺北：國立編譯館。

Naomi Oreskes 等著，陳正芬譯（2016），《西方文明的崩潰：氣候變遷，人類會有怎樣的未來？》，臺北：經濟新潮社。

Nattan Spielberg 等著，張啟陽譯（2004），《宇宙觀革命》，臺北：年輪。

Niall Ferguson 著，黃中憲譯（2013），《西方文明的 4 個黑盒子》，臺北：聯經。

Niall Ferguson 著，黃煜文譯（2013），《文明：決定人類走向的六大殺手級 Apps》，臺北：聯經。

Nicholas Antongiavanni 著，宋東譯（2007），《魔力西裝：向上晉升的品味穿著》，臺北：天下雜誌。

Noam Chomsky 著，林佑聖譯（2003），《恐怖主義文化》，臺北：弘智。

Noam Chomsky 著，李中文譯（2010），《美國說了算：談論世局變化中的美國強權》，臺北：博雅。

O'MARA Foundation 著，佚名譯（2005），《鬼魂之謎》，臺北：晶石。

Pankaj Ghemawat 著，胡瑋珊譯（2009），《 $\frac{1}{10}$ 與 4 之間：半全球化時代》，臺北：大塊。

Patricia Waugh 著，錢競等譯（1995），《後設小說：自我意識小說的理論與實踐》，臺北：駱駝。

Paul C. W. Davies 等編著，廖力等譯（1994），《超弦：一種包羅萬象的理論？》，臺北：北京：中國對外翻譯。

Paul C. W. Davies 等編著，史領空譯（2010），《沒有人懂量子力學？：原子中的精靈》，臺北：貓頭鷹。

Paul de Man 著，李自修等譯（1998），《解構之圖》，北京：中國社會科學。

Paul Feyerabend 著，周昌忠譯（1996），《反對方法》，臺北：時報。

Pedro Ferreira 著，蔡承志譯（2016），《完美的理論——整個世紀的天才與廣義相對論之戰》，臺北：遠見天下。

Peter N. Martin 著，許可達譯（2007），《歷史上的投機事業》，臺北：左岸。

Philip Jankins 著，梁永安譯（2006），《下一個基督王國》，臺北：立緒。

Plato 著，朱光潛譯（1986），《柏臘圖文藝對話集》，臺北：蒲公英。

Plato 著，侯健譯（1989），《柏拉圖理想國》，臺北：聯經。

Raj Patel 著，葉家興等譯（2009），《糧食戰爭》，臺北：高寶國際。

Reinhold Niebuhr 著，關勝渝等譯（1992），《基督教倫理學詮釋》，臺北：桂冠。

Rene Descartes 著，錢志純等譯（1989），《方法導論：沈思錄》，臺北：志文。

Rich Gold 著，郭彥銘譯（2008），《夠了！創意》，臺北：馬可孛羅。

Richard Caves 著，仲曉鈴等譯（2007），《文化創意產業——以契約達成藝術與商業的媒合》，臺北：典藏藝術家庭。

Richard D. Precht 著，錢俊宇譯（2010），《我是誰？——如果有我，

有幾個我？》，臺北：啟示。

Richard Dawkins 著，趙淑妙譯（1995），《自私的基因》，臺北：天下。

Richard Dewitt 著，廖澄暐譯（2015），《世界觀：現代年輕人必懂的科學哲學和科學史》，新北：夏日。

Richard Dobbs 等著，盧佳宜譯（2016），《非典型破壞：西方不認識、資源大轉移的四個新世界顛覆力量》，臺北：大寫。

Risieri Frondizi 著，黃藿譯（1988），《價值是什麼——價值學導論》，臺北：聯經。

Robert B. Reich 著，周徵譯（2017），《拯救資本主義：在大翻轉年代，照顧多數人的福利，不是少數者的財富》，臺北：聯經。

Robert C. Solomon 等著，黃煜文譯（2007），《寫給所有人的簡明哲學史》，臺北：麥田。

Robert Escarpit 著，黃淑燕譯（1990），《文學社會學》，臺北：遠流。

Robert L. Belknap 等著，謝明珊譯（2009），《傳統與創新：大學的通識教育與再整合》，臺北：韋伯。

Roderich M. Chisholm 著，何秀煌譯（1986），《知識論》，臺北：三民。

Ronald Dworkin 著，梁永安譯（2016），《沒有神的宗教》，新北：立緒。

Sasha Fenton 著，朱玫菁譯（2007），《通靈教戰手冊——開發你的通靈潛能》，臺北：萊韻。

Sean Carroll 著，蔡承志譯（2017），《詩性的宇宙：一位物理學家尋找生命起源、宇宙與意義的旅程》，新北：八旗。

Seiled Anna 著，呂鵬志等譯（2002），《西方道教研究編年史》，北京：中華。

Scott Carney 著，姚怡平譯（2012），《人體交易：探尋全球器官掮客、骨頭小偷、血液農夫和兒童販子的踪跡》，臺北：麥田。

Scott L. Montgomerty 等（2019），《創造現代世界的四大觀念：五位思想巨人，用自由、平等、演化、民主改變人類世界》，臺北：聯經。

Sharon Zukin 著，王志弘等譯（2010），《權力地景：從底特律到迪士尼世界》，臺北：臺學。

Sonja K. Foss 等著，林靜伶譯（1996），《當代語藝觀點》，臺北：五南。

Stephen D. King 著，吳煒聲譯（2018），《大退潮：全球化的終結與歷史的回歸》，臺北：日月。

Stephen Hawking 著，張卜天等譯（2005），《站在巨人肩上》，臺北：大塊。

Stephen Moore 等著，陳珮榆譯（2020），《空頭綠能：盲目封殺化石燃料、經濟慘賠，只為圓謊》，新北：好優。

Steve Fuller 著，翁昌黎譯（2013），《孔恩 VS.波普：爭奪科學之魂》，新北：臺學。

Steven Lukes 著，林葦芸譯（2006），《權力——基進觀點》，臺北：商周。

Steven Spapin 著，許宏彬等譯（2010），《科學革命：一段不存在的歷史》，臺北：左岸。

Steven Weinberg 著，張蔡舜譯（1995），《最終理論：自然界基本法則的探尋》，臺北：牛頓。

Susan Buckingham 等著，蔡依舫譯（2010），《理解環境議題》，臺北：韋伯。

Terry Eagleton 著，聶振雄等譯（1987），《當代文學理論導論》，香

港：旭日。

Thomas L. Friedman 著，蔡繼光等譯（2000），《了解全球化：凌志汽車與橄欖樹》，臺北：聯經。

Thomas S. Kuhn 著，王道還編譯（1989），《科學革命的結構》，臺北：遠流。

Thorstein Veblen 著，李華夏譯（2007），《有閒階級論》，臺北：左岸。

Tony Schirato 等著，游美齡等譯（2009），《全球化觀念與未來》，臺北：韋伯。

Tyler Cowen 著，陳正芬譯（2010），《達蜜經濟學：.me.me.me⋯在網路上，我們用自己的故事，正在改變未來》，臺北：經濟新潮社。

ULRIKE HERRMANN 著，賴雅靜譯（2018），《資本主義的世界史：財富那裏來？經濟成長、貨幣與危機的歷史》，新北：遠足。

Van Jones 著，鄭詠澤等譯（2010），《綠能經濟：下一波景氣大復甦的新動力》，新北：野人。

Vincent R. Ruggiero 著，游恆山譯（1990），《實用思考指南》，臺北：遠流。

W. Chan Kim 等著，黃秀媛譯（2009），《藍海策略：開創無人競爭的全球市場》，臺北：天下遠見。

Walter M. Brugger 編著，項退結編譯（1989），《西洋哲學辭典》，臺北：華香園。

Wendell Bell 著，陳國華等譯（2004），《未來學導論——歷史、目的與知識》，臺北：學富。

Wesley C. Salmon 著，何秀煌譯（1987），《邏輯》，臺北：三民。

Wilhelm Windelband 著，羅達仁譯（1998），《西洋哲學史》，臺北：臺灣商務。

William C. Tremmel 著，賴妙淨譯（2000），《宗教學導論》，臺北：桂冠。

William James 著，蔡怡佳譯（2004），《宗教經驗之種種》，臺北：立緒。

William Poundstone 著，葉家興譯（2007），《囚犯的兩難：賽局理論與天才馮紐曼的故事》，臺北：左岸。

Zygmunt Bauman 著，谷蕾等譯（2018），《廢棄社會：過剩消費、無用人口，我們都將淪為現代化的報廢物》，臺北：麥田。

國家圖書館出版品預行編目資料

君子學：後全球化時代的希望工程/
周慶華著. -- 初版. -- 臺北市：華志
文化事業有限公司，2021.05
　面；　公分. -- (後全球化思潮；5)
ISBN 978-986-06437-0-1(平裝)

1.道德 2.修身 3.中國文化

199　　　　　　　　110005317

書名／君子學：後全球化時代的希望工程

系列／後全球化思潮05

華志文化事業有限公司

作　　者　周慶華

執行編輯　楊雅婷

美術編輯　簡煜哲

封面設計　王志強

文字校對　陳欣欣

企劃執行　康敏才

總　編　輯　黃志中

社　　長　楊凱翔

出　版　者　華志文化事業有限公司

電子信箱　huachihbook@yahoo.com.tw

地　　址　116 台北市文山區興隆路四段九十六巷三弄六號四樓

電　　話　0937075060

總　經　銷　旭昇圖書有限公司

地　　址　235 新北市中和區中山路二段三五二號二樓

電　　話　02-22451480

傳　　真　02-22451479

郵政劃撥　戶名：旭昇圖書有限公司（帳號：12935041）

書　　號　G405

出版日期　西元二○二一年五月初版第一刷

華志文化